KB138597

대체로
무해한
한국사

김재호 지음

대체로 무해한 한국사

경제학 히치하이커를 위한
한국사 여행안내서

생각의힘

차례

3부 중세 II: 조선 후기부터 개항 전까지

4부 근현대: 개항부터 1970년대까지

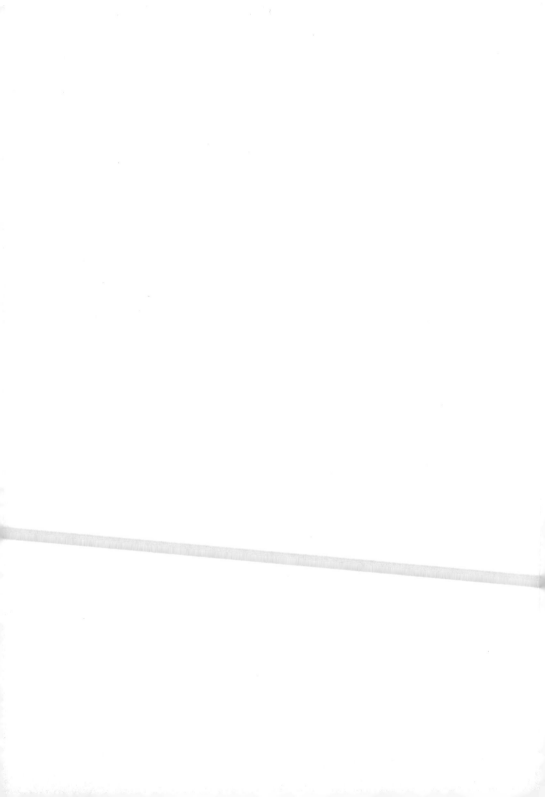

그래프 · 표 · 그림 · 연표 차례

일러두기

단행본, 논문집은 『 』, 신문, 잡지 등의 매체와 논문, 그림 등은 「 」로 표기하였다.

프롤로그: 출발 준비

적절한 훈련을 받지 않고 다른 사람의 관점에서
사물을 바라보는 일은 대단히 위험한 결과를
초래할 수도 있는 법이다.
—— 더글러스 아담스Douglas Adams, 『대체로 무해함』•

청소년을 대상으로 쉽게 쓰라는 요청이 있었지만 크게 의식하지는 않았다. 생각해 보면 청소년과 성인으로 독자를 나누는 것도 이상하다. 고등학생이 대학생이 되고 사회인이 된다고 저절로 한국사 지식이 진보할 까닭이 없다. 대학교에서 역사를 전공하지 않거나 한국사에 각별한 관심이 없다면 한국사를 제대로 공부할 기회가 없기 때문이다. 결국 일반 국민의 한국사 '상식'을 이루는 것은 대부분 청소년 시절 학교에서 배우는 국사 교과서로부터다.

문제는 이렇게 형성된 국민들의 '상식'이 최신 연구 성과와 괴리가

• 더글러스 아담스 지음, 김선형·권진아 옮김, 『온하수를 여행하는 히치하이커를 위한 안내서』 5
(책세상 펴냄, 2005). 『대체로 무해함』(Mostly harmless)은 시리즈로 출간된 번역본의 원제목이다.

크다는 점이다. 독자들도 신문이나 방송에서 자주 접했겠지만, 교과서를 두고 벌어진 논란에서 전문 연구자가 보기에는 문제가 없는 내용이 '상식'과 다르다는 이유로 심한 비난을 받는 것을 많이 보았다. 이 책에서는 새로운 연구 성과와 논쟁적인 주제를 피하지 않고 다루었다. 전문 연구 성과에 대한 지식을 갖게 되어 장차 새로운 '상식'을 형성하는 데 도움이 된다면 더 바랄 것이 없다. 아울러 경제사와 같이 사회과학 분야의 역사 연구가 있다는 사실도 알려지기를 바란다.

전문 연구라고 해도 한국사 지식은 매우 한정돼 있다. 한국사만 그런 것이 아니다. 역사 연구란 모르는 것이 너무 많기 때문에 무지의 바다에 떠 있는 섬과 같다고 해야 할까. 문헌 사료나 고고학 자료는 과거를 명백히 밝히기에는 항상 부족하다. 부족한 사료를 연결해 과거를 이해하는 것도 쉬운 일이 아니다. 그렇다고 어느 사회나 적용되는 보편적인 역사법칙이 있어 우리 사회도 그 법칙을 따라 현재에 이르렀다고 할 근거도 없다. 사회적·자연적인 환경이 나라마다 제각각일 뿐 아니라 사람은 물리적 입자와 달리 마음을 가지고 있어 같은 환경이라도 똑같이 행동하지 않는다. 입자는 반응하지만 사람은 선택하기 때문이다. 부족한 지식을 가진 인간이 더 나은 삶을 위하여 문제를 해결하는 과정이 역사이며, 그로부터 사회와 자연에 대한 새로운 지식을 축적해 더 나은 방법으로 문제를 해결하기를 기약할 뿐이다.

더 나은 지식을 가진 사회가 문제 해결에 성공할 가능성이 크겠지만, 지금까지의 역사가 예상하거나 계획한 대로 진행되지 않았듯이 미래도 그럴 것이다. 역사는 직선으로 이어진 탄탄대로가 아니라 자주 갈림길을 만나는 산길과 같은 것이 아닐까. 쉽게 돌아 나올 수 있는 경우도 있지만 영영 길이 나뉘어져 '가지 않은 길'도 많다. 역사에는 가정이 없다고 흔히 말하지만 좀 이상한 말이다. 다양한 갈림길에서 왜 하필 그 길로 들어서게 되었는지 질문해야 할 것이며 또 다른 길로 갔다면 어떻게 되었을까 상상해 보아야 한다.

역사가 중요한 것은 우리가 현재 이러한 모습으로 살고 있는 것이 크게는 과거의 선택, 곧 역사로 인한 것이기 때문이다. 현재가 과거의 사건이나 선택에 제약을 받듯이, 미래는 현재의 선택에 크게 규정될 것이다. 우리 사회가 앞으로 결정적인 갈림길을 만났을 때 어떤 길을 선택하느냐는 국민이 가지고 있는 한국사 '상식'에 크게 좌우될 것이다. 한국사에 대한 지식은 그만큼 중요한 것이다.

한국사는 암기 과목이 아니다. 역사는 연표도 아니며 호사가의 고물 수집도 아니다. 짧은 분량에 자세히 쓸 수도 없었지만 글을 쓰면서 핵심적인 사실들을 연결하는 논리를 분명히 하려고 애를 썼다. 압축해서 서술된 내용을 '왜'라는 질문도 없이 무조건 외우면 흥미도 없을 뿐더러 기억도 잘되지 않는다. 그 많은 사실을 다 암기할 수도 없을 뿐 아니라 언제든지 검색할 수 있는 정보화 시대에 모두 암기할 필요도 없다. 똑같은 점들도 어떻게 잇느냐에 따라서 전혀 다른 그림이 그려진다. 정확한 점도 찾아내야겠지만 정작 중요한 것은 전체 그림이 아닐까. 경제학은 사실이라는 점을 잇는 강력한 논리를 제공한다. 경제학 개념은 가능한 한 쉽게 설명하려고 애썼으므로 이 책을 통해 한국사뿐 아니라 경제학의 기초도 함께 배우는 기회가 되기를 바란다.

왜 농업이 시작되었을까? 작고 단순한 사회가 어떻게 대규모의 복잡한 고대국가로 변모하게 되었을까? 왜 사람은 다른 사람을 재산으로 소유하게 되었을까? 노비제도는 왜 번성했으며 어떠한 이유로 쇠퇴했을까? 농업기술이 발달하게 된 동인은 무엇일까? 인구압력 때문일까? 지주제가 발달하게 된 이유는 무엇일까? 왜 우리나라 왕조는 한번 생기면 그렇게 오래 지속되었을까? 조선왕조가 500년 넘게 장수한 이유는 무엇일까? 19세기에 경제가 쇠퇴한 원인은 무엇일까? 이러한 질문에 경제학적 논리와 개념을 가지고 설명하는 것은 매우 흥미롭다. 조선 후기부터 특히 근현대사에 한국경제사 연구가 집중되어 그보다 앞선 시기는 과거의 패러다임은 사라졌으나 아직 새로운 패러다임은 잘 보이지 않는 상태로 남아 있기 때문이다.

아무래도 이 책은 전근대 시대에 대한 낭만적인 생각을 파괴하는 악역을 담당할 것 같다. 산업혁명으로 근대 경제성장이 시작되기 이전의 사회는 '맬서스 함정'에 빠져 있었다고 보기 때문이다. 기술 진보의 속도가 느렸기 때문에 경제성장이 이루어지더라도 인구 증가로 인해 생활수준의 지속적인 상승은 거의 불가능한 시대였다. 우리는 식량 생산이 인구 증가를 따라가지 못해 기근이 반복되는 세계를 쉽게 상상할 수 없다. 평균수명이 40세에도 미치지 못하는 세계였다. 생존에 필요한 열량을 얻기 위해 고군분투하는 삶을 생각할 때 공업화와 경제성장에 관심을 갖지 않을 수 없다. 우리나라는 어떻게 '맬서스 함정'에서 벗어나 근대 경제성장을 시작하게 되었을까? 그리고 다른 많은 후진국을 제치고 빈곤에서 벗어나 선진국들과 어깨를 나란히 하게 된 원인은 어디에 있는 것일까?

우리나라가 자립적인 공업화와 경제성장의 기반을 다지기까지 개항 이후 100년의 시간이 걸렸다. 이 기적의 역사가 한두 가지 요인으로 간단히 설명되기를 바란다면 그것이 더 이상하다. 중앙집권 국가의 전통, 관료제의 유산, 소농경제의 성장, 근대적 제도의 수용과 학습, 식민지 시대의 공업화와 시장경제의 발달, 해방 후 농지개혁과 귀속재산 불하, 시장경제의 선택, 초등교육의 급속한 보급, 경제개발 계획, 수출 지향 공업화, 산업 정책, 미국의 원조, 일본과의 국교 정상화, 선진국의 기술이전과 자본수출, 북한과의 체제 경쟁과 같은 수많은 요인을 열거할 수 있다.

어떤 나라는 번영하고 어떤 나라는 정체하거나 심지어 쇠퇴하는 이유는 무엇일까? 경제학의 운명이 달려 있다고 할 이 질문에 대해 우리나라 역사는 더할 나위 없이 좋은 연구 자료다. 자연과학과 같이 통제된 실험을 할 수 없는 경제학에서 우리나라 역사는 좋은 실험실이기 때문이다. 똑같은 선상에서 출발한 남북한의 대조적인 결과는 경제체제라는 제도가 경제적 성과에 얼마나 큰 영향을 주는지를 너무나 잘 보여준다. 한국사는 단지 우리나라 국민만 알아야 하는 역사가 아니라 경제학의 발전과 후진국의 빈곤 문제 해결을 위해서도 꼭 필요한 역사가 되었다. 이제 시야를 넓혀 우리나라의 역사를 다른 나라의 역사와 비교하고, 나아가 세계의 관점에서 바라볼 수 있는 객관적 자세를 가져야겠다. 우리 모두 이 책을 안내 삼아 한국사 시간 여행을 떠나자.

갈 길이 멀지만 도움을 받은 분들께 감사의 마음을 전하지 않을 수 없다. 이 책은 본래 2014년 한 해 동안 「한국경제」 신문에 "경제학자가 본 한국사"라는 제목으로 연재되었던 글을 바탕으로 하였다. 기획과 교열에 많은 도움을 준 박주병 소장께 감사드린다. 신문 연재라는 강제가 없었다면 이런 책은 쓸 엄두를 내기가 어렵다. 출간을 권한 생각의힘 김병준 대표와 아담한 책으로 만들어 준 김진형 편집장에게도 감사드린다. 모두 잘 알듯이 모든 책은 공동 연구다. 일일이 감사를 표할 수는 없지만 참고 문헌 저자들과 오랜 기간 함께한 낙성대경제연구소 동학께도 고마움을 전한다.

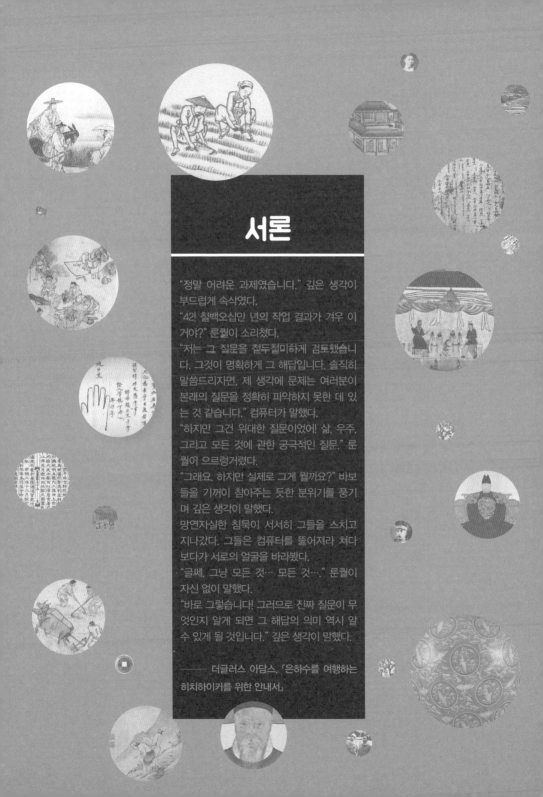

서론

"정말 어려운 과제였습니다." 깊은 생각이 부드럽게 속삭였다.

"42! 칠백오십만 년의 작업 결과가 겨우 이거야?" 룬퀄이 소리쳤다.

"저는 그 질문을 철두철미하게 검토했습니다. 그것이 명확하게 그 해답입니다. 솔직히 말씀드리자면, 제 생각에 문제는 여러분이 본래의 질문을 정확히 파악하지 못한 데 있는 것 같습니다." 컴퓨터가 말했다.

"하지만 그건 위대한 질문이었어! 삶, 우주, 그리고 모든 것에 관한 궁극적인 질문." 룬퀄어 으르렁거렸다.

"그래요, 하지만 실제로 그게 뭘까요?" 바보들을 기꺼이 참아주는 듯한 분위기를 풍기며 깊은 생각이 말했다.

망연자실한 침묵이 서서히 그들을 스치고 지나갔다. 그들은 컴퓨터를 뚫어져라 쳐다보다가 서로의 얼굴을 바라봤다.

"글쎄, 그냥 모든 것… 모든 것…." 룬퀄이 자신 없이 말했다.

"바로 그렇습니다! 그러므로 진짜 질문이 무엇인지 알게 되면 그 해답의 의미 역시 알 수 있게 될 것입니다." 깊은 생각이 말했다.

—— 더글러스 아담스, 『은하수를 여행하는 히치하이커를 위한 안내서』

1

경제학과 한국사?

경제학과 한국사, 경제학과 역사는 대체 무슨 관계가 있을까? 경제학과에는 두 학문 분야를 합친 '한국경제사'와 '경제사'가 있지만 그리잘 알려져 있지는 않다. 경제학 교수 중에도 경제사와 경제학사를 혼동하는 것을 본 적이 있다. 경제사는 Economic History이고 경제학사는 History of Economics이다. 경제학사는 경제학이 발전해 온 역사를연구하지만, 경제사는 경제의 변화를 탐구한다. 한국경제사는 한국경제의 역사를 탐구한다.

사람의 활동 영역은 보통 정치, 경제, 사회, 문화로 구분한다. 그중에서 경제사는 경제를, 특히 과거의 경제 현상과 경제적 변화를 전문적으로 연구한다. 경제사학자는 경제를 전문으로 연구한다는 점에서는 경제학자이지만, 과거에 살았던 인간의 삶을 이해하려고 한다는 점에서는 역사학자다. 요즘 흔히 얘기되는 융복합 학문이다. 종종 역사학자에게는 경제학이라고 기피되고, 경제학자에게는 역사학이라고 경원시되지만, 경제학과 역사학을 겸비해야 하는 매우 흥미롭고 도전적인 분야가 경제사다. 『국가의 부와 빈곤』의 저자인 데이비드 랜즈 David Landes는 미국 경제사학회장 취임 연설에서 경제사를 경제학과 역사학의 결혼에 비유했다. 행복한 결혼에는 서로에 대한 존중과 대화가 꼭 필요하다. 모두 다 아는 이야기이지만 실천이 어렵다.

이처럼 경제사는 경제학 안에 있는 역사학이다. 경제사만 아니라 모든 학문에는 역사적 연구가 있다고 해도 지나친 말이 아니다. 현재 역사 연구는 이미 전통적 역사학의 범위를 벗어난 지 오래됐다. 경제사를 비롯하여 정치사, 사회사, 과학사, 철학사, 수학사, 의학사, 문학사, 미술사, 음악사와 같이 여러 학문 분야에서 이루어지고 있다. 과거 인간의 삶을 이해하기 위해 모든 지적 수단을 동원하고 있다. 문헌자료를 찾을 수 없는 선사시대의 연구에는 생물학, 지질학, 물리학과 같은 자연과학의 방법이 중요한 역할을 하고 있다. 중요한 것은 해결해야 할 문제이지 학문의 영역이 아니기 때문이다.

특히 경제사는 경제학의 개념과 이론, 그리고 검증 방법을 적극적으로 활용한다는 점에서 다른 역사학이 갖지 못한 강점을 가지고 있다. 경제학은 추상적이고 보편적인 성질이 강하여 과거 경제 현상의 분석과 설명에도 유용하게 이용할 수 있다. 수량적인 데이터를 처리하는 경제학의 역량을 역사 연구에 사용하지 못할 이유도 없다. 더욱이 경제학은 많은 발전을 했다. 특히 20세기 후반부터 가족이나 기업과 같은 조직, 법과 관습 등의 제도, 그리고 혁명과 전쟁과 같은 정치 현상에 이르기까지 '경제학 제국주의'라는 악평을 들을 만큼 영역을 확장시켜 왔다. 최근 경제학은 형식적인 수학적 엄밀함을 추구하는 방향에서, 장기간에 걸쳐 축적된 대량의 데이터를 분석하는 실증적인 방향으로 전환하고 있다. 경제학 이론과 경제사 간의 간격이 좁아지고 있는 것이다.

우리는 왜 역사를 배워야 할까? 많은 답이 떠오르지만 한 가지만 말해 보라고 한다면, 우리가 누구인지를 알기 위함이다. 너 자신을 알라. 자신이 살고 있는 사회가 현재에 이르게 된 까닭을 이해하지 못하는 사람은 자신이 누구인지도 이해하지 못하는 사람이다. 다른 사람이 자신을 어떻게 보는지 전혀 상관없이 자기 눈만으로 자기를 평가하는 사람을 가리켜 철이 안 들었다고 한다. 사회도 이와 다를 것이 없다. 자신의 역사를 객관적으로 인식하지 못하는 사회는 자기 앞에 놓인 문제를 제대로 해결할 수 없다. 그 미래도 매우 위태롭다. 현재에 이른 과정을 오해한다면 미래도 그러한 오해에 기초해 선택할 것이기 때문이다.

이러한 의미에서 한국사는 한국인의 미래를 예측하는 시금석이다. 한국경제사는 한국사의 뼈대요 뼈 중의 뼈다. 쉽게 사람들의 이목을 사로잡는 것은 흔히 사극의 소재가 되는 전쟁이나 궁중비사와 같은 정치사이지만, 역사의 저변에서 기초를 이루고 있는 것은 경제사다. 이마에 땀을 흘려야만 먹을 것을 얻을 수 있는 이 지상의 삶에서 욕망의 충족에 필요하지만 공짜로는 얻을 수 없는 것들, 곧 재화와 서비스의 생산과 소비, 그리고 유통과 분배와 관련된 모든 인간 활동의 총체가 경제이기 때문이다. 인간의 삶에서 경제활동을 제외하면 도대체 사는 것 자체가 불가능하다. 전쟁의 승패나 왕조의 교체보다, 하루하루의 삶을 이어가게 하였던 식량 생산의 거북이걸음과 같은 기술 변화가 과거 인간의 삶을 이해하는 데 더 중요하다고 말할 충분한 이유가 있다. 한반도에 사람이 살기 시작한 구석기시대부터 고조선과 같은 국가가 등장하고 삼국시대를 지나 조선시대, 그리고 개항 이후 현재에 이르기까지, 역사의 큰 흐름을 이해하기 위해서는 각 시대의 경제구조와 경제적 변화를 알아야만 한다.

다음과 같은 뜨거운 질문에 답하기 위해서도 한국경제사 지식은 필수다. 왜 우리나라는 근대국가를 만드는 데 실패하고 다른 나라의 식민지가 되어야 했는가? 그렇게 근대화에 실패했던 나라가 어떻게 수많은 후진국을 제치고 급속한 경제성장을 이룰 수 있었을까? 별로 다를 것이 없었던 남북한의 경제 수준이 이렇게까지 벌어지게 된 원인은 무엇일까?

이러한 질문은 한국경제사가 도저히 피해갈 수 없는 지극히 보편적인 질문이기도 하다. 대린 애쓰모글루 Daron Acemoglu 교수와 제임스 로빈슨 James A. Robinson 교수는 세계적인 베스트셀러 『국가는 왜 실패하는가』에서 '왜 어떤 나라는 잘살고 어떤 나라는 가난한가'라는 질문에 '제도'institution가 주된 원인이라고 답했다. 이 책은 우리나라의 역사를 주요한 증거로 삼고 있는데, 1인당 국민소득이 20배 이상으로 벌어진 남북한의 경제적 격차를 지리나 기후, 문화적인 차이로 설명하기는 불가능하기 때문이다. 해방과 함께 시장경제를 택한 남한은 '포용적인' 제도를 발전시킨 반면에 사회주의경제를 택한 북한은 '착취적인' 제도를 강화시켰기 때문이라는 주장이다.

미래를 전망하고 대비하기 위해서도 반드시 한국경제사에 대한 지식이 필요하다. 과거에 의해 미래가 결정되는 것은 아니지만, 미래는 과거의 축적 위에서 만들어 갈 수밖에 없다. 1993년 노벨 경제학상을 수상한 더글러스 노스Douglass C. North는 『제도, 제도 변화, 경제적 성과』에서 역사가 중요한 것은 교훈을 얻을 수 있어서가 아니라 과거와 현재 그리고 미래가 제도의 연속성에 의해 연결되어 있기 때문이라고 했다. 경제성장이 역사적 과정을 이해하지 않고서 어떻게 경제성장을 바랄 수 있을까? 남북 간에 경제체제가 달라지고 생활수준의 차이가 벌어지게 된 과정과 그 이유를 모르고 어떻게 통일을 준비할 수 있을까? 19세기 이래 동아시아 경제 질서의 변화에 대한 이해가 없이 어떻게 이 지역의 평화를 모색할 수 있을까? 역사는 과거의 기록에 그치는 것이 아니라 결국 현재를 살아가는 사람들의 지식이며 그 지식은 미래를 만드는 데 사용될 것이다.

마지막으로, 한국경제사를 배울 때 가져야 할 바람직한 자세는 무엇일까? 돌도끼를 가지고 있던 사람이 스마트폰을 들고 있는 이 엄청난 경제적 변화에 대한 경이감이 먼저라고 생각한다. 실로 놀랍지 않은가! 에릭 바인하커Eric D. Beinhocker가 『부는 어디에서 오는가』에서 인간이 만들어낸 어떠한 물리적 사회적 구조보다도 글로벌 경제 시스템이 가장 복잡하다고 한 것은 전혀 과장이 아니다. 사람은 인간의 오랜 친구 견공犬公들과는 달리 생존을 위해 복잡하기 그지없는 경제시스템을 만들어냈으며, 지구에 사는 무량수의 생명체 가운데 오직 인간만이 역사를 가지고 있다.

2

한국사를 보는 눈

한반도에 사람이 살기 시작한 후 사람들의 생활은 놀랍게 변했다. 가까운 박물관 어디서나 눈으로 쉽게 확인할 수 있다. 그런데 수많은 유물과 자료 중에 어떤 것을 골라 전시하며, 오랜 인류의 삶의 궤적을 어떻게 책 한 권에 요약할 수 있을까? 경제사의 입장으로 바꾸어 표현한다면 어떻게 경제적 변화를 측정하며 어디서 변화의 원인을 찾아야 할까?

한 나라 경제의 상황을 알려주는 지표로 가장 많이 쓰는 것이 GDP 국내총생산이다. 한 해 동안 나라 안에서 생산된 최종생산물의 가치를 합한 것이다. 생산물에는 재화와 서비스 두 가지가 있다. 모두 인간의 욕망을 충족시키는 것이지만, 재화는 자동차처럼 손으로 잡을 수 있는 물건이며, 서비스는 교육이나 미용과 같이 형체가 없이 생산자와 일체가 되어 제공되는 것이다. 최종생산물이라고 한 것은 예를 들면 자동차 완제품 생산액을 GDP 계산에 포함시켰으면 자동차에 장착된 타이어와 같은 부품은 제외했다는 의미다. 두 가지 모두 합산하면 이중으로 계산되어 생산액이 부풀려지기 때문이다. GDP를 사람 머릿수로 나누면 1인당 GDP가 되는데 사람들의 실제 생활 형편을 나타내는 데 GDP보다 더 좋은 지표다.

GDP를 계산하기 시작한 것은 미국이었다. 1929년에 일어난 미증유의 공황으로 전체 국민경제의 실상을 제대로 파악할 필요가 생겼기 때문이다. 그 전까지는 물가나 이자율, 국제수지와 같은 단편적인 지표들은 있었지만 전체 국민경제를 종합적으로 알려주는 지표는 없었다. 공식적으로는 사이먼 쿠즈네츠Simon Kuznets(1901~1985)가 작성한 1934년 미국 의회 보고서에 처음 등장했다. 처음에는 GDP가 아니라 GNP 국민총생산였다. GNP는 GDP와는 달리 외국에서 생산했어도 자국민이 생산한 것은 포함시킨다. 국제 교류가 빈번해진 현재는 대부분 GDP를 사용한다.

GDP라는 개념이 나온 지는 얼마 되지 않았지만 오래된 과거에도 적용해볼 수 있다. 정확히 계산하기는 불가능하지만 GDP와 1인당 GDP를 유추해 볼 수 있다. 세계 전체를 대상으로 오래된 과거의 GDP를 추계하는 데 평생을 바친 매디슨Angus Maddison 같은 학자도 있다. 그에 따르면 1990년 달러 가치를 기준으로, 전 세계의 1인당 GDP는 서기 1년 467달러, 1000년 450달러, 1500년 567달러였다. 거의 변화가 없었다고 해도 좋은데, 산업혁명 후인 1820년 667달러, 1870년 873달러, 1913년 1,526달러로 빠른 속도로 증가했다.

아직 우리나라에는 매디슨과 같은 연구자가 나오지 않아서 고려시대나 조선시대의 1인당 GDP가 얼마였는지 알 수 없다. 1911년부터는 알 수 있다. 얼마 전까지만 해도 일본인 연구자가 편찬한『旧日本植民地経済統計』(1988)를 이용해야만 했지만, 최근에는 김낙년 교수를 중심으로 한 공동연구의 결과인『한국의 장기 통계: 국민계정 1911~2010』(2012)을 활용할 수 있다. 그 이전 시기에 대해서도 다양한 방법으로 생활수준이 어느 정도였는지, 언제부터 좋아지고 나빠졌는지 알아내려는 노력이 이루어지고 있다. 인구 변화의 추세를 확인하거나 임금과 지대의 추이를 살피는 것은 물론이고, 군인들의 키를 알려주는 징병검사 자료를 찾아내거나 무덤에서 유골을 측정하기도 한다.

경제적 변화를 일으키는 원인은 무엇일까? 우선 GDP를 결정하는 요인을 알아야 한다. 경제학에서는 $Y = f(L, K)$와 같은 간단한 함수식을 이용하여 국내총생산(Y)은 노동(L)과 자본(K)의 투입량에 의해 결정된다는 것을 표현한다. 사람들이 얼마나 일(노동)을 하는가, 그리고 일을 할 때 자본을 얼마나 많이 사용하는가에 따라 생산량이 결정된다는 뜻이다. 경제학에서 말하는 자본은 일상에서 사용하는 뜻과는 좀 다르다. 사업에 투자하는 목돈을 말하는 게 아니고 노동과 달리 사람이 만든 모든 생산요소를 말한다.

로빈슨 크루소가 무인도에서 고기를 잡으려고 나무를 꺾어 낚싯대를 만들면 그것이 바로 자본이다. 맨손으로 물고기를 잡는 것보다 훨씬 더 많이 잡을 수 있다. 자본을 더 많이 투입하면 생산량이 증가한다는 것은, 노동자가 동일한 시간을 일하더라도 손에 쥐는 도구를 이용해 자동차를 만들 때보다 로봇을 이용해 만들 때 훨씬 더 많은 자동차를 생산할 수 있다는 의미다. 또한 동일한 노동과 자본을 투입해도 기술이나 사회적 환경이 다르면 경제적 성과도 달라질 것이다. 일반적인 경제 분석은 기술이나 사회적 환경이 변하지 않는다고 가정하지만 경제사와 같이 수십 년, 수백 년의 경제적 변화를 다루는 분야에서는 그럴 수가 없다. 오히려 기술이나 사회적 환경이 경제적 성과를 결정하는 주된 요인이 된다.

기술이 경제적 성과에 큰 영향을 미친다는 점은 쉽게 이해할 수 있다. 예를 들면, 벼농사를 처음 시작했을 때 산에 불을 질러 한두 해 농사를 짓다가 지력地力이 떨어지면 다른 곳으로 옮겨 가는 화전농법, 시비법(비료를 주는 방법)의 발달과 모내기(이앙법)의 보급으로 쉬지 않고 매년 농사를 짓는 연작連作, 보리 수확 후에 벼를 모내기하는 이모작 등을 비교하면, 같은 면적의 토지라도 식량 생산에 큰 차이가 있다는 것을 알 수 있다.

기술이 중요하나는 점은 공업에서는 말할 나위가 없다. 부인들이 집에서 베틀에 앉아 손으로 옷감을 짜는 경우와 공장에서 자동화된 직기로 옷감을 짜는 경우 사이에는 엄청난 생산성의 차이가 있다. 산업혁명 전 영국에서 면사 1파운드를 생산하는 데 500시간이 걸렸는데, 1779년에 크롬프턴Samuel Crompton이 발명한 뮬mule 방적기로는 20시간이면 충분했다. 이후 기술 진보가 계속되어 1785년에는 10시간, 1795년에는 3시간, 그리고 1825년에는 1시간 20분으로 줄어들었다. 제1차 세계대전이 일어난 1914년에는 20분도 채 걸리지 않았다.

사회적 환경을 경제학에서는 제도institution라고 부른다. 법과 관습, 정치체제와 같은 것으로 사회구성원이 지키는 경기 규칙rule of the game 이다. 경제적 성과를 결정하는 중요한 제도는 무엇보다 재산권이다. 한 사회의 경제적 성과는 그 사회가 '사람을 재산으로 소유하는 노예 제사회인가?', '토지를 자유롭게 사고팔 수 있는가?', '토지에 대한 재산권이 타인의 침해로부터 보호를 받고 있는가?'와 같은 질문에 어떤 답을 가지고 있느냐에 따라 큰 차이가 생길 것이다.

자기가 생산한 물건을 모두 주인에게 빼앗기는 노예는 스스로 열심히 일하고 새로운 기술을 발명하려고 머리를 짜낼 리가 없다. 자기 땅이 없는 소작농이 자기 땅을 가진 자작농만큼 비료를 많이 주거나 경지정리를 할 리도 만무하다. 국가가 거두는 조세 부담이 커져도 자유롭게 쓸 수 있는 소득이 줄기 때문에 소비와 투자에 영향을 미칠 것이다. 토지와 자본에 대한 개인의 소유를 인정하는 시장경제체제인가, 그렇지 않은 사회주의체제인가에 따라서 경제적 성과에 중대한 차이가 생길 것이다. 멀리 갈 것도 없이 남북한을 비교하면 금방 알 수 있다.

요컨대 한 시대의 경제적 성과와 생활수준, 그리고 경제적 변화를 파악하기 위해서는 노동, 자본, 기술, 제도를 알아야 한다는 이야기다. 더글러스 노스의 생각을 따르자면 이를 인구, 지식, 제도로 요약할 수 있다. 그는 『경제 변화 과정에 관한 새로운 이해』의 첫 페이지에서 다음과 같이 말하고 있다.

서구세계의 발흥에서부터 소련의 멸망에 이르는 모든 경제적 변화를 이해하기 위해서는 순수한 경제적 변화보다 훨씬 더 넓은 그물이 필요하다. 경제적 변화는, (1) 인간의 양과 질, (2) 인간의 지식, 특별히 인간이 자연을 지배하는 데 적용하는 지식의 축적량, (3) 한 사회의 정교한 인센티브 구조를 결정하는 제도적인 틀이라는 세 가지 측면에서 일어나는 변화의 결과이기 때문이다.

여기서 노동은 인구에 포함되었다고 해도 문제가 없을 것이다. 자본(기계, 설비 등)과 기술은 결국 지식의 축적에 의해서 결정된다고 볼 수 있다. 인공적인 산아조절이 어려웠던 과거, 인구는 경제적 변화를 일으키는 근본 요인이었다. 아주 추상적으로 말한다면, 지식이란 사람이 세상을 살아갈 때 접하는 환경—자연과 사회—과 흡사하게 만든 인공적 구성물이라고 할 수 있다. 경제학 용어로 말하면 모델model이다. 실재reality에 대한 참된 인식은 인간의 능력 밖이지만, 지식이 실재에 얼마나 접근할 수 있는지에 따라 환경에 대한 적응력이 결정될 것이다. 그렇다면 왜 어떤 사회는 환경의 불확실성에 대처하는 데 도움을 주는 유용한 지식이 축적되고 어떤 사회는 그렇지 못할까? 제도의 차이 때문일까? 그렇다면 제도의 차이는 왜 생길까? 질문이 여기에 이르면 우리는 아직 모르는 것이 많다는 것을 깨닫게 된다.

3

한국사의 흐름:
시대 구분

경제사의 관점에서 한국사의 흐름은 어떻게 나눌 수 있을까? 연속적인 경제의 변화를 나누는 것은 살아 있는 생선을 토막 치는 것과 같지 않을까? 그래도 큰 고민 없이 나눌 수 있는 것은, 첫째 농업의 시작이며, 둘째 산업화(공업화)다.

농업의 시작은 식량을 획득하는 방법이 수렵과 채집에서 곡물 재배와 가축 사육으로 바뀐 것을 말한다. 짐승을 사냥하고 열매를 따거나 물고기를 잡고 조개를 줍던 사람들이 곡식을 심고 가축을 기르기 시작한 것이다. 한국사에서는 신석기시대 중반에 해당하는 기원전 3000년부터 조, 기장, 피와 같은 잡곡이 재배되기 시작했다. 벼농사는 청동기시대가 시작되는 기원전 1000년부터 이루어졌다. 세계사에서는 훨씬 앞선 기원전 8000년부터 '비옥한 초승달' 지역에서 농업이 시작되었는데 인류학자 고든 차일드Gordon Childe(1892~1957)를 따라 '신석기혁명' Neolithic Revolution이라고 부른다.

산업화는 18세기 후반에서 19세기 전반까지 영국에서 진행된 산업혁명Industrial Revolution에 의해 시작되었다. 산업혁명은 화석연료(석탄)를 에너지원으로 사용하는 원동기(증기기관)로 기계를 작동시킴으로써 일어난 생산기술의 근본적 변화다. 19세기 후반부터는 물리학과 화학 등의 과학을 산업에 체계적으로 적용함으로써 공업화는 한층 더 진전되었다. 산업화의 지리적 범위도 처음에는 영국에 국한되었지만 시간이 흐름에 따라 미국과 유럽 대륙, 나아가 아시아로까지 확산되었다.

우리나라가 본격적으로 산업혁명의 충격을 받기 시작한 것은 1876년 개항부터다. 이때부터 우리나라의 근대가 시작되었다. 일본과 체결한 조일수호조규(강화도조약)에 의해 부산에 개항장이 설치되고 외국인과의 자유로운 통상이 처음으로 허용되었기 때문이다. 원산과 인천을 비롯한 여러 항구가 개방되어 영국을 필두로 공업화에 성공한 나라들의 공산품이 수입되기 시작했다. 특히 공장제 면직물은 재래 면직업에 강한 충격을 가했다. 전례 없는 도전에 대응하기 위해 원동기를 이용한 근대적 공장이 1900년대부터 설립되었지만 본격적인 공업화는 일본에 주권을 빼앗긴 후 1930년대에 시작되었다. 식민지 시기에 진행된 공업화는 일본에서 유입된 자본이 주도한 것이었기 때문에 한국인에 의한 공업화가 온전하게 개시된 것은 사실상 해방 이후부터였다.

이렇게 시대를 구분하면 농업이 시작된 기원전 3000년부터 19세기에 이르는 장기간을 단 하나의 시대로 묶는 셈이 된다. 그 사이에 변화와 발전이 없었다는 뜻이 아니라 농업사회와 산업사회의 근본적인 차이점을 분명히 해둘 필요가 있기 때문이다.

산업화 이전에는 어느 나라나 인구의 절대 다수가 농업에 종사했다. 우리나라도 19세기의 농업 인구는 전체 인구의 85퍼센트 이상을 차지했다. 산업혁명이 가장 먼저 일어난 영국은 1500년에 74퍼센트였던 농업 부문 인구가 산업혁명이 막 시작된 1750년에는 45퍼센트로 급속히 줄어들었다.

농업은 공업과 달리 생산과정을 자연에 의존하는 정도가 심하고 생산과정도 길다. 기술적인 인과관계를 알아내거나 생산과정을 통제하기 어렵기 때문에 기술 진보와 생산성 증가 속도가 공업에 비해 느릴 수밖에 없다. 이로 인해 농업사회는 생산 증가가 인구 증가를 따라가지 못해 생존 위기에 빠지기 쉽다.

이러한 농업사회의 특성을 '맬서스 함정'Malthusian trap이라고 부른다. 『인구론』(1798)을 쓴 토머스 맬서스Thomas Malthus(1766~1834)의 이름을 딴 것이다. 농업사회에서도 기술 발전이나 사회질서의 안정으로 여건이 좋아지면 경제성장이 일어나지만, 인구 증가로 인해 1인당 생산은 결국 이전 수준으로 돌아간다는 의미다. 기술 진보가 매우 느린 조건에서 인구가 계속 늘어나면 노동이 농업 생산에 추가로 투입되어도 그로 인해 늘어나는 생산량은 점점 줄어들어 인구를 부양할 수 없는 지점에 도달하게 된다. '수확체감의 법칙'이 작용하는 것이다.

맬서스주의 경제사학자로 알려진 그레고리 클라크Gregory Clark는 단하나의 그래프로 세계사를 요약했다(그래프 1). 기원전 1000년부터 1800년까지 세계 전체의 1인당 소득은 추세적인 상승이나 하락 없이 일정한 수준을 유지했다. 산업혁명 이후에 비로소 이러한 '맬서스 함정'에서 벗어나 지속적인 경제성장이 가능해졌다. 급속한 기술 진보로 생산 증가 속도가 인구 증가 속도를 압도함으로써 인구가 급속히 늘어남에도 불구하고 1인당 생산이 지속적으로 증가할 수 있게 되었다. 쿠즈네츠가 말하는 '근대 경제성장'modern economic growth의 경제로 이행한 것이다. 매디슨의 추계에 의하면 1000~1500년의 세계 전체의 연평균 인구증가율은 0.10퍼센트에 불과했지만 산업화 이후인 1950~1973년에는 1.93퍼센트로 급증했다. 1인당 GDP 증가율은 1000~1820년까지는 연평균 0.05퍼센트에 불과하였는데 산업화 이후인 1870~1913년에는 1.30퍼센트로 급증했다.

이렇게 농업의 시작과 산업화를 기준으로 한국사를 구분하면, 수렵채집사회, 농업사회, 산업화시대로 나누어지게 된다. 너무 간단하다고 느낄지도 모르겠다. 농업이 시작된 이후 느리지만 뚜렷한 농업기술의 진보가 있었다. 농업 생산을 담당하는 농민의 특성에도 변화가 일어났다. 농업사회 위에 성립해 있는 국가의 성격도 달라졌다. 이러한 변화를 살펴 농업사회 시대를 다시 고대와 중세로 나눌 수 있지만, 세계사와는 달리 중세의 시작을 언제부터로 정할 것인가는 여전히 어려운 문제다. 통일신라시대(676~935)에 고대가 절정에 이르는 동시에 중세가 싹트고 있었기 때문이다. 굳이 나눈다면 고려시대부터 중세로 나누기로 하자. 시대 구분보다 더 중요한 것은 농업사회 시대 안에서 다

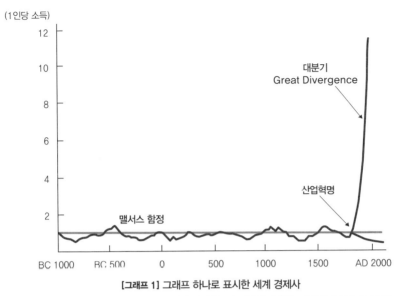

(1인당 소득)

대분기
Great Divergence

산업혁명

맬서스 함정

BC 1000   BC 500   0   500   1000   1500   AD 2000

[그래프 1] 그래프 하나로 표시한 세계 경제사

1800년 이후 많은 국가에서 소득이 급격히 증가했으나 어떤 국가에서는 오히려 소득이 감소했다.
(1800년의 소득을 1로 하여 비교)

자료: Gregory Clark, *A Farewell to Alms* (2007)

음과 같은 중대한 변화가 있었다는 점이다.

첫째, 농업에서 토지이용 방식이 변했다. 농업이 시작될 때는 농사를 지은 후에 15~25년 이상을 묵힌 다음 다시 농사를 짓는 '장기 휴경'이 일반적이었지만 시간이 흐르면서 휴경 기간이 짧아졌다. 청동기시대가 되면 휴경 기간이 5~10년인 중기 휴경 단계로 진입했다. 철기시대인 삼국시대 이후에는 1~2년 휴경하는 단기 휴경(휴한농법) 단계에 이르게 되었다. 휴한농법이 극복되고 매년 농사를 짓는 단계로 전환한 것은 대략 고려시대 말기였다. 조선시대에 들어가면 쉬지 않고 매년 농사를 짓는 것이 일반화되었다.

둘째, 토지를 효율적으로 이용하는 농업기술의 발전은 토지에 대한 소유권을 발전시켰다. 또한 공동체나 국가로부터 농업 생산의 기본 단위가 되는 가족 경영을 공동체나 국가로부터 자립하도록 만드는 주된 요인이었다.

마지막으로, 농업이 시작된 이후 가장 큰 사회적 변화는 국가의 등장이었다. 한국사에서 국가가 처음 등장한 것은 청동기시대부터라고 할 수 있다. 처음에는 자족적인 공동체를 모아서 쌓아 놓았다는 의미에서 분절적이며 누층적인 국가였는데, 점차 중앙집권적인 국가로 바뀌어 갔다. 통일신라시대까지 골품제의 한계를 안고 있었던 신라가 지방 호족이 주도한 고려로 교체됨으로써 국가의 권력기반이 확대되었다. 고려시대까지도 지방관을 파견하지 못하거나 향, 소, 부곡과 같이 이질적인 지역이 많았지만, 조선왕조가 개창되면서 일원적인 지방 제도인 군현제가 완성되었다. 누구라도 중앙집권적 국가의 발전이라는 일관된 흐름을 읽을 수 있을 것이다.

1부

고대

선사시대부터
통일신라시대까지

뿌연 안개에 싸인 저 과거의 옛 시절. 전대
前代 은하 제국의 위대하고 영광스러운 시
절에는 인생은 멋지고 풍요로웠으며 대략
면세였다. 거대한 우주선들이 이국적인 태
양 사이를 부지런히 오가며 은하계의 가장
먼 변방에서 모험과 보상을 추구했다. 그 시
절, 정신은 용감했고, 위험은 더 컸으며, 남
자들은 남자다웠고, 여자들은 여자다웠고,
알파 켄타우리의 작은 털북숭이 생물들은
알파 켄타우리의 작은 털북숭이 생물다웠
다. 그리고 모두들 알려지지 않은 공포에 용
감히 맞서 싸웠고, 위대한 공훈을 세웠으며,
이전에는 누구도 감히 분리하지 못했던 부
정사를 과감하게 분리했다. 그리고 그렇게
제국은 서서히 번영해 나갔다.

──── 더글러스 아담스, 『은하수를 여행하는
히치하이커를 위한 안내서』

고대: 선사시대부터 통일신라시대까지

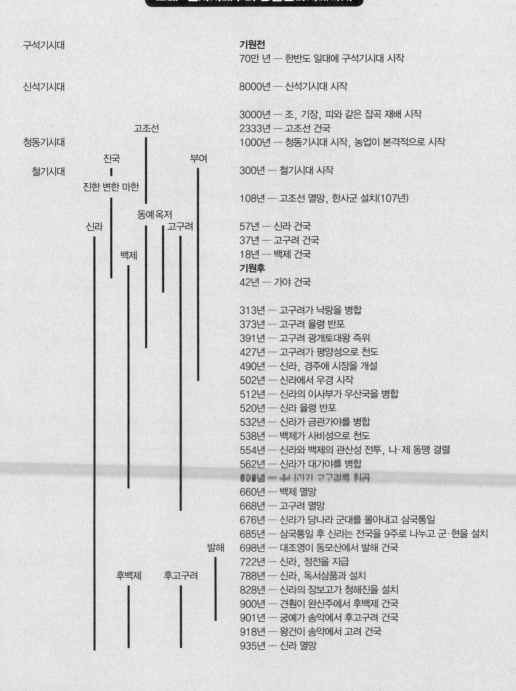

구석기시대

신석기시대

청동기시대

철기시대

고조선

진국

진한 변한 마한

부여

동예옥저

고구려

신라

백제

후백제

후고구려

발해

기원전
70만 년 ― 한반도 일대에 구석기시대 시작

8000년 ― 신석기시대 시작

3000년 ― 조, 기장, 피와 같은 잡곡 재배 시작
2333년 ― 고조선 건국
1000년 ― 청동기시대 시작, 농업이 본격적으로 시작

300년 ― 철기시대 시작

108년 ― 고조선 멸망, 한사군 설치(107년)

57년 ― 신라 건국
37년 ― 고구려 건국
18년 ― 백제 건국
기원후
42년 ― 가야 건국

313년 ― 고구려가 낙랑을 병합
373년 ― 고구려 율령 반포
391년 ― 고구려 광개토대왕 즉위
427년 ― 고구려가 평양성으로 천도
490년 ― 신라, 경주에 시장을 개설
502년 ― 신라에서 우경 시작
512년 ― 신라의 이사부가 우산국을 병합
520년 ― 신라 율령 반포
532년 ― 신라가 금관가야를 병합
538년 ― 백제가 사비성으로 천도
554년 ― 신라와 백제의 관산성 전투, 나·제 동맹 결렬
562년 ― 신라가 대가야를 병합
598년 ― 수나라가 고구려를 침공
660년 ― 백제 멸망
668년 ― 고구려 멸망
676년 ― 신라가 당나라 군대를 몰아내고 삼국통일
685년 ― 삼국통일 후 신라는 전국을 9주로 나누고 군·현을 설치
698년 ― 대조영이 동모산에서 발해 건국
722년 ― 신라, 정전을 지급
788년 ― 신라, 독서삼품과 설치
828년 ― 신라의 장보고가 청해진을 설치
900년 ― 견훤이 완산주에서 후백제 건국
901년 ― 궁예가 송악에서 후고구려 건국
918년 ― 왕건이 송악에서 고려 건국
935년 ― 신라 멸망

4

선사시대:
농업의 시작

문자 기록이 없는 시대를 선사시대라고 부른다. 인류는 문자의 발명으로 두뇌 외부에 고성능 저장 장치를 갖게 되어 낮은 비용으로 지식을 전달하고 축적할 수 있게 되었다. 선사시대는 이러한 이익을 전혀 누릴 수 없는 시대였다. 따라서 모든 변화가 느렸다.

인류의 기원을 탐구하는 인류학에서는 선사시대의 거의 전부를 차지하는 구석기시대가 중요하겠지만, 경제학의 관점에서는 신석기시대 이후 농업의 시작이 더 중요하다. 사람의 가장 기초적인 생존 조건인 식량 획득 방법에 근본적인 변화가 일어났으며, 그로 인해 단순하고 규모가 작았던 사회조직이 대규모의 복잡하고 위계적인 조직으로 바뀌기 시작했기 때문이다. 이러한 이유로 농업의 시작은 앞에서 언급했듯이 '신석기혁명'이라고 불린다. 저명한 사회생물학자인 에드워드 윌슨Edward O. Wilson도『지구의 정복자』에서 농업을 "모든 진보를 압도하는 가장 거대한 진보"이며 "훗날의 군장사회와 대 군장사회, 이윽고 국가와 제국까지도 거기에서 비롯되었다"고 단언하였다.

고고학 연구에 따르면 한반도에서 조, 기장, 피와 같은 잡곡이 재배되기 시작한 것은 신석기 중기에 해당하는 기원전 3000년부터였다. 그러나 농업이 본격화된 것은 기원전 1000년부터 시작된 청동기시대부터였다. 벼농사가 시작된 것도 기원전 1000년부터라고 추정된다. 초기의 농업은 돌도끼로 벌목하고 불을 붙여 경지를 만들고 씨앗을 심어 수확한 후에 15~20년 이상 땅을 묵히는 장기 휴경 방식이었다. 청동기시대에도 농기구는 청동기가 아닌 돌과 나무로 만든 것을 사용했다. 청동기를 이용하여 쓰기 좋은 목제 농기구를 만들었다. 점차 휴경 기간도 5~10년으로 줄어들어 토지를 더 효율적으로 활용하게 되었다. 중기 휴경 단계로 진보한 것이다. 이러한 휴경 기간의 단축은 농업 시작 이후 인구가 증가함으로써 토지가 희소해졌기 때문이다. 인구압력으로 인해 농업기술이 진보한 것이다.

이와 같이 인구 증가가 농업기술의 진보를 가져온다는 발상은 여성 경제학사 에스터 보저럽Ester Boserup(1910~1999)이 제기한 것이다. 맬서스의 생각과는 대조적이다. 산업화 이전의 경제에서 인구 증가가 어떠한 경제적 결과를 가져올 것인가는 매우 중요한 논점이다.『국부론』을 쓴 아담 스미스는 인구 증가가 시장을 크게 만들고 분업을 증진시킨다고 주장했다. 이로부터 인구 증가와 시장의 확대로 인해 분업이 진전되어 경제가 성장하는 것을 '스미스적 성장'Smithian growth이라고 부른다. 경제성장에는 그 밖에도 자본축적에 의해 기계나 설비를 많이 사용함으로써 이루어지는 '솔로우적 성장'Solovian growth, 기술혁신에 의한 창조적 파괴를 수반하는 '슘페터적 성장'Schumpeterian growth의 유형이 있다. 전근대 경제는 생산 증가가 인구 증가를 따라가지 못한다는 의미에서 '맬서스 함정'에 빠져 있었지만 인구 증가가 항상 경제에 부정적인 영향만 초래한 것은 아니었다.

신석기시대 빗살무늬토기를 사용했던 주민들은 하천이나 해안 주변에 살면서 물고기를 잡거나 조개나 식물의 열매를 채취했으며, 일부 원시적인 농경을 시작했다. 농업이 본격화되었던 청동기시대 주민은 내륙에 위치한 구릉지대에 거주하면서 민무늬토기(무문토기)를 이용한 사람들이었다. 고고학 조사는 신석기시대 빗살무늬토기가 청동기시대에 들어와 자취를 감추고 민무늬토기로 대체되었음을 보여준다. 농사를 지었던 민무늬토기인이 수렵·채집 단계의 빗살무늬토기인을 도태시키거나 흡수한 것으로 추측된다.

왜 이러한 식량 획득 기술에 변화가 일어난 것일까? 농업이 반드시 적은 노동으로 건강에 유익하고 칼로리가 높은 식량을 얻을 수 있다는 의미에서 우월한 기술이었기 때문에 선택된 것 같지는 않다. 수렵채집인이 농경인에 비하여 훨씬 더 풍요로운 생활을 했다는 증거가 많기 때문이다.

수렵·채집 단계에서는 몇 가족이 무리를 이루어 식량 자원을 따라 이동하면서 생활했다. 이 때문에 식량 자원에 대한 배타적인 재산권이 생겨나기 어렵다. 이러한 공동소유의 재산권 제도에서는 인구가 늘어나 자원에 대한 수요가 증가하게 될 경우에 자원이 고갈될 가능성이 높다. 자원 고갈을 염려하여 내가 사냥을 하지 않더라도 다른 사람에게 좋은 일이 될 뿐 나에게는 이익이 되지 않기 때문이다. 경제학에서 말하는 '공유지의 비극'The Tragedy of the Commons이 발생하는 것이다. 공유지의 비극은 가렛 하딘Garrett Hardin(1915~2003)이 1960년 「사이언스」Science 지에 발표한 논문 제목이다. 공유지에 소를 방목하였을 때 자원을 보호하려는 개인의 노력은 아무 보상을 받을 수 없기 때문에 서로 먼저 방목함으로써 결국 공유지가 황폐하게 된다는 의미다.

인구압력에 직면한 수렵채집사회가 인구 증가를 억제하는 생존 전략을 택할 수도 있다. 문제는 인구가 적은 집단은 사람 숫자가 중요했을 선사시대의 군사적 경쟁(전쟁)에서 인구가 많은 집단에 패배할 가능성이 높다는 점이다. 이러한 이유로 수렵채집사회도 느리지만 인구가 증가하게 될 것이다. 공동소유의 재산권 제도로 인해 식량 자원이 고갈되기 시작하면 동일한 노동을 투입하여 얻을 수 있는 식량의 가치가 점점 줄어들게 된다. 전에는 조금만 노력해도 큰 동물을 잡고 먹기 좋은 열매를 얻을 수 있었는데 이제는 하루 종일 돌아다녀도 배를 채우기도 어렵게 되는 것이다. 이러한 추론이 옳다면, 농업은 항상 우월한 기술이기 때문에 선택된 것이 아니라 수렵·채집의 생산성이 하락함으로써 농업이 선택된 것이라고 봐야 할 것이다. 신기술의 발명이 그대로 경제적 의미를 지닌 혁신으로 이어지지 않는 것과 마찬가지다. 더글러스 노스는 『경제사에서의 구조와 변화』(1981)에서

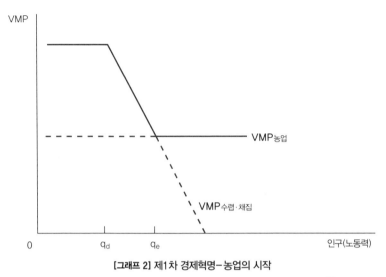

[그래프 2] 제1차 경제혁명-농업의 시작

한계생산가치(VMP)는 인구 1명이 추가로 증가했을 때 그것으로 인하여 증가하는 생산물의 가치를 의미한다.

자료: D. C. North, *Structure and Change in Economic History* (1981)

간단한 그래프로, 그가 '제1차 경제혁명'이라고 칭했던 농업의 시작을 설명했다.

인구 또는 노동력이 증가함에 따라서 추가적으로 획득할 수 있는 생산물의 가치, 즉 노동의 한계생산가치vmp는 본래 수렵채집사회가 농업사회보다 높았다. 그러나 인구가 일정 수준을 넘으면 한계생산가치가 하락하기 시작하여 농업과 역전되는 시기가 도래하게 된다. 이 시점부터 수렵·채집보다 농업 쪽이 유리하므로 농업을 선택하게 되었다는 가설이다.

한편 수렵채집사회 쪽으로 농업기술을 가진 집단이 이주하였을 경우를 생각해 보자. 인구 증가로 인해서 자원이 부족하게 되면, 두 집단 간 군사적 경쟁을 피할 수 없게 될 것이다. 더욱이 수렵채집사회는 항상 이동해야 하므로 제 발로 걸어 다닐 수 없는 어린아이를 많이 부양할 수 없다. 정착 생활이 가능한 농업사회는 이러한 제한이 없기 때문에 인구가 더 빨리 증가하는 경향이 있다.

또한 농업이 시작되면 작물을 재배한 토지와 수확물을 외부의 약탈로부터 지켜야 한다. 자원에 대한 외부인의 접근을 배제하는 '배타적 공동소유'의 재산권 제도가 발전하게 될 것이다. 수렵·채집 단계와는 달리 경지 개간과 같은 투자와 기술 진보가 촉진되어 생산성이 높아지면 잉여 식량의 축적도 가능하게 된다. 수렵·채집과 농업 간의 가장 큰 차이는 같은 면적의 토지에서 생산되는 생산량의 차이, 즉 토지 생산성의 차이다. 생산의 증가로 잉여가 생기면 농업에 종사하지 않는 인구를 부양할 수 있게 된다. 이로부터 분업이 확대되고 전문화가 진전되어 사회 전체의 생산성이 높아지게 된다. 군사기술과 무기 제작에 전문화가 이루어지면 군사력도 강화될 것이다.

이러한 농업사회도 결국에는 '맬서스 함정'을 벗어날 수 없다. 인구 증가로 생존의 위기를 만나게 되면 주변의 농업사회나 수렵채집사회의 자원(토지와 식량)에 관심을 기울일 것이다. 결코 무리한 상상이 아니다. 실제로 청동기시대에 전쟁이 많았음은 유적을 통해서도 확인된다. 대표적인 청동기시대 유적인 충남 부여 송국리 취락유적은 주변에 하천이 흐르는 높이 30미터 전후의 낮은 구릉에 자리 잡고 있다. 신석기시대 취락과는 달리 여러 채의 움집을 도랑과 나무 울타리로 둘러싸 외적의 침입을 방어하는 태세를 갖췄다. 농기구 외에 청동이나 돌로 된 칼, 돌도끼, 화살 등의 무기가 함께 출토됐으며 불탄 흔적도 발견되어 전쟁이 빈번했음을 짐작하게 한다. 농업의 시작은 농업기술의 전파만으로 이루어졌다고 볼 수 없으며 인구 증가에 의한 자원 고갈, 농업사회와 수렵채집사회 간의 군사적 경쟁을 통해 이루어졌다. 더욱이 이러한 군사적 경쟁 과정에서 수렵채집사회에서는 도저히 상상할 수 없었던 '국가'가 역사의 무대에 등장하기 시작했다.

5

고대국가의 성립과
경제적 변화

고대사의 가장 중요한 '발명'은 국가다. 국가는 현대인이 아니라 고대인이 만든 발명품이지만 우리는 여전히 국가 없는 세상을 상상하기 어렵다. 고대사의 매력은 이처럼 인간 사회의 가장 기본적인 구조가 처음 만들어진 시대라는 점이다. 고대에 처음 등장하는 사회제도들은 그것이 무엇인지, 왜 생겨나게 되었는지를 질문하지 않을 수 없게 만든다.

국가는 군사력에 비교우위를 지니고 영토 안에 거주하는 주민에게 '조세'를 징수하는 조직으로 정의된다. 이러한 특이한 조직이 생겨난 것은 사회의 필요와 군사력 보유 집단의 이익 추구 때문이었다. 농업이 시작된 후에 토지와 물의 이용을 둘러싼 분쟁이 빈번해졌다. 수리시설의 건설과 관리와 같이 소규모 집단으로서는 해결하기 어려운 경제문제도 생겨났다. 대외적으로 사회를 방어할 필요가 생겼으며 사회구성원 간의 폭력 행사를 제한함으로써 질서를 수립할 필요도 커졌다.

이러한 조건에서 군사기술에 특화된 집단이 사회구성원에게 조세 납부를 강제하는 동시에 사회를 방어하고 분쟁을 조정하는 역할을 자임함으로써 국가가 성립했다. 사회질서 유지라는 점에서 국가의 등장은 일반적으로 경제성장에 유리하게 작용하였을 것이라고 추측할 수 있다. 그러나 통치자가 구성원을 가혹하게 수탈하는 단기적 전망을 가지는가, 경제성장을 통해 수입 증가를 도모하는 장기적 전망을 가지고 있는가에 따라 국가가 경제적 성과에 미치는 효과는 달라질 것이다.

한국사 최초의 국가인 고조선은 기원전 8세기에 중국과 교류했다. 한반도 중남부에서는 기원전 2세기에 진국辰國이 성립해 있었다. 그 뒤를 잇는 삼한은 기원후 1세기 초에 78개의 소국으로 이루어졌다(마한 54국, 진한 12국, 변한 12국). 소국은 규모가 다양해 큰 것은 1만 호, 평균 2,000~3,000호 정도의 주민을 지배했다. 이러한 소국은 형태적 특징에 주목해 성읍국가라고 부르기도 한다. 고조선이나 고구려도 처음에는 이러한 작은 국가에서 시작했을 것이다.

시간이 흐름에 따라 여러 성읍국가가 합하여 연맹체를 이루고 이로부터 고구려, 신라, 백제의 삼국이 성립했다. 삼국은 기원 전후부터 태동하기 시작해 기원후 3~4세기에는 고대국가의 틀을 갖췄다. 자생적인 사회발전의 결과만은 아니다. 고조선을 멸망시키고 군현을 설치하였던 한漢 제국이 기원후 220년에 망하고 위·진·남북조시대(220~581)의 대분열 시대로 접어듦에 따라 중국의 영향력이 약화된 점도 간과할 수 없다.

많은 수의 소국에서 삼국 통일로 국가의 숫자가 하나로 줄어들기까지 당연히 수많은 전쟁이 있었다. 고대는 전쟁의 시대였다. 전쟁의 실행과 준비, 정복과 복속을 통해 국가의 규모는 확대되었다. 국가가 확대되는 이유를 경제학적으로 생각해 보면 첫째로 국가가 '규모의 경제' economy of scale의 특성을 지니고 있기 때문이다. 국가의 규모가 확대됨에 따라서 국가를 운영하는 데 들어가는 비용이 늘어나지만 규모에 비례하여 늘어나지는 않기 때문이다.

본래 '규모의 경제'는 기업에서 생산량이 증가함에 따라 생산물 한 개를 생산하는 평균비용이 감소하는 현상을 뜻한다. 이를 국가의 크기가 확대되어 국가가 제공하는 서비스는 증가하지만 서비스 1단위를 생산하는 비용은 점차 감소하는 현상에 적용해 볼 수 있다. 쉽게 말하면 아주 작은 국가라도 기본적으로 있어야 할 기관과 제도는 갖춰야 하지만 국가가 커진다고 해서 반드시 그에 비례하여 기관을 늘리고 제도를 새로 노입일 필요는 없다. 물론 규모의 경제도 한도가 있다. 기업이나 국가도 너무 커지면 오히려 비효율이 커져 평균비용이 증가하게 될 것이다.

국가 간 정복 전쟁 과정에서 소국 지배층의 일부는 몰락하고 일부는 국가권력을 장악한 귀족 신분으로 변화되어 갔다. 처음에는 주민을 직접 지배하기보다는 공동체 간의 위계 관계를 이용하여 국가적 통합을 유지했다. 또한 정복 과정의 사정을 반영하여 국가 안에도 권리와 의무가 불평등한 이질적인 지역이 공존하고 있었다. 이러한 고대국가의 한계는 이후 왕권과 관료제가 강화되고 가족과 개인이 공동체로부터 자립해 나가는 오랜 역사를 통해 극복되었다. 이 점에서 기원후 4세기에서 6세기에 걸쳐서 이루어진 삼국의 율령 반포는 큰 진전이었다(고구려 373년[소수림왕 3년], 신라 520년[법흥왕 7년], 백제는 3~4세기). 7세기 중엽에 진행된 삼국 통일 과정에서 국왕의 권력은 더욱 강력해졌다. 삼국 통일 후 신라는 전국을 9주써로 나누고 그 아래에 약 420개소의 군·현을 설치함으로써(685년[신문왕 5년]) 중앙집권 국가의 체모를 갖췄다.

고구려의 산성과 고분벽화, 백제의 석탑과 금동향로, 신라의 화려한 금관을 신석기시대 빗살무늬토기인들이 상상이나 할 수 있었을까? 농업이 본격화되고 국가가 등장함에 따라 경제적으로 큰 변화와 발전이 있었음이 틀림없다.

먼저 인구가 증가했다. 삼한의 소국이 78개였다는 기록에서 기원후 1세기경 한반도 중남부지역의 인구를 100만 명이라고 하자. 7세기 삼국의 인구가 백제 100만 명, 신라 100만 명, 고구려 150만~300만 명이라고 추정되므로 6세기 동안 대략 두 배의 인구 증가가 있었던 셈이다(고구려 제외). 1인당 생산의 변화는 알 수 없지만, 인구 증가는 경제성장이 있었다는 유력한 증거다.

농업기술도 발전했다. 지력을 회복하기 위해서 땅을 묵히는 휴경 기간이 신석기시대에는 15~25년 이상이었으나, 청동기시대에 5~10년으로 단축되어 중기 휴경 단계로 진입했다. 철기시대에 들어와서는 휴경 기간이 1~2년으로 더욱 짧아졌으며, 삼국시대에는 이러한 단기 휴경(휴한농법)이 정착되었다. 토지를 더욱 효율적으로 사용하게 된 것이다.

철기시대 이후에는 농기구에도 철이 사용되기 시작했다. 기원전 1세기에는 철로 만든 괭이와 따비, 쇠스랑이 사용되었다. 특히 6세기에는 소를 농사에 이용하는 '우경'牛耕이 보급되었다. 『삼국사기』에 따르면 지증왕 3년(502)에 각 주의 군주郡主에게 명하여 농사를 권장하고 처음으로 농사에 소를 이용하기 시작했다. 여기에는 쟁기가 사용된 것으로 추측되는데, 이는 농업기술의 획기적인 발전이었다. 쟁기는 논밭을 깊이 갈아엎을 수 있게 함으로써 수분 증발을 막고 영양분을 고르게 퍼지게 할 뿐 아니라 영양분이 많은 심층의 토양을 이용하고 잡초의 뿌리까지 제거할 수 있게 해 주었다.

농업기술의 발달에는 인구압력뿐만 아니라 국가의 역할도 중요했다. 지증왕이 우경을 시행했다는 기록은 선진 기술의 보급에 국가가 중요한 역할을 하였음을 말해 주는 것이다. 백제가 4세기에 벽골제를 구축한 것이나 백제 무령왕이 제방을 수리할 것을 명했다는 기록은 국가가 수리 시설을 건설하고 관리하였음을 알려준다.

철 생산과 철제품 제작도 국가가 독점하거나 통제했다. 신라 탈해왕(재위 57~80년)은 쇠를 다루는 단조 기술을 가진 장인 출신이었다. 4~5세기 신라와 가야의 대형 고분에서는 집게, 망치, 모루와 같은 제철용 도구들이 출토되었다. 삼국 통일 후 문무왕은 전국의 병기를 모아서 농기구를 만들었다. 고대 중국이나 일본과 마찬가지로 국가가 철제 농기구의 생산을 관장한 것이다. 중국에서는 왕조에 따라 차이가 있지만 진·한 대부터 원·명 대에 이르도록 철제 농기구의 생산과 관리는 국가가 담당하는 것이 원칙이었다. 일본에서도 천황이 관위나 공로에 따라서 귀족이나 지방 세력가들에게 철제 농기구를 하사했으며 중앙 관인에게 지급하는 봉록에 철제 농기구가 들어 있었다.

국가는 철기 생산을 독점하며 직접적인 이익을 도모했다. 또한 온도와 탄소 함량의 조절에 숙련이 요구되는 여러 단계의 생산과정을 안정적으로 보장하기 위해서는 강력한 권력이 필요했다. 철 자원과 철기 제작의 독점은 군사력과 경제력의 지역 간 격차를 심화시키고 철기 제작에 비교우위가 있는 집단에 의한 정복과 통합을 야기함으로써 고대국가의 성립을 촉진하는 요인이 되었을 것이다.

철기 외에도 '기촌'器村이라고 새긴 7세기경의 신라 토기는 토기 제작에 전업하는 마을이 있었음을 추측케 한다. 토기뿐만 아니라 다양한 물건들이 국가의 통제 아래에서 제작되었을 것이다. 신라에는 '와기전'瓦器典이라는 관서가 있었다. 백제에도 '와박사'瓦博士라는 관직이 있었다. 시장도 국가에서 설치하고 관리했다. 신라는 490년에 수도 경주에 최초로 시장을 열었다. 509년에는 동시東市, 695년에는 서시西市와 남시南市를 개설했다.

시장경제의 발전이 미약했기 때문에 국가와 귀족이 사용할 물자는 재정기구를 통하여 현물로 지방에서 중앙으로 집중되었다. 노동력도 무상으로 동원되었다. 이로써 거대한 건축물과 귀족들의 화려한 소비가 가능해졌다. 문자 기록도 국가와 귀족의 독점물이었다. 철과 같은 중요한 물자의 생산과 유통도 국가가 통제했다. 이리하여 수도에 거주하는 귀족과 지방에 사는 농민 간에는 커다란 경제적 격차가 생겼다. 통일신라 수도 서라벌을 벗어나 지방으로 가보라. 금을 입힌 집이라는 뜻의 '금입택'金入宅이 들어선 화려한 도시는 사라지고 초가와 움집으로 이루어진 질박한 농촌을 만나게 될 것이다. 더욱이 사회의 최하층에는 노비를 비롯한 천인들이 팍팍한 삶을 이어가고 있었다.

6

우리나라 고대는
노예제사회였을까?

노예제는 한국사의 대표적인 난제다. 서양 그리스·로마시대의 노예 slave에 해당하는 신분은 '노비'奴婢이다. 조선시대에 노비가 전체 인구의 3~4할을 차지했다는 사실을 접하면 무척 당혹스럽다. 17세기 초의 호적에서 산음현은 41.7퍼센트, 단성현은 무려 64.4퍼센트의 인구가 노비였다. 기원전 5세기 아테네에서 노예가 전체 인구의 대략 3~4할이었고 남북전쟁 전 미국 남부에서도 3분의 1 정도였다. 만약 노비가 모두 노예라면, 적어도 조선 전기는 전형적인 노예제사회였다.

미국의 대표적인 한국사 연구자인 제임스 팔레James Palais(1934~2006)는 『유교적 경세론과 조선의 제도들』(1996)에서 대략 10세기 고려시대 이후 한국은 전체 인구의 30퍼센트 이상, 수도 인구의 3분의

2 정도가 노예였던 전형적인 노예제사회였다고 주장했다. 서양사의 기준에서 보면 고대에서 발전을 멈춰버렸다는 뜻일까? 중세에 속하는 고려시대와 조선시대가 노예제사회였다면 그보다 앞선 고대는 도대체 어떠한 사회였을까? 서양 고대와 마찬가지로 노예제사회였을까?

노예는 두 측면에서 정의할 수 있다. 첫째는 다른 사람의 '재산'이 된 사람이다. 둘째는 친족(공동체)으로부터 단절된 사람이다. 노예는 주인의 재산이기 때문에 주인의 의사에 따라서 마음대로 친족 관계

[그림 1] 고구려 무용총의 「접객도」
사람의 크기를 보면 신분의 차이가 매우 컸음을 알 수 있다.

로부터 분리할 수 있다. 동시에 친족 관계에서 단절되었기 때문에 주인 뜻대로 처분할 수 있는 재산이 된 사람이다. 노예는 전쟁 포로를 처리하는 방법에서 기원했다고 추측된다. 포로를 죽이거나 대가를 받고 풀어주는 대신에 일을 시키기로 한 것이다. 공동체의 규칙을 어겨서 '사회적 죽음'을 당한 자도 노예가 되었는데, 죽이지 않고 살려두었다는 점에서는 전쟁 포로와 마찬가지였다. 범죄를 저지르거나 채무를 갚지 못한 자로 공동체 안에서 살지만 사회적으로는 공동체 밖으로 추방된 자들이다.

우리나라 고대에도 전쟁 포로를 노예로 만들었다. 백제 근초고왕은 369년 고구려와의 전쟁에서 사로잡은 포로를 장군들에게 나눠 주었다. 백제가 554년에 신라를 침공하여 남녀 3만 9,000명을 잡아갔다는 기록도 있다. 신라 진흥왕은 562년에 가야를 평정한 공이 큰 사다함에게 포로 200명을 주었는데 양인으로 해방시켜 주었다고 한다.

이와 같이 전쟁 포로를 노예로 만든 것은 사실이지만, 포로 중에 소수만 노예가 되었다. 김유신이 "고구려와 백제 두 나라는 우리 강토를 침략하여 우리나라 사람들을 해쳤는데 장정을 잡으면 살육하고 어린아이는 '노'奴로 사역하는 것이 오래되었다"(『삼국사기』)라고 말한 것처럼, 포로가 된 군인이나 장정은 죽이고 점령지의 여자나 아이들은 살려두어 노예로 삼는 것이 일반적이었다. 『삼국사기』에 전쟁 포로를 죽인 예는 매우 많다. 진흥왕 15년(554)에 관산성 전투에서 신라군은 백제의 사졸 2만 9,600명을 참수했다.

법을 어기거나 빚을 갚지 못한 경우에도 노예가 되었다. 부여에서는 사형당한 죄인의 가족을 노비로 만들었다. 고조선의 8조법에는 빚을 갚지 못하면 노비로 삼는다는 조항이 있었다. 고구려에서도 빚을 갚지 못한 사람은 자녀를 노비로 주어 대신 갚는 것을 인정했다고 한다.

9세기 말 효녀 지은知恩의 예와 같이 가난하여 생존이 어려운 사람들이 자신이나 자식을 노비로 팔기도 했다. 지은은 신라 사람으로 본래 양인이었다. 도저히 살 수가 없게 되자 부잣집에 자신을 팔아 여자종인 '비'婢가 되고 쌀 10여 석을 받았다. 모녀가 신세를 한탄하여 통곡하는 것을 지나가던 화랑 효종랑이 보고 불쌍하게 여겨 좁쌀 100석을 보내주었다. 주인에게도 보상하여 양인으로 회복시켜 주었다는 미담을 『삼국사기』와 『삼국유사』가 전한다.

그런데 '노'奴가 노비와는 전혀 다른 의미로 쓰인 예가 있다. 백제왕이 광개토왕에게 '노객'奴客이 되겠다고 맹세한 광개토대왕비의 기록, 그리고 신라에 정복된 지방민을 '노인'奴人이라고 부르고 그들에게 적용하는 법을 '노인법'奴人法이라고 지칭한 신라 울진 봉평비(524)의 기록은 삼국시대 '노'가 당대 중국이나 후대 노비와는 다른 뜻이었음을 보여준다. 주인과 노예 간의 개인적 소유관계에 있는 사람을 '노'라고 한 것이 아니라 국가 간 외교 관계나 정복에 의한 집단적 복속 관계를 '노'라고 表現했다. 그리고 집단적 예속민을 '노인'라고 칭했던 것이다. 이들은 '노인'이지만 누구의 재산도 아니었으며 친족 관계에서 분리된 사람도 아니었다. 결코 노예라고는 말할 수 없는 사람들이었다. 우리나라 고대인들은 노예를 『삼국사기』에 나오는 '생구'生口나 『삼국유사』에 소개된 '갯지'㖨叱知라고 불렀다고 한다. '생구'는 전쟁 포로를 말한다. '갯지'는 개라는 뜻으로 주인을 개처럼 따라다니는 사람이다.

이처럼 우리나라 고대에 노예가 있었던 것은 확실하다. 이들은 어떠한 일을 하였으며 어느 정도의 비중을 차지하였을까? 노예제 연구의 권위자인 영국 역사학자 모제스 핀리Moses Finley(1912~1986)는 노예제사회가 되려면, 노예가 생산 활동의 주된 원천이어야 하며, 나아가 노예제가 생산은 물론 법이나 정치, 그리고 도덕에 이르기까지 사회모든 측면을 규정하고 있어야 한다고 했다.

핀리에 따르면 고대 그리스가 노예제사회가 되었던 이유는 토지의 사적 소유로 인하여 가족 노동력만으로는 경작할 수 없는 대토지 소유가 발생하고 자가 소비를 초과하는 잉여 생산물을 판매할 수 있는 시장도 성립했지만, 그리스 사회 내부에서는 필요한 노동자를 구할 수 없었기 때문이었다. 자유로운 시민들은 타인을 위해 노동하는 것을 타인에게 예속된다고 생각해 기피했다. 고대 그리스에서는 노동자와 노예를 구별하는 말 자체가 없었다. 우리나라 고대에도 그리스처럼 농업 생산에 필요한 노동력을 사회 내부에서 구할 수 없었을까? 포로로 사로잡은 노예라도 부양과 감시에 비용이 들기 때문에 노예는 결코 공짜가 아니다. 노예 외에는 대안이 없거나 적어도 노예를 사용하는 것이 다른 대안보다 유리하지 않다면 노예제사회는 성립할 수 없다.

우리나라 고대의 피지배층을 중국 역사서는 하호下戶라고 했다. 부여의 호민豪民이나 고구려의 좌식자坐食者와 같은 지배층은 이들로부터 식량을 공급받았다. 호민이 하호를 노복과 같이 부렸다고 했듯이 이

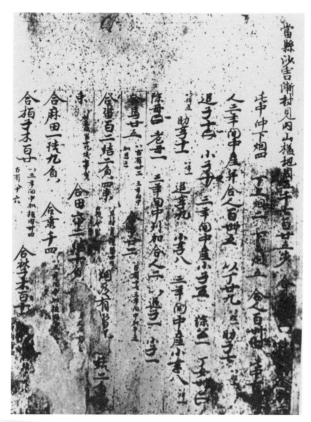

[그림 2] 신라촌락문서

작성 연대에 관해서는 695년, 755년, 815년으로 견해가 나뉘어 있다. 1992년에 일본 동대사의 정창원에 소장된 '화엄경론'(華嚴經論)을 수리할 때 발견되었는데 실물은 확인할 수 없고 사진 자료만 남아 있다.

들은 분명 예속적인 성격을 지니고 있었다. 그러나 결코 타인의 재산이나 공동체로부터 단절된 자들은 아니었다. 고대국가의 일반 백성으로서 신라는 이들에게 722년에 정전丁田을 지급했다.

분명히 전쟁 포로를 비롯하여 범죄와 채무 등 여러 경로로 노예가 된 자들이 있었고 신라 귀족의 집에 '노동'奴僮 3,000명이 있었다고 했다. 그렇지만 농업 생산에 필요한 노동력을 하호와 같은 예속적인 농민들로부터 충분히 구할 수 있었기 때문에 농업 생산에 노예를 대거 투입할 이유는 없었다.

1933년 일본 동대사東大寺의 정창원正倉院에서 발견된 「신라촌락문서」는 지금의 청주인 서원경 부근의 4개 촌락의 호구와 전답, 과실나무와 가축의 수효를 조사한 귀중한 자료다. 이 문서에 나오는 전체 인구 460명 중에 노비는 28명으로 6.1퍼센트에 불과했다. 노비가 모두 노예였다고 하더라도 전체 사회를 노예제사회라고 하기는 너무 낮은 비중이다. 노예의 대부분은 귀족들의 가사 노동이나 노동조건이 가혹한 광업이나 수공업에 종사하고 일부는 귀족에게 예속된 군사력으로 활용되었을 것이다. 우리나라 고대는 노예를 보유한 사회였던 것은 분명하지만 농업 생산에서 노예가 차지하는 비중이 낮았다는 점에서 노예제사회는 아니었다.

현재도 전 세계에 2,500만 명의 노예가 있다고 한다. 일찍이 니보어 H. J. Nieboer (1873~1920)는 토지가 풍부하지만 노동력이 부족하고 기술이 단순한 사회에서 노예제가 발달할 가능성이 높다고 했다. 극심한 빈곤, 아무도 일하려고 하지 않는 열악한 노동조건, 자발성이 필요 없는 단순한 기술, 그리고 타인의 노동을 착취하려는 사람이 있다면 노예제는 쉽게 사라지지 않을 것이다.

7

고대의 대외 교역과
거래비용

전쟁과 교역은 양립하기 어렵다. 전쟁의 시대였던 고대에는 어떻게 대외 교역이 이루어질 수 있었을까? 현재 우리는 고대인이 도저히 상상할 수 없는 세상, 클릭 한 번으로 외국의 상품을 구입할 수 있는 놀라운 세상에 살고 있다. 정보 기술과 운송 수단이 비약적으로 발달했기 때문이지만 거래비용transaction cost의 감소에도 주목할 필요가 있다. 고대는 교역에 수반되는 거래비용이 매우 높았기 때문에 교역이 제한적으로 이루어질 수밖에 없었다. 이로 인해 교역의 이익을 충분히 누릴 수 없었던 시대였다.

거래비용은 얼마 전 102세를 일기로 작고한 로널드 코즈Ronald Cuase (1910~2013)가 창안한 개념이다. 쌍방 간에 무엇인가를 주고받는 거래에 수반되는 모든 비용을 뜻한다. 코즈는 시장경제 안에 왜 명령에 의해서 작동하는 '기업'이 존재하는가라는 의문을 제기하고, 시장거래에는 '시장을 이용하는 비용' 곧 거래비용이 들기 때문이라고 답했다. 이 단순하지만 강력한 개념을 창안한 공로로 그는 1991년 노벨경제학상을 수상했다.

재화A와 재화B를 교환하는 아주 단순한 물물교환에도 거래비용이 소요된다. 상대방이 가진 B의 가치를 평가하는 데 시간과 노력이 투입될 뿐만 아니라(측정 비용), 내가 A를 주었을 때 상대방이 나에게 B를 양도하도록 만들기 위해서도 자원을 써야 하기 때문이다(집행 비용). 상대방이 A를 받고도 B를 주지 않거나 계약을 파기하고 B를 돌려달라고 주장할 수도 있다. 최악의 경우에는 거래를 위해 상대방을 만났다가 A를 빼앗기고 생명까지 잃을 수도 있다. 이렇게 거래비용이 높은 경우에는 교역의 이익이 아무리 커도 교역이 이루어질 수가 없다.

교역 외에 다른 나라의 물건을 얻기 위한 방법이 전혀 없는 것은 아니다. 일시적으로 군사력을 이용하여 약탈하는 방법이 있다. 아예 정복하여 예속상태로 만든 후에 필요한 물자를 공물로 징수하는 장기적인 수탈 방법도 있다. 3세기경 고구려는 옥저를 지배하여 맥포貊布와 생선, 소금, 해조류와 같은 예민들을 1,000리나 떨어진 곳까지 등에 져서 나르도록 시켰다고 한다. 내륙 국가인 고구려는 자기 영토에서 구하기 어려운 물산을 얻기 위해 함경도 해안에 위치한 옥저를 복속시켰던 것이다.

군사력으로 정복하거나 지배할 수 없는 경우에는 어떻게 해야 할까?

첫째는 '침묵교역'의 방법이 있다. 중국 남조 송나라劉宋(420~479)의 『이원』異苑이라는 책에는 고구려와 읍루 간에 침묵교역이 이루어졌음을 추측하게 하는 설화가 기록되어 있다. 칼을 구덩이 입구에 던져 놓으면 항상 담비와 함께 사는 짐승이 구덩이에서 나와 칼 옆에 담비 가죽을 두고 돌아가는데, 다른 사람이 담비 가죽을 가지고 간 다음에야 칼을 가져갔다. 신뢰할 수 없는 상대방과 불가피하게 교역을 해야 할 경우에는 이처럼 대면 접촉을 철저히 회피함으로써 거래비용을 낮췄던 것이다.

둘째는 '교역항'을 이용한 교역이다. 정치적으로 특정 국가에 지배되지 않은 중립 지역에서 교역하는 방법이다. 기원전 108년 한나라에 의해 고소선이 멸망한 후에 낙랑군과 대방군 등의 군현이 설치되자 한반도 안으로 중국 상인들이 들어와서 활동했다. 특히 한반도 남부 해안 변진弁辰 지역은 철이 많이 났기 때문에 중국 상인들과 삼한과 동예, 그리고 일본(왜)에서 철을 구해 갔다. 철을 이용하는 것이 마치 중국에서 돈錢을 쓰는 것과 같았다고 한다.

김해 지역에 위치한 구야국狗邪國은 국제적인 교역로의 교차점에 위치했다. 낙랑군과 대방군에서 구야국을 거쳐 일본의 왜로 이어지는 남북 교역로와 근동—서역—인도—벵골만—동남아시아—중국 동남해안—한반도 서남해안—일본 열도로 이어지는 동서 교역로가 교차하는 곳에 자리 잡고 있었다. 신라·백제와 달리 이 지역에는 중앙집권적인 고대국가가 성립하지 못했다. 국가의 지배력이 미약하여 교역 장소를 제공하기에 유리하게 작용했다. 김해의 금관가야를 비롯한 가

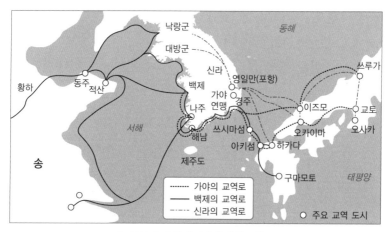

[그림 3] 4~6세기 가야의 대외 교역로

자료: 『아틀라스 한국사』(2004)

야 소국들은 낙랑군과 대방군, 백제, 신라, 왜에 교역항을 제공함으로써 번성했다. 강력한 국가가 없어 교역 참가자들에게 재산과 생명을 침해받지 않는다는 것을 믿게 만들기 쉬웠다는 것이 중요한 요인이었다. 4세기 초 낙랑군과 대방군이 각기 고구려와 백제에 병합되고 6세기에 가야가 신라에 멸망함으로써 이러한 교역항을 이용한 교역은 점차 쇠퇴했다.

셋째는 '조공무역'이나 조공미 책봉은 군사적으로 비대칭적이지만 완전히 정복할 수는 없는 경우에 취하는 현상 유지를 위한 방법이었다. 반드시 경제적인 목적을 위해 조공 관계가 수립되는 것은 아니지만, 중국 황제로부터 책봉을 받은 주변지역의 지배자는 지역 특산물을 조공품으로 상납하고 황제도 답례품을 하사하기 때문에 물자의 이동이 수반되었다. 더욱이 조공 사절에는 경제적 이익을 목적으로 상인과 물자가 따르는 것이 일반적이었다.

한나라는 한사군을 설치한 후에 삼한 소국의 수장인 신지臣智에게 관직과 작위를 나타내는 관모와 인수印綬를 하사했다. 한나라가 멸망한 후 고구려, 신라, 백제는 중국 남북조의 여러 왕조들과 조공무역을 행했다. 수·당에 의한 통일왕조 수립은 동북아시아 국제정세를 전쟁으로 몰아넣었지만 결국 신라에 의해 삼국 통일이 이루어지고 신라와 당나라 사이에 조공 관계가 수립되어 조공무역이 활발하게 전개되었다. 신라, 발해, 일본 사이의 교역도 자못 활발한 양상을 띠었는데 조공 관계의 틀을 적용할 수 없었음에도 그것을 대체하는 수평적인 외교 관계의 틀이 제대로 정립되지 못하였기 때문에 교역이 안정적으로 전개되지는 못했다.

신라에서 당나라 수도 장안에 가려면 4개월이 걸렸다. 신라 승려 혜철은 814년에 배를 타고 당나라로 가다가 황해도 황주에서 적발되어 일행 30명이 죽고 혼자 살아남아 중국에 도착했다. 이처럼 고대국가는 민간의 여행이나 교역을 엄격히 금지했다. 교역의 이익을 국가가 독점하기 위함이었지만 자유로운 교역은 정치체제를 동요시킬 우려가 크다는 이유도 있었다. 거래비용이 매우 높은 조건에서 교역을 전개하기 위해서는 독자적인 군사력으로 교역 루트를 장악해야만 했다. 이로 인하여 지방 세력에 의한 대외 교역은 고대국가의 중앙집권적 정치체제를 와해시키는 요인이 되기 쉬웠다.

신라 말기에 당나라와 일본과의 해상무역을 장악하였던 장보고의 청해진(828~851)은 1만 명의 군사를 거느리고 있는 군사집단이기도 했다. 국왕의 즉위에 직접 개입할 정도로 세력이 강성해지자 중앙 진골 귀족에게 암살당하였지만, 청해진은 지방 세력의 대두라는 새로운 시대를 예고하고 있었다. 무엇보다 고려 왕조를 창건한 왕건이 다름 아닌 예성강 하구와 강화도 지역의 해상무역을 기반으로 성장한 지방 호족이었기 때문이다.

2부

중세 I

고려시대부터
조선 전기까지

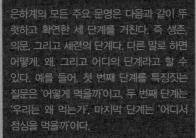

은하계의 모든 주요 문명은 다음과 같이 뚜
렷하고 확연한 세 단계를 거친다. 즉 생존,
의문, 그리고 세련의 단계다. 다른 말로 하면
어떻게, 왜, 그리고 어디의 단계라고 할 수
있다. 예를 들어, 첫 번째 단계를 특징짓는
질문은 '어떻게 먹을까'이고, 두 번째 단계는
'우리는 왜 먹는가', 마지막 단계는 '어디서
점심을 먹을까'이다.

───── 더글러스 아담스, 『은하수를 여행하는
히치하이커를 위한 안내서』

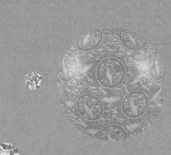

중세 I: 고려시대부터 조선 전기까지

고려   918년 — 시조 왕건이 송악에서 고려 건국
936년 — 고려가 후백제를 병합하여 후삼국을 통일함
956년 — 노비안검법 실시(광종 7년)
958년 — 과거제도 실시(광종 9년)
976년 — 전시과 제도 실시(경종 1년)
993년 — 거란 침공. 서희가 거란의 소손녕과 담판하여 강동 6주를 양도받음
996년 — 철전 발행(성종 15년)
1019년 — 강감찬이 귀주대첩에서 요나라(거란) 군대를 대파(현종 10년)
1044년 — 천리장성 완공(정종 10년)
1135년 — 묘청의 난
1145년 — 김부식, 『삼국사기』 편찬(인종 23년)
1170년 — 무신정변
1176년 — 망이, 망소이의 난
1196년 — 최충헌이 정권을 장악, 무신정권 수립
1198년 — 만적의 난
1231년 — 몽골제국 침공
1232년 — 강화로 천도, 몽골제국 재침공
1235년 — 몽골제국 3차 침공
1251년 — 팔만대장경 완성(고종 38년)
1270년 — 개경으로 환도, 삼별초가 항쟁 계속
1274년 — 고려와 원나라 연합군이 일본 정벌을 시도
1281년 — 일연, 『삼국유사』 편찬(충렬왕 7년)
1363년 — 문익점이 목화를 들여옴
1388년 — 이성계가 위화도 회군을 통해 정권을 장악
1391년 — 과전법 공포

조선 전기   1392년 — 시조 태조 이성계가 공양왕의 양위를 받아 즉위. 정몽주 사망
1393년 — 국호를 조선으로 개칭
1394년 — 한양으로 천도
1400년 — 제2차 왕자의 난, 태종 즉위
1402년 — 호폐법 시행
1412년 — 서울에 시전을 설치
1419년 — 이종무의 대마도 정벌(세종 1년)
1429년 — 『농사직설』 편찬(세종 11년)
1446년 — 훈민정음 반포(세종 28년)
1453년 — 계유정난
1460년 — 『경국대전』 호전 반포(세조 6년)
1466년 — 직전법 시행(세조 12년)
1485년 — 『경국대전』 최종 완성(성종 16년)
1506년 — 중종반정으로 연산군 폐위, 중종 즉위
1592년 — 임진왜란 발발
1596년 — 훈련도감 설치

우리나라 중세는 서양 중세와
무엇이 달랐을까?

우리나라 역사학계는 식민지 시기부터 서양 중세와 닮은 점을 찾기 위해 많은 노력을 기울였다. 세계를 제패한 유럽의 역사가 정상적인 역사 발전의 기준으로 받아들여졌고, 일본이 근대화에 성공했던 이유가 봉건제를 경험했기 때문이라는 역사관을 비판할 필요가 있었기 때문이다. 나아가 인류가 원시공동체―고대 노예제―중세 봉건제―근대 자본주의라는 단계를 밟아 사회주의를 거쳐 공산주의 사회로 전진하는 것이 역사법칙이라고 믿었던 마르크스주의 역사학에게는 이러한 보편적인 역사법칙이 한국사에서도 관철되고 있음을 입증하는 것이 미래를 전망하는 데 중대한 의의를 지니고 있었다.

이처럼 한국 중세에서 봉건제를 '발견'하려는 문제의식은 이해할 수 있지만, 군사력을 보유한 영주들이 자신의 영지를 독립적으로 지배하는 서양 중세와 과거제도로 선발한 관리를 지방에 파견하여 중앙집권적으로 통치하는 한국 중세를 똑같이 봉건시대라고 칭하는 것에는 무리가 따를 수밖에 없다. 서양 중세의 분권적인 정치체제와 대조적인 중앙집권적인 국가의 존재를 의식하지 않을 수 없었기 때문에 봉건제 앞에 '아시아적', '집권적', '국가적', '관료적'과 같은 다양한 수식어를 붙여야만 했다. 마치 천동설을 지탱하기 위해서 주전원周轉圓, epicycle을 고안한 것과 같았다고 해야 할까? 이러한 학술적 곡예를 통해 차이점을 모두 소거한 봉건제는 대토지 소유자가 토지 소유에 기초하여 타인의 노동을 착취하는 제도가 되었다. 이러한 공통점은 부정할 수 없지만, 한 사회를 구체적으로 파악하기에는 정보량이 턱없이 부족한 것이 문제다. 대토지 소유자, 즉 지주가 존재하는 곳이라면 언제 어디서나 봉건제를 발견할 수 있게 되었기 때문이다. 이리하여 삼국시대부터 식민지 시기의 지주제 그리고 심지어 농지개혁 이후의 지주제에 대해서까지도 봉건제를 이야기할 수 있게 되었다.

서양 중세와 한국 중세에서 공통점을 찾으려 한다면 대토지 소유 외에도 같은 점이 많다. 두 사회 모두 생산성이 낮은 농업사회였다. 따라서 경제성장이 힘닌 중기에 주민딩리기 쉬운 '맬서스 함정'에 빠져 있는 사회였다. 저축을 거의 할 수 없었던 농민들은 생존의 위기에 직면하면 유력자에게 의탁할 수밖에 없었다. 서양 중세 농민들은 거의 전부 영주에게 예속되어 있었던 농노였다. 한국 중세에도 노비와 같이 주인에게 예속된 사람들이 상당한 비중으로 존재했다. 또한 낮은 농업기술 수준에서는 가족만으로는 경영을 유지하기 어려웠기 때문에 친족이나 이웃과의 유대 관계에 강하게 의존해야만 했다.

언제부터인가 한국사 책에서 '봉건'이라는 단어를 찾기 어려워졌다. 역사에 필연적인 발전법칙이 있다는 역사관이 퇴조했고, 봉건제가 없기 때문에 한국사가 정체되었다고 주장하는 역사관도 극복되었기 때문일 것이다. 각 사회는 자신에게 주어진 문제를 자원과 지식의 한계 내에서 해결해야 하며, 주어진 문제를 잘 해결한 사회는 오래 존속하고 경제적으로도 번성할 것이며, 제대로 해결하지 못한 사회는 쇠퇴하여 도태될 것이다. 서양 중세나 한국 중세는 각자 다른 방식으로 해결했지만 오래 존속했다는 점에서는 문제 풀이에 성공했다. 특히 고려왕조는 474년(918~1392), 조선왕조는 518년(1392~1910) 동안 지속되었는데, 이는 세계에서 유래를 찾기 어렵다.

1972년 노벨 경제학상을 수상한 이론 경제학자인 존 힉스John Hicks (1904~1989)는 특이하게도 『경제사 이론』이라는 짧지만 의미심장한 책을 썼다. 그에 따르면 '군사적 전제주의'의 지령 경제가 평시 체제로 전환하면서 봉건제와 관료제가 성립했다. 전쟁과 같은 '비상사태'에서는 전 사회의 자원을 단일한 리더십에 집중시키는 동원 체제가 효율적이기 때문에 총동원 체제인 군사적 전제주의 체제가 수립되는 것이 일반적이다. 그러나 이러한 비상 체제를 장기간 유지할 수는 없기 때문에 평시 체제로 전환하면서 봉건제와 관료제로 변화하게 된다. 군대 운영에 필요한 재원을 각 지역에서 자체적으로 조달하도록 하는 경우에는 분권적인 봉건제사회가 성립하였으며 국가가 별도로 군사

재정을 관리하는 경우에는 관료제사회가 성립했다. 나아가 관료제는 관리를 충원하기 위한 관리선발제도, 지방 관리의 토호화를 방지하기 위한 승진제도, 그리고 관리의 부정을 감시하기 위한 감사제도를 갖춤으로써 안정적인 제도가 되었다.

이러한 관점에서 보면 관료제는 봉건제에 비하여 훨씬 달성하기 어려운 기획이었다. 실제로 서양사에서는 로마제국의 멸망 후 관료제국가를 수립하려는 시도가 실패했기 때문에 봉건제사회가 성립했다. 특히 8세기부터 200년에 걸친 이슬람, 노르만, 마자르의 대공세를 국가가 대응하지 못해 각 지방이 자체적으로 방어할 수밖에 없었던 사정과 관련이 깊다. 유럽에서는 17세기 절대주의 시대에 가서야 제대로 된 관료제가 등장하기 시작했다. 중국은 물론이고 한국에 비해서도 매우 늦었던 것이다.

동아시아의 중국이나 한국이 관료제의 발달이라는 점에서 유럽에 비하여 빨랐다는 점을 너무 과장할 필요는 없다. 국왕과 중앙권력이 강력하고 군현제를 통해 전국적으로 조세를 징수한다는 점에서 중앙집권적이었음은 분명하지만 근대국가와 비교하면 관료제의 발달은 미약한 수준이었다. 조선시대에 국가가 파악한 호적상의 인구는 실제 인구의 절반에도 미치지 못했으며 국가에서 지방 군현에 파견한 관리는 수령 한 명뿐이었다.

근대국가가 관료국가라는 점에서 보면 한국 중세가 선진적이었다고 말할 수 있지만, 시장경제의 발전과 경제성장에 미치는 장기적인 효과는 서양 봉건제가 유리했다. 고려왕조나 조선왕조는 중앙집권적인 관료제가 발달한 사회로서 국가가 운용하는 물적·인적 자원의 규모가 컸으며 이를 기초로 사회적 분업과 경제통합을 국가가 주도할 수 있었다. 국가는 토지와 인구를 양안量案과 호적으로 파악한 다음에 직역職役제도와 군현제를 통해서 사회의 재생산에 필요한 인적·물적 자원을 동원하고 배분했다. 또한 재정제도를 이용하여 지역 간 물자 이동을 수행함으로써 전국적인 경제통합을 추구했다. 전국 각지에서

[그림 4] 고려시대의 13조창

조창은 세금으로 거둔 곡식 등을 보관하는 창고와 이를 운영하는 기관을 말한다. 수도 개경으로 수송하기 쉽도록 주로 해안이나 큰 강기에 배치했다.

자료: 『아틀라스 한국사』(2004)

세곡과 공물을 수도의 창고로 운송하기 위하여 조창과 조운제도를 갖추고 교통로마다 역을 두어 신속한 정보 전달을 도모했다.

고려시대에는 10세기 말인 성종 대에 지방관을 파견했으며 전국에 걸쳐 60개의 포구를 선정하고 수도 개경까지의 운송 비용을 책정했다. 이후 문종 대까지 군현제가 정비되는 가운데 13개의 조창이 설치되어 고려왕조 고유의 조운제도가 정착되었다. 각지에서 거두어들인 조세곡이 조창에 적치되었다가 조운선을 통해서 개경으로 운송되는 체제가 갖추어진 것이다. 한편 현종 대까지 수도를 중심으로 전국에 말과 사람이 빠르게 이동할 수 있는 22역도驛道 체계가 성립했으며 전국 497개 군현에 525개 역이 설치되었다. 육로를 통해 사람과 물자, 그리고 정보가 신속하게 이동할 수 있는 네트워크를 갖춘 것이다.

전쟁이나 기근과 같은 생존 위기에 대비하여 곡물을 대량으로 저장했다는 점도 빼놓을 수 없다. 나중에 좀 더 자세히 살펴보겠지만 조선왕조는 영조 대에 이르러 곡물을 1,000만 석이나 저장하여 환곡으로 운영했다. 인구 대비로 따지면 당대 중국보다도 훨씬 더 많은 곡물을 국가가 비축하고 있었다. 상인과 시장도 존재했지만, 국가의 경제적 역할이 컸기 때문에 국가에 종속되어 성장에 제약이 많았다.

이와 대조적으로 서양 중세 봉건제사회는 중앙집권적인 국가 자체가 없었기 때문에 경제통합에 대한 국가의 역할은 기대할 수 없었다. 결국 그러한 공백을 시장과 도시의 상인이 메워 나갔다. 영주가 지배하는 장원은 자급자족적인 성격이 강하여 서양 중세 초기에는 낙후된 '자연경제' 상태에 놓여 있었지만 시간이 흐름에 따라 분절된 경제를 연결하기 위하여 상업이 발달했다. 원격지 무역을 기반으로 상인들이 집단적으로 거주하는 도시가 성장했으며 상공인의 이익에 기초하여 시정을 운영할 수 있는 자치권을 획득했다. 이리하여 서양 중세 봉건 사회는 시장경제의 발달에 유리한 환경을 갖추게 되었는데, 이는 아무도 기대하지 않았던 의도하지 않은 결과였다.

9

고려시대:
경제통합

관료제 국가가 봉건제 국가와 다른 것은 중앙집권적인 재정제도가 성립되어 국가가 사회적 분업과 경제통합을 주도했다는 점이다. 봉건제 국가에서도 국왕이 있었지만 영주들에게 '불수불입권'immunity이 부여되어 지방관을 파견하여 조세를 징수하거나 주민을 동원할 수 없었다.

'불수'不輸란 국가에 조세를 납부하지 않는다는 뜻이다. '불입'不入은 국왕이 파견한 관리가 봉민영주의 영지 안으로 들어갈 수 없음을 의미한다. 본래 로마시대 황제령과 같은 특수한 영지가 갖는 면세의 권리를 뜻했는데 중세 봉건제도에서는 행정·사법을 포함한 자치적 통치권을 의미하게 되었다. 이 특권을 부여받은 영주나 교회는 국왕이 파견한 관리의 간섭을 받지 않았고 조세를 면제받았으며 독립적으로 재판권을 행사했다. 이러한 봉건제도에서는 국왕이라 할지라도 '국왕 자활自活의 원칙'에 의해 자신의 영지 수입만으로 국가재정을 운영해야만 했다. 이러한 봉건제 국가와는 달리 고려왕조(918~1392)는 국가 재정에 필요한 재화와 노동력을 전국 어디에서나 수취할 수 있었다.

지금 같으면 국가재정에 필요한 재화와 노동력은 대부분 시장에서 구입하면 되겠지만, 시장경제 발달이 미약했던 시대에는 그럴 수 없었다. 시장의 발달이 낮은 수준에 머물고 있었음을 보여주는 유력한 증거는 금속화폐의 통용이 거의 이뤄지지 않았다는 사실이다. 고려왕조는 996년(성종 15년)에 철전鐵錢을 발행했고 1102년에는 해동통보와 같은 동전도 주조했지만 제대로 통용되지는 못했다. 대신 쌀이나 비단, 삼베, 무시와 같은 싱품화폐가 통용되었으며 은으로 병처럼 만든 은병이 고액 거래의 수단으로 사용되었을 뿐이다. 원의 지배하에 들어간 다음에는 원 제국에서 통용되던 지폐가 이용되기도 했다. 사정이 이와 같았기 때문에 고려시대에 국가가 주조화폐로 조세를 징수해 시장에서 물자와 노동력을 구입하는 것은 거의 불가능했다. 쌀과 삼베를 비롯한 각종 재화를 현물로 징수하거나 직접 제작하여 사용할 수밖에 없었다. 각종 재화를 개경으로 운반하기 위해 수운에 필요한 조창을 설치했으며 육상 운송을 위해 전국적으로 도로망을 갖추고 역을 설치했던 것이다.

육상 운송보다 비용이 적게 든다는 수상 운송의 경우에도 4분의 1 가량을 운반비로 지출할 정도였고 배가 침몰하는 사고도 드물지 않았기 때문에 이동하는 물자의 물량과 거리를 최소화하는 것이 경제적으로

[그림 5] 고려시대 주요 물자 생산지

자료: 『아틀라스 한국사』(2004)

합리적이었다. 근대적인 화폐 재정이라면 매년 편성하는 예산에 따라서 모든 세입을 국고에 집수하고 그로부터 각종 세출 항목을 지출할 것이지만, 고려시대와 같은 현물 재정제도에서는 다종다양한 물자를 합하여 총세입과 총세출을 집계하는 것 자체가 불가능했다. 더구나 모든 물자를 개경의 창고까지 수송하여 적치한 다음에 필요한 곳까지 다시 수송하는 것은 말할 것도 없이 우매한 짓이다. 고려왕조도

호부戶部와 삼사三司가 국가재정의 기초가 되는 토지와 호구를 파악해 재정을 중앙집중적으로 운영했지만, 지금처럼 매년 총세입과 총세출 예산을 편성해 재정을 운영할 수는 없었다. 가능하면 물자의 이동을 최소화하기 위해 지출이 필요한 곳에 국가가 파악한 재원─토지와 노동력─을 배분하여 고정시킨 다음에 각자 수지를 맞추도록 하는 방식을 취했다. 국경지역인 양계─지금의 강원도 북부와 함경도 및 평안도─의 수입은 국방비 지출을 위하여 남겨 두었으며 다른 지역도 각종 조세 상납을 제외하면 지방관의 녹봉과 관청의 필수 경비 외에는 대부분 독자적으로 운영하도록 했다. 중앙의 각 기관에 대해서도 필요한 재원을 배정해 두었다. 이와 같이 국가재정의 형식은 중앙집중적이었지만 실제로는 지출이 필요한 곳마다 그에 필요한 재원을 배분함으로써 수많은 계정으로 나누어 분산적으로 운영했던 것이다.

가장 중요한 재원은 말할 것도 없이 토지였다. 고려왕조는 976년에 처음 시작되어 1076년에 체제가 정비된 전시과田柴科 제도에 의해 국가에 봉사하는 사람─관리와 군인─과 국가의 업무를 수행하는 기관에 토지를 지급했다. 토지의 소유권을 지급한 것이 아니라 조세를 징수할 수 있는 권리─수조권收租權─를 지급했다. 18등급으로 나누어 최고 제1과는 전지田地 100결結과 땔나무를 구할 수 있는 시지柴地 50결을 지급하고 최하 제18과는 전지만 17결을 지급했다.

국가가 수취한 현물 조세는 지방에서 사용할 것은 지방에 남겨 두고 수로와 육로를 통해 상납되었다. 상납된 미곡을 비롯한 기타 각종 물자를 적치해야 했기 때문에 중앙재정은 거대한 창고였다. 송나라의 사절로 고려에 왔던 서긍_{徐兢}의 『고려도경』_{宣和奉使高麗圖經}(1123)은 당시 고려의 중앙과 지방의 현직 관원이 3,000명이라고 했다. 이들에게 지급할 녹봉은 좌창_{左倉}에 저장했으며 일반 국가경비에 사용할 미곡은 우창_{右倉}에 저장했다. 이 밖에도 각종 용도로 사용할 미곡을 비축한 대창_{大倉}이 있었으며 왕실 창고도 여러 곳에 있었다. 미곡 외에 각종 물자는 관청마다 정해진 지역에서 수시로 상납을 받아 사용했다.

고려왕조의 재정 규모는 어느 정도였을까? 현물 재정을 하나의 단위로 집계하는 것 자체가 곤란한 일이다. 재정 운영의 전모를 알려주는 자료도 찾기 어렵다. 다만 고려 말 과전법 개혁을 주도했던 조준_{趙浚}(1346~1405)의 토지개혁안에 기록된 6도 관찰사 보고에 따르면 토지는 50만 결에도 미치지 못했다. 10만 결은 우창에, 3만 결은 왕실의 4개 창고에, 10만 결은 관리 녹봉용으로 좌창에, 경기도의 10만 결은 문무 관리의 과전_{科田}으로 배정하고 나면 17만 결밖에 남지 않았다. 이것으로는 각종 지방기관의 경비로 쓰기도 부족하여 국방비_{軍需}를 염출할 곳이 없고 수재나 한재라도 당하면 진휼할 방도가 없다고 했다. 1결의 토지에서 쌀 20석이 생산되고 그 10분의 1인 2석을 조세로 징수한다면 과전 50만 결로부터 100만 석이 징수되는데 이 중에서 좌창(10만 결), 우창(10만 결), 왕실 창고(3만 결)에 지급된 23만 결에서 수취한 46만 석 정도가 개경으로 상납되었다고 추측할 수 있다.

미곡 외에도 중앙관청과 왕실에서 사용할 각종 물자가 지방에서 개경으로 상납되었다. 고려시대에는 조선시대와 달리 정해진 물자를 생산하여 납부하는 특수 행정구역이 있었다. 10세기 말 성종 대(981~997)부터 정비되기 시작한 고려왕조의 지방제도는 현종 대(1009~1031)에 대체적인 골격이 갖추어졌다. 주州, 부府, 군郡, 현縣 등의 군현은 모두 500여 개소였다. 이중에서 130여 곳의 군현에만 지방관을 직접 파견하였는데 이를 주현主縣이라고 한다. 그 외의 390여 곳은 지방관을 파견하지 않는 속현屬縣으로 인근 주현에 예속되어 향리가 관할했다. 이

[그림 6] 고려시대의 상감청자
구름 학 무늬 매병

러한 '군현제' 영역과는 별도로 향鄕, 소所, 부곡部曲, 장莊, 처處가 900여 개나 설치되어 '부곡제' 영역을 이뤘다. 속현처럼 지방관을 파견하지 않고 인근 주현이나 속현을 통해 관할했다.

특히 소 지역은 금, 은, 동, 철과 같은 광산물이나 소금, 미역, 생선, 생강 등의 농수산물, 그리고 직물, 숯, 먹, 자기, 종이, 칠기, 기와 따위의 수공업 제품을 생산하여 상납할 의무가 부과되었다. 금과 은은 물론이며 천하제일의 비색으로 명성이 높았던 고려청자나 종이와 먹, 붓, 나전칠기는 대부분 소에서 제작되었다.

고려시대에는 중국의 송이나 거란, 그리고 원과 무역이 활발히 전개되었다. 무역의 주체는 국가였다. 해로로 벽란도에 도착한 중국 상인들이 국왕 앞으로 물건을 바치면 답례품을 하사하는 방식으로 이뤄

졌다. 무역에 제공된 재화도 민간 수공업자가 제조한 재화가 아니라 국가 지배하의 특수지역에서 생산되어 재정기구를 통해 상납되었다. 송나라 상인의 무역선도 예성항에만 정박하도록 했으며 출입을 감독했다. 송나라 상인이 고려에 와서 교역했을 뿐이며 고려 상인이 자기 배로 중국에 가서 무역했다는 증거는 찾기가 어렵다.

이와 같이 국가재정이 경제통합을 주도했지만 물자의 유통이 국가에 의해서만 이뤄졌던 것은 아니다. 그럴 능력도 필요도 없었다. 수도 개경에는 주민들의 소비와 국가의 필요를 위해 시전市廛이 설치되었다. 개경에 거주하는 관리들의 과전이나 농장에서 올라온 곡물과 국가의 잉여 물자를 처분하고, 재정제도로는 얻기 어려운 물자를 구입할 필요가 있었기 때문이다. 지방에도 시장이 있었다. 『고려도경』에 의하면 상설 점포가 없어 한낮에 빈 터墟에서 온갖 신분의 남녀노소가 각자 소유한 것으로 교역을 했다. 동전을 사용하지 않고 오로지 모시와 은병으로 가치를 헤아리고 사소한 물품은 쌀로 거래했지만 오랜 습속이 되어 편하게 여겼다.

10

중세 농업의
발전 방향

사람은 먹지 않으면 살 수 없다. 농업을 1차 산업, 농업의 시작을 '신석기혁명'이라고 부르는 것은 그만큼 인간의 삶에 농업이 필수적이기 때문이다. 특히 농업생산성이 낮은 시대에는 많은 사람들이 식량 생산에 투입되어야 했다. 2차 산업(제조업), 3차 산업(서비스업)의 발전은 기대하기 어려웠다. 더욱이 국제무역의 규모가 작았을 뿐 아니라 높은 운송 비용으로 인하여 농산물처럼 무겁고 가치가 낮은 상품을 수입하는 것은 거의 불가능했다. 중세의 경제 발전은 농업에 달려 있었다.

무엇보다 늘어나는 인구를 부양하기 위해 식량 생산이 증가해야만 했다. 한국 중세의 인구는 자료가 부족해서 정확히 알기 어렵지만,

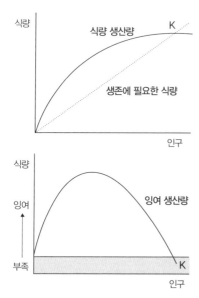

[그래프 3] 수확체감의 법칙과 맬서스 함정

인구가 증가하면 식량 생산량이 늘어나지만 수확체감의 법칙에 따라 그 증가폭이 점차 둔화된다. K점을 지나면 인구를 부양하는 데 필요한 식량이 부족하게 된다. 인구가 지속적으로 증가하려면 이앙법과 이모작 등의 기술 진보로 생산성이 높아져야 한다.

자료: Turchin & Nefedov, *Secular Cycles* (2009)

고려시대부터 조선시대까지 장기적으로 증가하는 추세였던 것은 분명하다. 고려 중기인 12세기에 300만 명, 14세기 말 조선왕조 개창 당시에 500만 명, 19세기 후반 개항할 때 1,700만 명이라는 추정에 따르면 장기적으로 인구가 증가하는 추세였다. 고려시대보다 조선시대의 인구 증가 속도가 빨랐다.

인구 증가는 생산요소의 하나인 노동의 투입이 늘어나는 것이기 때문에 식량 생산을 증가시키는 쪽으로 작용하지만, 계속 인구가 늘어나면 종국에는 '수확체감의 법칙'을 피할 길이 없다. [그래프 3]에서 보듯이 인구가 증가하면 결국 '추가적인 노동 투입에 의해서 생기는 식량 생산의 추가적 증가', 즉 한계생산이 점차 줄어드는 시점에 이르게 된다. 인구가 K를 초과하게 되면 늘어난 인구를 부양할 식량을 생산할 수 없게 되는 것이다. 이러한 점에서 중세는 동서양을 막론하고 '맬서스 함정'에 빠져 있는 경제였다.

식량이 모자라 굶주리는 단계에 이른 사회가 혼란스럽지 않다면 더이상하다. 9세기 신라 말에서 후삼국시대, 13세기 무신의 난에서 몽고침략기, 16세기 임진왜란 전후, 그리고 19세기에 민란이 크게 일어났던 시대는 우리나라가 생존 위기에 처했던 때가 아니었을까? 자주 생존의 위기를 경험했지만 인구가 증가했다는 사실은 늘어나는 인구를부양하기 위해 무엇인가 경제적인 변화가 진행되었음을 말해 준다. 인구 증가로 인한 '수확체감'을 피하기 위해 '토지'와 '자본'의 투입이증가하고 기술 진보와 제도 혁신이 있었음이 틀림없다. 그렇지 않다면 증가하는 인구를 부양하는 데 실패했을 것이다. 또한 앞에서 언급했던 보서럽의 주장처럼 인구압력은 토지를 효율적으로 이용하도록강제한다.

토지의 증가는 두 가지 방향으로 이뤄졌다. 토지 면적을 늘리는 것과 활용도를 높이는 것이다. 고려시대에는 구릉지에서 산지 방향으로, 조선시대에는 방향을 바꾸어 저지대 방향으로 진행되었다.『고려도경』은 산지에 경지가 많아 멀리서 보면 '사다리 계단'처럼 보인다고 했다. 산마다 가득한 계단식 전답이 송나라 사람의 눈에 띄었던 모양이다. 요즘에도 지리산 자락에 가면 이러한 계단식 논을 볼 수 있다. 봄에 가뭄이 들기 쉽고 여름에 비가 집중해서 내리는 기후이기 때문에 물을 저장하는 것이 매우 중요하다. 물을 관리하는 수리 시설의건설은 '자본' 투입의 대표적인 예다. 처음에는 계곡물을 막아서 저장하는 저수지(제언)가 많이 이용되었지만 조선시대에 들어오면 하천에천방川防이라고도 하는 보洑를 만들어 논으로 물을 끌어들이는 방식으

[그림 7] 사다리 계단의 경지

고려의 경지는 산지에 많아서 멀리서 보면 '사다리 계단'과 같았다고 한다. 사진은 지리산 자락인 경남 함양군 마천면의 다랑이 논.

로 변해갔다. 경지가 저지대로 확대되었기 때문이다.

토지의 활용도를 높인다는 것은 우선 지력 회복을 위해 땅을 묵히는 기간을 단축하는 것이다. 활용도가 높아지면 같은 면적의 토지라도 더 많이 수확할 수 있다. 고려시대에는 1년이나 2년을 묵히는 '단기 휴경'에서 매년 경작하는 '연작상경'連作常耕으로 변해갔다. 이에 따라 3년 이상을 묵히는 경지, 1~2년 묵히는 경지, 연작하는 경지가 병존했다. 조선시대에 들어오면, 『농사직설』(1429)은 논이나 밭에서 모두 연작을 기본적인 경작 방법으로 소개하고 있다. 1년 1작의 '연작상경'이 일반화되었음을 알 수 있다. 조선 후기에는 모내기법(이앙법)이 보급되었다. 봄에 보리를 수확한 다음에 모를 옮겨 심어 점차 1년 2작의 이모작도 가능해졌다.

이와 같이 경지 확대와 활용도 증가, 수리 시설 확충, 그리고 비료 투입과 같은 새로운 농업기술의 도입으로 식량 생산이 증가했기 때문에 늘어나는 인구를 부양할 수 있었다. 인구밀도는 세계 최고 수준에 도달했다. 1600년경의 인구밀도(1km²당 인구)는 영국 22명, 프랑스 34명, 이탈리아 44명, 중국 20명, 일본 32명이었는데 한국은 50명이었다. 인구밀도가 높다는 것은 같은 면적에서 많은 사람이 산다는 뜻이므로 같은 면적에서 생산되는 식량의 생산량, 곧 농업의 토지생산성이 높았다는 의미다. 논의 생산성은 밭에 비해 월등하게 높았다. 중세 유럽에는 밀 한 알을 뿌려서 네 알을 수확하는 것이 일반적이었는데, 18세기 『택리지』는 볍씨 한 말을 파종하여 40~50말을 거두는 것이 보통이라고 했다. 논의 비중은 15세기 초 20퍼센트 전후에서 18세기 초 30퍼

	1500년경		1600년경		1700년경		1800년경	
	인구	밀도	인구	밀도	인구	밀도	인구	밀도
영국·아일랜드	44	14	68	22	93	30		
프랑스	164	30	185	34	200	36		
이탈리아	105	35	133	44	133	44		
폴란드	35	11	50	16	60	19		
중국		20	1,500	20	2,000	20	3,000	30
일본			120	32	277	75	307	83
조선	90	41	110	50	135	61	160	73

[표 1] 전근대 인구밀도의 국가별 비교

자료: 이헌창, 『한국 경제 통사』(2016)

센트 정도로 늘어났다.

이와 같이 중세 농업의 발전 방향은 토지생산성의 증가였다. 증가하는 인구를 부양하기 위해 토지의 활용도를 높여갔다. 퇴비를 투입하고 잡초를 제거하는 김매기에 많은 노동을 투입했다. 인구밀도가 높아 노동력이 풍부했기 때문에 노동을 절약하기 위해 농기구나 기계의 도입을 촉진할 인센티브는 매우 약했다. 토지생산성이 높은 대신에 인구밀도가 높고 노동생산성이 낮았기 때문에 1인당 소득, 생활수준은 낮아지기 쉬웠다.

농업은 공업과 달리 생산과정이 길고 작업 공간이 분산되어 있다. 자연에 의존하는 정도가 크기 때문에 노동과정을 감시monitor하기 곤란하여 생산량의 변화에 따른 위험risk도 크다. 감시 비용은 가족 노동력을 이용하는 소농小農경영이 가장 적게 들지만, 생산요소를 확보하고 생산의 변동에 따른 위험에 대처할 수 있는 역량을 갖추지 않으면 안정적으로 유지하기 어렵다. 대토지 소유자가 소농에게 땅을 빌려주고 소작료를 받으려고 해도 소작농이 생산을 안정적으로 유지할 수 없다면 안심하고 땅을 빌려줄 수가 없다. 노비의 감시와 부양에 비용이 지출됨에도 조선 전기까지 노비를 이용한 농장 경영이 많았다는 사실은 그만큼 소농 경영의 안정성이 미흡했음을 의미한다. 노비제도는 18세기 이후에 급속히 해체되었는데, 무엇보다 소농 경영이 확립되어 감에 따라 노비를 이용하는 것보다 소농에게 소작을 주는 편이 지주에게 유리해졌기 때문일 것이다. 이리하여 지주제는 더욱 번성하게 되었다. 소작료를 고정시키지 않고 지주와 소작인이 수확을 같은 비율로 절반씩 나누는 '병작반수'並作半收가 일반적이었다. 소작인이 생산량 변동의 위험을 모두 감당할 수 없었기 때문이다.

11

중세의 토지는
누구의 소유였을까?

토지 소유는 농업사회의 효율성과 형평성을 결정한다. 농업사회의 생산성은 당연히 농업의 생산성에 달려 있으며 농업생산성은 가장 기본적 생산요소인 토지를 누가 소유하고 있는가에 직결되어 있다. 토지를 가장 잘 이용할 개인이나 조직이 토지를 소유하는 사회가 생산성이 높을 것이기 때문이다. 또한 토지 소유로부터 얻는 지대 소득이 소득 중에 큰 비중을 차지했을 것이므로, 농업사회의 소득분배는 토지 소유의 분배에 좌우되었다.

중세의 토지는 누가 소유했을까? 서양 중세의 봉건사회에서 토지 소유자는 영주였지만 농노들도 그 땅을 물려받아 자식에게 상속했다. 영주도 농노를 쫓아내거나 마음대로 땅을 팔 수 없었다. 주군으로부터 봉토#±로 받은 것이기 때문에 마음대로 처분할 수 없었고 신분과 함께 장자에게 상속해야 했다. 이렇게 하나의 토지에 영주의 법적인 소유와 농민의 사실상의 소유가 겹쳐 있었다는 의미에서 서양 중세의 토지 소유는 중층적이었다.

우리나라 중세의 토지 소유도 중층적이었을까? 한때 중세의 모든 토지는 국유였다고 여겨지기도 했지만, "하늘 아래에 왕의 땅이 아닌 것이 없다"는 왕토사상이 문자 그대로 모든 땅이 왕이나 국가 소유임을 의미했던 것은 아니다. 오히려 왕토사상은 민간의 소유지로부터 조세를 수취하기 위한 명분에 불과했다는 토지사유론이 이제는 대세가 되었다. 오랫동안 토지국유론을 비판하기 위해 토지 사유의 증거를 찾은 성과라고 할 수 있다.

이미 통일신라시대 경주 숭덕사 비문에 왕실의 능을 조성한 땅이 왕토이지만 공전公田이 아니기 때문에 부근 일대를 후한 값을 주고 구했다는 기록이 남아 있다. 왕토였지만 무상으로 수용한 것이 아니라 땅값을 보상해 주었다는 것이다. 민간의 소유권이 성립해 있었음이 분명하지만 그렇다고 지금처럼 마음대로 토지를 사고팔 수는 없었다. 최치원崔致遠은 절에 자기 땅을 기부하면서도 왕토이기 때문에 왕의 동의를 받아야만 했다. 왕토사상은 고려시대와 조선시대에도 여전했는데 단순한 명분만은 아니었으며 재산권 행사를 제약하고 있었다.

토지소유권이 성립하기 위해서는 토지 이용에 타인의 접근을 배제할 만큼 토지의 가치가 높아야 한다. 농업기술이 진보하여 5년 내지 10년을 묵히는 중기 휴경 단계를 벗어나 적어도 1~2년을 묵히는 단기 휴경 단계에는 도달해야만 할 것이다. 인구에 비해 땅이 흔하여 오래 묵히는 토지가 많고, 먼저 경작하는 사람이 임자인 상황에서는 토지소유권이 발달하기를 바랄 수 없다. 고려시대에는 단기 휴경 단계에서 점차 1년 1작으로 토지 활용도가 높아지고 있었기 때문에 토지소유권이 발달할 수 있는 조건을 갖췄다. 곡물을 저장하여 농민을 구제하고 수리 시설의 설치에 주된 역할을 하였던 국가도 소유권을 주장할 근거가 있었지만, 이와 같이 토지를 효율적으로 활용하는 방향으로 농업기술이 발전함에 따라서 민간의 토지소유권은 더욱 강화되어 갔을 것이다.

토지에 대해 조세를 수취했던 역대 왕조는 어떤 식으로든 양전量田(토지측량)을 했겠지만 양전의 결과로 작성된 양안(토지대장)은 현재 조선시대 것만 전해진다. 각 필지마다 자호字號, 지번, 위치, 형상, 등급, 면적, 경작 여부, 소유자 성명을 기재하였는데 호적과 함께 각종 조세를 부과하는 기준이 되는 장부였다. 또한 양안을 이용하여 국가에 봉사하는 사람과 기관에 조세를 징수할 수 있는 권리인 수조권을 나눠주었다. 국가의 수조권이 민간의 소유권을 제약하고 있었던 것은 우리나라 중세 토지 소유가 지닌 특성이었다.

고려시대 전시과나 조선시대 과전법은 문무 양반 관리에게 품계에 따라서 최고 1과부터 최하 18과까지 토지를 차등 지급했다. 지급된 토지에는 소유권이 아니라 당대에 한정된 수조권이 부여되었다. 양반에게 수조권이 지급된 토지가 사전私田이며, 국가에 조세를 납부하는 일반 토지를 공전公田이라고 하였다. 소유권이 아니라 수조권이 어

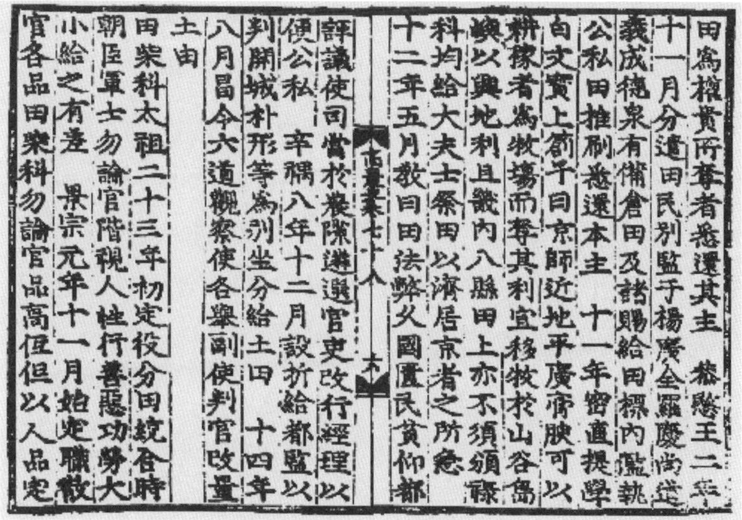

田爲權貴所奪者悉還其主 恭愍王二年
十一月分遣田民別監于楊廣全羅慶尙道
義成德泉有備倉田及諸賜給田標內濫執
公私田推刷悉還本主 十一年密直提學
白文寶上箚子曰京師近地平廣膏腴可以
耕稼者爲牧場而奪其利宜移牧於山谷島
嶼以興地利且畿內八縣田上亦不須頒祿
科均給大夫士祭田以濟居京者之所急
十二年五月敎曰田法弊久國匱民貧仰都

高麗史卷七十八 六

評議使司當於農隙遴選官吏改行經理以
便公私 辛禑八年十二月設折給都監以
判開城朴形等爲別坐分給土田 十四年
八月昌令六道觀察使各擧副使判官改量
土田
田柴科太祖二十三年初定役分田統合時
朝臣軍士勿論官階視人性行善惡功勞大
小給之有差 景宗元年十一月始定職散
官各品田柴科勿論官品高低但以人品定

[그림 8]『고려사』의 전시과 시행에 관한 서술 첫 부분

"경종 원년(976) 11월. 직관(職官), 산관(散官) 각 품의 전시과를 처음으로 제정하였다. 관품의 높고 낮음을 고려하지 않고 인품만을 기준으로 정했다"고 적혀 있다.

디에 있느냐에 따라서 공과 사를 구분한 것이다.

특히 주목해야 할 것은 사전에서 수조권을 가진 양반을 전주田主, 경작자를 전객佃客이라고 규정했다는 점이다. 주와 객을 수조권을 기준으로 나눈 것이다. 양반 관리에게 지급한 사전에는 이미 경작자 농민이나 지주의 사실상의 소유권이 성립해 있었다고 추측되지만, 국가는 이러한 사실상의 소유자가 아니라 수조권을 행사하는 자를 전주라고 했던 것이다. 이러한 논리를 공전에까지 적용해 보면 공전의 수조권은 국가가 가지고 있기 때문에 국가가 전주, 곧 공전의 주인이라는 결론에 이르게 된다.

과전법은 전주가 전객의 땅을 빼앗으면 처벌하거나 교체하도록 하여 전객의 소유권을 보호하는 한편, 전객의 재산권 행사도 크게 제한했다. 전객은 경작하는 땅을 함부로 다른 집戶에 팔거나 양도할 수 없으며, 사망이나 이사로 호가 끊기거나 경작하지 않아 황폐한 경우에는 전주가 임의로 처분할 수 있도록 했다. 사실상의 소유자인 전객의 소유권이 국가의 수조권에 의해 크게 제한된 것으로, 국가는 토지를 묵히지 않는 것에 관심이 있었다.

이처럼 우리나라 중세 국가는 민간의 토지 소유를 제약했다. 수조권에 기초한 지배력을 행사했으며, 건실한 국가재정을 위해 토지 소유의 불평등을 제어해야만 했다. 토지 거래를 민간에 방임하면 토지와 직역職役을 연결해 놓은 '전정연립'田丁連立의 원칙이 흐트러질 것이기 때문이다. 토지를 상실하는 농민이 많아지고 다수가 노비로 전락한다면 농민으로부터 생산물과 노동력을 수취하기가 곤란해질 것이다.

그렇지만 토지 소유에 대한 국가의 지배력은 대토지 소유의 증가를 막고 농민에게 토지를 재분배할 수 있을 정도로 강하지는 않았다. 국가가 민간의 토지 소유를 제약한 것은 사실이지만 서양 중세 영주가 장원의 토지에 대해서 행사했던 소유권과 같은 것으로 생각하기는 어렵다. 무엇보다 우리나라 중세 국가는 자신과 농민 사이에서 토지를 집적하는 대지주의 성장을 막을 수 없었다.

부침이 있지만 농민의 생산물을 둘러싼 국가와 지주 간 경쟁에서 결국 국가가 패했다. 대토지 소유의 성장으로 어지러워진 전시과체제를 재건하고자 했던 과전법도 직전법(1466)으로 축소되었으며 그마저

16세기 중엽에 폐지되었다. 정복과 복속의 흔적이 남아 있는 고대국가의 누층적인 통치체제는 중세를 통해 군현제가 정비됨에 따라 직접 통치하는 전일적인 지배체제로 변했다. 이 과정에서 국가는 점차 민간의 토지 소유를 인정하고 그로부터 조세를 수취하는 조세국가로 변모해 갔다. 서양사에서는 국왕의 영지 수입으로 국가재정을 운영하는 가산국가patrimonial state에서 조세국가tax state로 변해가는 과정이 근대국가의 성립과정이었다. 『경국대전』에서는 토지 매매를 관에서 공증하는 입안立案 제도도 갖췄으며, 조선 후기에는 민간에서 토지를 사고 팔 때 명문明文이나 문기文記라고 하는 매매 문서를 주고받아 적어도 안면이 있는 지역사회에서는 토지 거래에 불편이 없었다. 국가도 경작 여부와는 관계없이 토지소유권을 인정하는 방향으로 변해 갔다. 군현제에 의해 선국석으로 조세를 수취했기 때문에 조세국가가 조기에 성립했다고 볼 수 있는 측면이 있는 것은 사실이지만, 조세를 수취하는 근거는 여전히 왕토사상이었다. 이는 조선왕조의 마지막 양전인 대한제국의 광무光武양전에서도 확인할 수 있다. 광무양안에는 토지 소유자 이름 앞에 임시적인 주인이라는 뜻으로 '시주'時主라고 적어 놓았는데, 이는 민간의 토지소유권이 절대적인 권리로서 성립하지는 못했다는 것을 말해준다.

12

조선왕조의 건국:
단절과 연속

국가는 '제도'를 만들고 유지하며 바꿀 수 있는 강력한 힘을 가지고 있다. 경제학에서 말하는 '제도'institution란 사회구성원이 지켜야 할 경기 규칙rule of the game과 같은 것이다. 공식적 제도와 비공식적 제도로 나눌 수 있는데, 공식적 제도는 법률과 같이 명시적으로 제정된 규칙이며, 비공식적 제도는 도덕이나 관습과 같은 불문의 자생적 규칙을 말한다.

어느 사회든지 마음대로 경세활동을 하는 것이 아니라 기술적 제약은 물론, 사회적 제약하에서 경제적 선택을 한다. 국가는 모든 제도를 만들지는 못하지만, 제도를 제정하고 처벌과 보상을 할 수 있는 물리력과 강제력을 가지고 있다. 제도를 통해 국가는 경제적 선택에 강력한 영향력을 행사한다.

새로운 국가의 탄생은 경제적 선택을 제약하는 제도적 환경을 바꿈으로써 경제적 변화를 일으킬 수 있다. 과연 조선왕조(1392~1910)의 건국은 고려시대의 제도적 환경을 변화시켰는가? 단절과 연속의 두 측면으로 나누어 볼 수 있다.

조선왕조가 고려왕조와는 근본적으로 달랐다는 주장부터 살펴보자. 무엇보다 조선왕조를 건국한 주체인 '신흥 사대부'는 고려왕조 지배층인 '문벌 귀족'과 경제적 기반이나 정치적·사상적 지향이 크게 달랐다. 문벌 귀족은 양반 관리가 되어 수도(개경)에 거주했지만 반드시 과거에 급제하지 않고서도 음서제陰敍制를 통해 관리가 되어 자식에게도 신분을 세습할 수 있었다. 왕족이나 공신 또는 5품 이상의 고관들의 자손은 과거를 통하지 않고 관리가 될 수 있는 특권이 있었기 때문이다. 또한 고려 후반부터는 권력을 이용하여 수조권을 지급받은 토지(사전)를 자기 소유지로 만드는 한편, 국가의 공민公民인 농민들을 자신의 사민私民으로 만들어 농장을 경영하는 대토지 소유자가 되었다. 사상적으로도 유학보다는 문장에 관심이 많았으며 불교에 친화적이었다.

이에 반하여 조선왕조 개창을 주도한 신흥 사대부는 지방 향촌에 근거를 두었다. 유학 특히 남송의 주희朱熹(1130~1200)에서 비롯한 주자학에 심취했으며, 정도전(1342~1398)의 『불씨잡변』佛氏雜辨에서 보듯이 불교에 대해서는 적대적이었다. 문벌 귀족의 관직 독점과 대토지 소유로 인하여 관직에 입신하는 길이 막히고 관리가 되어도 사전(과전)

을 제대로 지급받을 수도 없었다. 이러한 신흥 사대부의 현실적 불만과 새로운 사상적 지향이 고려왕조를 부정하고 조선왕조를 개창하는 원동력이 됐다. 과전법(1391)을 단행하여 문벌 귀족의 대토지 소유 확대에 의해 유명무실해진 전시과제도를 개혁함으로써 양반 관리에게 사전을 지급하는 제도를 재건한 사실에서 잘 드러난다. 이와 함께 문벌귀족을 타파하고 양천제良賤制로 신분제도를 단순하고 명확하게 만들었다. 천인이 아닌 16~60세의 양인 남자는 모두 국역을 담당하도록 하는 한편, 누구나 과거에 응시하여 관리가 될 수 있는 길을 열었다.

이상과 같은 주장을 모두 받아들인다면 조선왕조 건국은 연속이 아니라 뚜렷한 단절이었다. '근세' 나아가 '근대'의 시작으로까지 평가할 수 있을 것이다. 실제로 조선시대 이후를 '근세'로 구분하고 조선왕조를 '근세관료국가'로 규정하거나(한영우, 2014), 한걸음 더 나아가 동아시아 '근세'는 '유교적 근대'이며 근대라는 점에서 유럽 근대와 대등하다는 연구가 출현했다(미야지마 히로시宮嶋博史, 2013).

조선시대에는 고려시대에 비하여 음서제가 대폭 축소되어 능력 본위의 과거제도가 갖춰졌으며, 국왕을 중심으로 한 체계적인 관료제도가 수립되었다. 지방 통치에 있어서도 중앙집권이 크게 진전되었다. 앞에서 살펴보았듯이 고려시대에는 군현제라고 하여도 520여 개의 군현 중에 지방관이 파선되는 곳은 130여 곳뿐이었다. 더욱이 군현제 영역과는 별도로 920여 개에 달하는 부곡제 영역이 광범위하게 산재했다. 이에 비하여 조선시대에는 전국 330여 개의 군현 모든 곳에 지방관을 파견했으며 부곡제 영역을 폐지함으로써 전일적인 군현제로 지방을 통치했다.

한편 조선시대를 고려시대
와 함께 중세로 시대 구분을
한 것은 단절성보다 연속성이
더 강하다는 뜻이다. 먼저 조
선왕조의 건국은 농민 반란이
나 이민족의 정복으로 왕조가
교체된 것이 아니라 고려의 신
하가 왕조를 개창했다. 고려왕
조는 40년 가까이 계속된 오랜
전란을 통해서 지방 호족이 골
품제에 근거한 경주 진골 귀족

[그림 9] 조선왕조를 개창한
태조 이성계(1335~1408)

을 대체했다. 이와 비교하면 고려에서 조선으로의 '평화로운' 왕조 교
체가 대규모 사회적·경제적 변화를 초래했다고 생각하기는 어렵다.
과연 문벌 귀족이 타도되고 양천제가 수립되는 것과 같은 신분제도
상의 획기적인 변화가 일어났을까? 또한 고려 문벌 귀족 자체가 지방
호족과 향리 가문에서 기원하여 중앙 관료로 성장한 계층이라는 점에
서 고려 말 신흥 사대부와 신분이나 출신 배경에 있어 본질적인 차이
가 있었다고 보기도 어렵다.

더욱이 신흥 사대부의 실체 자체가 의심받고 있다. 존 던컨John B.
Duncan의 『조선왕조의 기원』에 따르면, 조선왕조 건국 후 태조 대에 책
봉된 1등 공신 18명 중에 겨우 3명만이 신흥 사대부 가문 출신이라고

볼 수 있는 자들이었다. 조선 전기의 가장 주요한 가문은 대부분 고려 양반 가문에서 기원했다. 안동 권 씨, 황려 민 씨, 파평 윤 씨, 문화 유 씨와 같은 고려왕조의 주요한 가문은 조선왕조에서도 여전히 중요한 가문으로 건재했다. 고려 후기 주요 가문 중에서 소수 가문만 조선왕조 건국 후 중앙권력으로부터 축출되었다. 반면에 14세기 중반 이후 중앙관리를 처음으로 배출한 신흥 가문은 1392~1405년 사이 확인된 관원 및 재추宰樞―2품 이상의 고위 관원―중에 각기 10퍼센트 미만에 불과했다. 또한 1430~1432년의 293명의 관료 중에서 182명(62퍼센트), 48명의 재추 중에서 40명이 세습적인 양반 가문 출신이었다. 또한 1455~1457년의 337명의 관료 중에서 246명, 재추 46명 중에서 44명이 유명한 세습 양반 가문 출신이었다. 요컨대 조선왕조의 개국에도 불구하고 조선왕조의 지배 엘리트는 강한 연속성을 지니고 있었다.

토지제도와 관련해서도 조준이 주도한 과전법 개혁은 고려시대 전시과제도와 달리 경기지역에 과전을 한정함으로써 사유지로 변하는 것을 방지하고자 했을 뿐이다. 고려 후기 이래로 확장된 대토지 소유의 소유권 자체를 문제로 삼았던 것은 아니었다. 고려 말기에 거의 마비 상태에 빠져들었던 국가의 수조권은 다시 강화되었지만 농민에 대한 토지 재분배는 시행되지 않았다. 호 씨, 세고와 교 폐법을 시행하여 인적자원에 대한 파악을 강화했으며, 향리는 지방에 묶어 두고 그 지위를 약화시켜 중앙 관직을 둘러싼 경쟁에서 철저히 배제시켰다.

조선왕조 건국은 양반 관료제 국가를 재건하고 강화했다는 의의가 있다. 중앙의 귀족화된 관료의 대토지 소유로 인해 크게 잠식되었던 국가의 재정 기반을 확충하고 중앙집권적 통치 기구를 강화했다. 그렇지만 양반의 경제적 이익을 위하여 대토지 소유와 노비제도를 허용하고 있었기 때문에 재정 기반은 처음부터 심각하게 위협받을 수밖에 없었다. 또한 농본주의에 입각하여 재정의 기초를 철저히 농업과 농민에 두었다. 상공업은 국역제도와 시전市廛체제로 통제했다. 조선왕조 초기에는 지방 장시場市마저 소멸되었다. 주자학적 세계관에 딱 들어맞는 '사농공상'의 신분질서에 잘 어울리는 체제가 성립한 것이다.

조선시대의 인구 : 장기 변동

조선시대의 경제적 변화를 한눈에 파악하기 위한 가장 좋은 방법은 인구 추세를 그려보는 것이다. 인위적인 산아제한이 곤란했던 전근대 사회에서 인구는 경제적 변화를 야기하고 생활수준을 결정하는 근본 요인이자 결과였다.

일반적으로 사회가 안정되고 경제 상황이 호전되어 자원, 특히 식량이 풍부해지면 출생률이 높아지고 사망률이 낮아져서 인구증가율이 높아진다. 반대로 자원에 비하여 인구가 많아져 인구압력이 높아지면 출생률이 낮아지고, 특히 사망률이 높아져서 인구증가율이 낮아지고 심하면 인구가 감소한다. 전근대는 다산다사多産多死의 시대로 출생률이 높았지만 사망률도 높았기 때문에 인구증가율은 매우 낮은 수

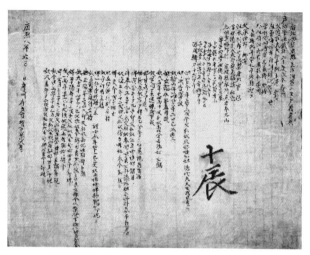

[그림 10] 호구단자(1669)

경주부에 제출한 것으로 가족으로 본인 포함 8명(처, 아들 3명, 며느리 2명, 손자 1명)이 기재되어 있으며 가족 외에 노비에 대해서도 자세히 기록했다.

자료: 한국학중앙연구원

준이었다. 앞에서 보았듯이 산업화 이전 1000~1500년 세계 전체의 연평균 인구증가율은 0.1퍼센트에 불과했다. 참고로 산업화 이후인 1950~1973년에는 20배 가까이 높아진 1.93퍼센트였다. 인구 규모뿐만 아니라 인구의 변화 속도나 방향, 그리고 원인을 알 수 있다면 전근대 농업사회의 경제적 변화를 깊이 이해할 수 있을 것이다.

유감스럽게도 우리나라 전근대 인구에 관해서는 알려진 것이 많지 않다. 조선시대에 대해서도 아직 확고한 정설이 없다. 자료가 없는 것은 아니다. 조선시대 전 기간에 걸쳐서 국가에서 3년마다 집계한 호구 총수가 있다. 조선시대에는 3년 간격으로 매 가호마다 『경국대전』

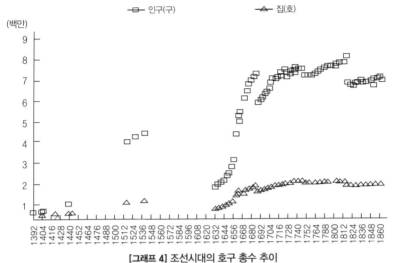

[그래프 4] 조선시대의 호구 총수 추이

자료: 권태환·신용하, 「조선왕조시대 인구 추정에 관한 일시론」(1977)

의 호구식戶口式에 따라서 가족과 노비를 기록한 호구단자戶口單子를 소
속 군현의 수령에게 제출했다. 군현에서는 이를 기초로 호적대장을
3부 작성하여 1부는 군현에서 보관하고 다른 2부는 감영과 호조로 보
냈다. 이로부터 전국의 호구 총수가 집계됐다. 호구 총수에 따르면 조
선왕조의 인구는 건국 이후 15세기의 빠른 증가, 임진왜란(1592~1598)
이후 격감, 17세기의 급속한 증가, 18세기의 정체, 19세기의 감소라는
추세를 그리며 변동했다.

15세기에 인구가 빠르게 증가한 것은 정치적 혼란이 수습되고 국
방이 강화되어 사회질서가 안정되었기 때문일 것이다. 또한 농업기
술의 발전으로 인구를 부양할 수 있는 능력이 커졌다. 16세기 중엽에

104

는 남부지방에 더 이상 개간할 땅이 없다는 왕조실록의 기록으로 보아 인구 증가가 한계에 도달했다. 여기에 임진왜란에 의한 인명 손실과 경지 황폐, 기근과 질병으로 인구가 격감했다. 국가에서 파악한 인구가 1543년에 416만여 명이었는데, 1639년에는 152만여 명에 불과했다. 임진왜란 직전에 150만 결이었던 경지 면적도 전쟁 직후인 1601년에는 30만여 결로 크게 줄어들었다.

17세기에는 인구압력이 해소되고 경제 상황이 호전되어 인구가 급속히 증가했다. 버려졌던 경지가 다시 개간됐다. 1688년경에는 "산골짜기 사이와 바닷가의 조그만 토지도 모두 개간되어 실로 노는 땅이 없는" 상태에 이르렀다(『비변사등록』 숙종 14년). 경지가 늘어날 여지는 거의 없었지만 18세기 중엽에 일본으로부터 고구마가 전래되고 19세기 초반에 중국에서 감자가 들어와서 보급되어 인구부양력이 증가했다. 국가가 내량의 미곡을 저장하여 기근이 발생했을 때 방출하는 환곡도 인구 증가를 제도적으로 뒷받침했을 것이다.

호구 총수만으로 조선시대 인구를 파악할 수 있다면 더 바랄 것이 없겠지만, 조선왕조가 파악한 호구는 실상과 큰 차이가 있다. 조선왕조가 파악한 인구는 1393년 30만여 명, 1519년 374만여 명, 1861년 674만여 명에 불과하지만, 실제 인구수는 조선왕조 건국 초에 550만 명, 19세기 1,800만 명 정도로 추정된다. 국가가 조사한 호구 총수는 실제 인구의 절반에도 미치지 못했던 것이다. 조선왕조의 호구조사는 1925년부터 실시된 인구센서스처럼 인구 관련 정보를 조사할 목적이 아니라 기본적으로 조세 징수와 인력 동원을 위한 것이었다. 따라서

연도	인구 (천 명)	연평균 증가율 (%)
1392	5,549	
1400	5,730	
1500	9,412	0.50
1600	11,722	0.22
1700	14,359	0.20
1800	18,443	0.25
1900	17,082	−0.08
1910	17,427	
1392~1910		0.22
1911~1940		1.29
1946~2010		1.45

[표 2] 조선시대 인구와 연평균 증가율
1500~1900년은 이전 100년간의 연평균 증가율
자료: 1392~1910년은 권태환·신용하(1977), 1911~1940년은 김낙년 편
(『한국의 장기 통계: 국민계정 2011~2010』, 2012), 1946~2010년은 통계청 KOSIS.

조세를 회피할 목적으로 인구를 실상보다 적게 신고할 인센티브가 지방 군현과 민간 모두에게 매우 컸다.

인구의 절대 규모도 문제지만 인구 변화의 속도와 방향을 호구 총수가 제대로 반영하고 있는지도 의문이다. 특히 호구 총수 상으로는 18세기에 인구가 정체되고 19세기에는 인구가 감소했다. 이것이 실상을 제대로 반영한 것인지 의심스럽다. 인구압력이 매우 높았음을 보여주는 증거들이 보이기 때문이다. 예를 들면 국가재정을 주관하는 호조에서 1788년에 발간한 『탁지지』度支志의 서문에는 전국의 토지에서 생산할 수 있는 식량은 5,700만여 석인데 식량 소비는 최소 6,000만 석

을 초과하여 굶주릴 수밖에 없다고 했다. 인구가 1,000만이 넘는데 한 사람이 매일 최소한 1되씩을 소비하면 1년간 최소 6,000만 석이 필요하지만, 장성한 자들은 매일 2되를 소비하고 술과 떡을 소비하는 것까지 더하면 6,000만 석을 크게 초과하게 된다는 것이다.

18세기와 19세기에도 인구 증가가 계속되었던 것일까? 아니면 호구 총수가 보여주는 바와 같이 18세기에 인구증가율이 낮아져 19세기에는 인구가 정체하거나 감소하게 되었을까? 최근 연구들은 인구 증가가 계속되었으며 이로 인해 인구압력이 높아지고 있었음을 보여준다. 이 시기의 호구 총수가 통치력 약화로 실상을 반영하지 못한다고 판단하고, 그 대신 양반 가문의 족보를 이용한 연구는 19세기 인구 증가율이 18세기보다 더 높았다고 추정했다. 반면에 18세기 이후 인구증가율이 감소하거나 정체했지만 인구는 계속 증가하여 인구압력이 가중되고 있었다는 연구도 있다. 이와 같이 아직 19세기 인구증가율이 이전 시기보다 높아졌는지 낮아졌는지는 확실하게 말할 수 없다. 최근 차명수 교수는 『기아와 기적의 기원』에서 18~19세기 인구증가율을 연평균 0.36퍼센트로 추정했다. 인구증가율의 동향은 정확히 알기 어렵지만 18세기 이후 조선 사회가 인구 증가로 인하여 인구압력이 가중되고 있었음은 분명하다.

19세기 중반부터 물가가 지속적으로 상승했기 때문에 물가 상승 영향을 제거하여 실질치로 계산하면 토지(논)의 가격이 하락했다. 노비의 실질가격과 실질임금이 더 빨리 하락했으며 산림의 황폐가 심해졌다. 노비 가격이나 임금 하락은 인구가 증가함에 따라서 노비나 노동자의 공급이 증가했기 때문이라고 볼 수 있다. 산림이 황폐하게 되어 민둥산이 된 것은 식량 생산을 위한 경지가 부족하여 새로 산지를 개간하거나 화전으로 만들고 난방용 땔감 수요도 증가하였기 때문이다. 이러한 가격 움직임이나 산림 황폐도 인구압력이 높아지고 있었음을 보여주는 유력한 증거다.

14

조선 전기의 국가재정: 전세, 공납, 군역, 상납의 네트워크

국가재정이 튼튼한 나라가 망하기는 어렵다. 고려왕조는 재정이 피폐해져서 망했다고 하여도 지나치지 않다. 망하기 직전 과전법에 의해 재정의 근본이 되는 토지제도에 대한 개혁이 단행되었으며, 이러한 개혁을 추진한 세력이 조선왕조 건국을 주도했다.

　조선 전기의 재정제도는 고려왕조의 재정제도와 크게 다르지 않았다. 국가가 필요로 하는 각양각색의 재화와 노동력을 수취하여 사용하는 현물 재정이었고, 가장 중요한 생산요소인 토지와 노동력을 조사한 양안과 호적을 조세 수취의 기본 자료로 삼았다. 정도전은 『조선경국전』朝鮮經國典(1394)에서 국가의 지출 항목을 상공上供, 국용國用, 군자軍資, 의창義倉, 혜민전약국惠民典藥局으로 구분했다. 왕실 경비인 상공, 관

[그림 11] 조선 초기의 조운

자료: 이기백, 『한국사신론』(1999)

리에 대한 녹봉, 각종 관청의 경비인 국용, 국방을 위한 군자, 기근에 대한 진휼, 그리고 중국을 비롯한 ~변 ~기~의 ~~기 ~~한 용도였다.

고려 말기에는 관료들에게 수조권을 지급한 토지가 국가에 반납되지 않고 자손에게 세습되어 문벌 귀족의 사유지로 변모했다. 국가의

연도	등록 면적(결)	과세 면적(결)	비고
1392 (공양왕 3년)	798,128		6도(양계 제외)
1406 (태종 6년)	1,260,000		경기 제외
1432 (세종 14년)	1,712,311		
임진왜란 직전	1,510,194		
1601 (선조 34년)		300,000	
1611 (광해군 3년)		541,000	
1634 (인조 12년)	1,246,310		평안도 제외
1719 (숙종 45년)	1,395,333		
1769 (영조 45년)	1,411,948	800,843	
1807 (순조 7년)	1,456,592	810,518	

[표 3] 조선시대의 경지 면적

등록 면적은 '원장부결'(元帳付結), 과세 면적은 '실결'(實結). 1결의 면적은 토지 등급에 따라서 대략 2~3천 평에서 1만 2천 평.

자료: 이헌창, 「한국 경제 통사」(2010)

공민公民인 양인이 권력자의 사민私民으로 전락함으로써 국가의 재정 기반이 매우 협소해졌다. 조선왕조 건국 이후 15세기에는 이러한 추세가 반전되어 호구가 증가했다. 경지 면적도 국초의 80만 결에서 세종 대에 171만 결로 크게 증가했다. 이러한 수준을 조선 후기에도 넘어서지 못했다는 사실은 건국 초기에 국가의 재정 기반이 크게 확충되었음을 잘 보여준다.

경지에 부과하는 전세는 평안도와 함경도에서는 국경 방비와 외교 사절 비용을 위하여 현지에 남겨 두고 기타 지방에서는 조운제도를 통해서 서울로 상납됐다. 과전법 단계에서는 생산량의 10퍼센트를 기준으로 논 1결에 현미 30말斗, 밭 1결에 잡곡 30말을 부과했다. 세종 대에는 공법貢法을 제정하여 생산량의 5퍼센트로 기준 세율을 낮췄다. 아울러 토지를 비옥도에 따라 6등급으로 나눠 결수를 책정하고 풍흉 에 따라서 9등급으로 나누어 1결에 4말에서 20말을 부과했다.

전세의 세율은 더욱 낮아져 1결에 4말에서 6말의 최하 등급에 고정 되어갔으며, 1746년의 『속대전』續大典에는 1결에 4말로 정해졌다. 생산 량의 1퍼센트 정도에 불과한 수준이다. 이렇게까지 전세의 세율이 낮 아진 것은 대토지 소유자인 양반 관리의 이해관계가 반영된 결과라고 추정된다. 고려시대의 전세 세율을 정확하게 알 수는 없지만, 대개 민 전에서는 생산량의 10퍼센트, 국유지와 왕실소유지에 해당하는 공전 에서는 25퍼센트였다. 이에 비하면 조선시대에 들어와 전세의 세율이 크게 낮아졌다고 할 수 있다. 토지에 대한 민간의 소유권이 강화됨에 따라서 국가의 수조권이 약화되는 한편 토지생산성이 높아져 생산량 이 증가했기 때문일 것이다.

전세 세율이 낮은 반면에 재정수입에서 차지하는 공물의 비중은 매 우 높았다. 시장경제의 발전이 미약했을 뿐 아니라 전세만으로는 국 가나 왕실에서 필요한 재화를 모두 구할 수 없었기 때문이다. 토지를 대상으로 개별적으로 부과된 전세와는 달리 공물은 지방관에게 부과 됐다. 이 때문에 토지 소유나 경제력에 비례하여 배분되기 어려웠다. 공물 부담이 정확히 어느 정도였는지는 측량할 길이 없지만, 1608년 에 대동법이 시행되어 공물 대신에 토지 1결에 쌀 12말을 납부하게 됐다. 1결에 4말을 납부하는 전세의 3배였던 셈이다. 대동법으로 인해 공물 부담이 줄었다고 했으므로 대동법 시행 전의 공물 부담은 더 무거웠을 것이다.

고려시대에는 소所와 같이 국가가 필요한 물자를 생산하는 특수 행정구역이 있었지만, 조선시대에는 이러한 '부곡제' 영역이 없어졌기 때문에 일반 군현에 공물을 배정했다. 본래는 지방관의 책임하에 현물로 직접 상납해야 하지만, 쌀이나 포목으로 공물의 대가를 받고 대신 납부해 주는 '방납'防納의 관행이 성행했다. 공물은 구하는 것 자체가 어려웠을 뿐 아니라 전세와 달리 필요할 때마다 수시로 상납을 해야 했다. 먼 거리를 운반하는 도중에 변질되어 퇴짜를 받는 경우도 많았기 때문에 방납은 지방민의 입장에서도 편리한 점이 없지 않았다. 중앙의 권력자과 지방관 그리고 방납인이 결탁하여 높은 공물가를 강요하여 폭리를 취하는 것이 문제였다. "백성이 공물의 대가로 지불한 쌀과 포목의 10분의 5~6은 방납인의 손에 들어가고, 3~4는 (공물을 상납하는 자를 영접하는) 사주인私主人에게 돌아가고, 나머지 1~2가 국가재정國用에 충당된다"고 개탄할 정도였다(『광해군일기』 2년).

전세와 공물 외에도 국가에서 필요한 노동력을 징발했다. 요역徭役은 궁궐이나 성곽의 건축이나 도로 건설, 공물의 제조와 운반, 조세 상납 등을 위해서 일시적으로 노동력을 동원하는 것이다. 신역身役은 16세 이상 60세 이하의 남자를 대상으로 상시적으로 노동력을 수취하는 것이다. 신역은 다시 군역과 직역으로 나뉜다. 군역은 군인으로 직접 복무하는 정군正軍과 이를 경제적으로 지원하는 봉족奉足 또는 보인保人으로 나누어 부담했다. 직역은 중앙과 지방의 기관에서 필요한 각종 업무에 배정되어 노동력을 제공하는 것을 말한다.

특히 군인을 군역제도에 의해 동원했다는 점이 중요하다. 전체 군역 의무자는 1393년 20만 8,000명에서 증가하여 1477년에는 정군 14만 6,000여 명과 봉족(보인) 36만여 명을 합하여 50만여 명에 이르렀다. 이 군인들은 평소 농업에 종사하다가 차례가 돌아오면 군부대에 입영하여 복무하는 병농일치 군인이었다. 고려시대에는 군인에게 군인전이 지급되었지만 조선시대에는 토지가 지급되지 않았으며 토지 대신 봉족이라는 노동력이 배정됐다. 이로 인해 재정 부담은 크게 줄일 수 있었지만 토지가 지급되지 않았기 때문에 군역을 부담하기 어려운 양인이 몰락했다. 또한 타인에게 대가를 주고 군역을 대신하거나 군포를 상납하고 면제를 받는 것이 관행이 되어 군사력 약화의 주된 원인이 됐다.

이러한 조선 전기의 재정제도는 현재의 재정제도와 비교할 때 현물 재정이라는 점에서 크게 다르다. 지폐나 동전의 유통이 이루어지지 못하여 쌀이나 포목, 그 외에 각종 공물로 필요한 재화를 조달했다. 필요한 노동력도 고용이 아니라 요역이나 신역으로 신분제를 이용하여 동원하는 방식을 취했다.

공식적인 국가재정의 범위가 매우 좁게 제한되어 있었다는 점에도 주의할 필요가 있다. 재정 운영은 중앙의 왕실과 관청에 대한 상납에만 관심이 있었고 지방재정의 운영은 거의 모두 관행에 맡겨져 있었다. 단적인 예로 행정 실무를 담당하는 향리에게 지급되는 토지나 녹봉이 없었다. 중앙 관청의 경비나 관원과 하인들에 대한 인건비도 최소한으로 책정되어 있었기 때문에 정해진 공물보다 더 많이 수취하여 사용했다.

이리하여 중앙과 지방의 모든 관청과 직책은 비공식적인 수입을 얻을 수 있는 권리를 가지고 있어 거대한 상납 네트워크를 형성했다. 양반 관리들은 지방관으로 나가면 비공식적으로 수취한 지방재정의 재원을 이용하여 경향 각지의 연고 관계에 있는 동류의 양반들에게 필요한 재화를 공급했다. 중앙 관직에 있을 때는 입장을 바꿔 지방에서 올라오는 상납으로 생활에 필요한 재화를 얻었다. 현재의 관점에서 보면 명백한 부정부패이지만, 당시의 관행으로는 정당한 수입이었다. 『반계수록』磻溪隨錄을 저술한 유형원(1622~1673)이 영의정 황희(1363~1452)가 대신들에게 선물을 보내지 않은 지방관원을 처벌하도록 임금에게 청했다고 비판했을 정도였다. 국가재정 아으로 중앙과 지방의 모든 수입과 지출을 통합하는 한편, 재정상황을 수량적으로 정확히 파악하기 위해서는 앞으로도 오랜 시간이 필요했다.

15

양반:
조선왕조의 특권 신분

조선시대와 현재를 비교할 때 큰 차이가 나는 것이 신분제도다. 현재는 모두 '법 앞에 평등'하지만 조선시대에는 그렇지 않았다. 지금은 누구든지 공무원 시험에 합격하여 공무원이 될 수 있고, 국회의원이나 도지사, 시장, 군수 그리고 지방자치단체 의원에 출마할 수 있는 자격을 갖고 있다. 조선시대에는 양반이라는 신분에 속한 사람들만 과거시험에 합격한 후에 정식 관리가 되어 국사에 참여할 수 있었다. 더욱이 양반은 군역을 면제받았으며 노비를 소유하여 육체노동으로부터 완전히 벗어나 있었다.

본래 '양반'은 궁중에서 조회를 할 때 남쪽을 보고 자리한 국왕을 향하여 문관은 동쪽에, 무관은 서쪽에 도열했던 것에서 유래한 명칭이다. 이로부터 국가의 관료를 양반이라고 할 수 있지만, 단지 현직 관리만을 의미하는 것은 아니었다. 서울에 거주하는 재경양반在京兩班(경반)은 관직에 진출하는 경우가 많았지만, 지방의 재지양반在地兩班(향반)은 여러 대에 걸쳐 관직에 등용되지 못하는 경우도 많았다. 즉 모든 양반이 관직을 보유하고 있었던 것은 아니었다.

미야지마 히로시의 『양반』에 따르면, 재지양반의 자격조건은 (1) 과거 합격자 또는 과거에 합격하지 않더라도 고명한 학자를 선조로 가지고 있고 그 계보가 명확할 것, (2) 수대에 걸쳐 동일한 촌락에 집단적으로 거주하여 세거지世居地를 형성하고 있을 것, (3) '봉제사 접빈객奉祭祀 接賓客', 조상에 대한 제사와 손님 접대를 예절에 맞게 행하고 일상적으로 학문과 자기 수양에 힘쓰는 '양반적' 생활양식을 지킬 것, (4) 대대로 결혼 상대를 앞의 세 가지 조건을 만족하는 집단에서 선택할 것 등이었다.

이와 같이 과거 합격만으로 양반으로 인정받을 수 있었던 것은 아니었지만, 자신이나 조상이 과거에 합격하여 관직에 나가는 것은 양반이 될 수 있는 중요한 자격을 갖추는 것이었다. 특히 문관을 무관에 비하여 우대했기 때문에 문관을 선발하는 문과에 급제하는 것이 긴요했다. 문과는 식년式年 곧 12지支 중에서 자子, 묘卯, 오午, 유酉가 드는 해인 3년마다 실시되는 식년시와 대개 왕실에 경사가 있을 때 실시하는 별시가 있었다. 식년시는 3년에 33명으로 거의 고정되어 있었지만, 별시는 시간이 갈수록 늘어났기 때문에 문과 합격자는 꾸준히 증가했다. 그렇지만 조선시대를 통틀어 문과 합격자는 1만 4,600여 명에 불과했다.

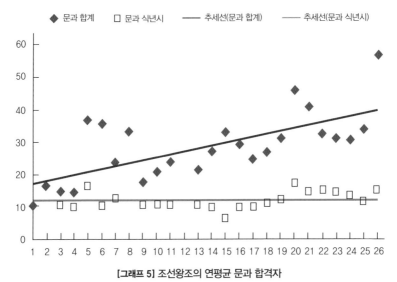

문과 합계   □ 문과 식년시   ── 추세선(문과 합계)   ── 추세선(문과 식년시)

[그래프 5] 조선왕조의 연평균 문과 합격자

세로 축은 합격자 수를, 가로 축은 몇 대째 국왕인지를 나타냄(예를 들면 1은 태조, 26은 고종).

자료: 김재호, 「조선왕조 장기 지속의 경제적 기원」(2011)

관직 수는 『경국대전』(1485)을 기준으로 서울과 지방의 문·무·잡직을 통틀어 5,000~6,000여 직 정도였다. 그중에서도 핵심 요직은 1백여 개의 당상관을 포함한 300자리 정도였다. 직접 비교하기는 어렵지만 2013년도 공무원(행정직과 기술직) 최종 합격자 수는 5급 353명, 7급 628명, 9급 2,618명 등 합계 3,599명이었다. 지금도 공무원시험은 경쟁이 아주 치열하지만 조선시대 문과 합격자는 연평균 29명에 불과했다. 현재 공무원 수가 100만여 명인 것을 생각해 보면, 조선시대에 과거에 급제하여 관직에 나가는 것이 얼마나 어려웠는지를 짐작할 수 있다. 더구나 과거에 합격하면 관리가 될 수 있는 자격을 얻는 것이지

곧바로 관직을 얻는 것도 아니었다. 관직 수는 조선왕조 전 기간에 걸쳐 거의 증가하지 않았다. 인구가 증가하였고 생활수준이 높았던 양반의 인구증가율은 더 높았을 것이므로 과거와 관직을 둘러싼 경쟁은 점점 치열해졌을 것이다.

그런데 에드워드 와그너Edward W. Wagner는 문과 합격자 1만 4,600명의 가문을 조사하여 조선시대 후기로 갈수록 소수의 가문에 문과 합격자가 집중되는 경향이 강해졌음을 밝혔다. 합격자를 배출한 750개 가문 중에서 36개 가문이 합격자의 53퍼센트를 차지했던 것이다. 소수 가문이 과거 급제자를 독점했다는 것은 과거제도가 기존 양반의 신분을 유지하고 신참자가 들어오는 것을 막는 진입 장벽의 역할을 수행했음을 보여준다.

시간이 갈수록 서울과 그 주변에 거주하는 소수 가문이 과거 합격자와 관직을 독점하는 경향이 강해졌다. 역설적으로 지방에서는 오랫동안 과거 합격자를 배출하지 못했지만 '양반적' 생활양식과 토지와 노비를 소유한 경제력에 기초하여 한 지역에 대대로 거주하면서 양반 신분을 유지하는 가문도 생겨나게 됐다. 양반 신분이 능력으로 선발된 관료라는 성격을 지니고 있는 동시에 혈연에 기초한 귀족적인 측면도 지니고 있음을 말해 주는 것이다.

이러한 점에서 조선 후기 신분제 해체의 증거로 자주 인용되는, 경성제국대학 교수였던 시가타 히로시四方博의 통계([표 4] 참조)도 다시 살펴볼 필요가 있다. 과연 조선 후기에 양반이 급속히 증가하여 의미가 없을 지경이 됐다는 것이 사실일까? 우선 호적에는 실제 인구의

연대	양반(%)	상민(%)	노비(%)	호구 총수
1690	9.2 (7.4) 75	53.7 (49.5) 12	37.1 (43.1) 2	3,156호(13,913구)
1732	18.7 (14.8) 70	54.6 (52.8) 14	26.6 (32.4) 11	3,092호(15,266구)
1789	37.5 (31.9) 68	57.5 (52.2) 7	5.0 (15.9) 1	2,811호(12,300구)
1858	70.3 (46.8) 90	28.2 (20.1) 22	1.5 (31.3) 0	2,985호(13,195구)

[표 4] 대구의 신분별 인구구성의 변화

첫째는 '호'의 비율, 둘째는 '구'의 비율. 셋째는 노비를 소유한 '호'의 비율.

자료: 四方博, 「李朝人口に關する身分階級的觀察」(1938)

30~40퍼센트 정도밖에 기재되어 있지 않았다. 또한 조세 수취를 위한 장부였지 신분을 조사하는 장부가 아니었다는 점에서, 호적에 '유학' 幼學, 즉 관직에 아직 오르지 않았거나 과거 준비를 위해 학교에 재학 중인 유생이라고 기재됐다고 모두 사회적으로 인정받는 양반으로 볼 근거는 약하다. 군역을 면제받기 위한 목적에서 실제 양반이 아닌 자들도 장부상으로만 '유학'으로 기재한 경우가 많았다고 추측되기 때문이다. 또한 양반은 호적에서 누락되는 비율이 낮았지만 상민이나 노비의 경우는 높았다. 이를 감안하여 18~19세기에도 양반은 5~10퍼센트 정도에 불과했다는 주장도 제기되었다. 김득신(1754~1822)의 풍속화를 보아도 신분제가 해체된 것처럼 보이지는 않는다.

호적상으로 조선 후기에 양반, 정확히는 '유학'의 비율이 급격히 증가하여 신분제가 해체되는 것처럼 보이지만, 양반의 경우 노비를 보유한 비율이 다른 신분에 비하여 월등히 높다는 점은 조선 전기와 마찬가지였다. 1858년 대구의 경우 호적상 양반의 90퍼센트가 노비를

[그림 12] 조선 후기 김득신의 풍속화 「ㄴ상알현도」

가지고 있었다. 노비 인구도 전체의 31.3퍼센트를 차지하고 있었다. 양반과 노비가 서로 떼려야 뗄 수 없는 관계였음을 말해 준다. 세조 13년(1467) 함길도에서 이시애가 난을 일으켰을 때 양성지가 올린 상소문을 보면, 우리나라의 역대 왕조가 중국에 비하여 장수한 이유는 대가세족大家世族이 경향 각지에 자리 잡고 있어 반란을 방지할 수 있었기 때문인데, 대가세족이 존립할 수 있는 것은 노비를 가지고 있기 때문이라고 했다. 함길도에서 반란이 일어난 것은 "그 지방에 노비가 없기 때문이요, 노비가 없는 것은 대가세족이 없기 때문"이라는 것이다.

노비는 양반의 수족으로, 양반은 가사와 생산에 관한 일체의 노동을 노비에게 맡겼다. 출타할 경우에도 반드시 노비를 대동했다. 만약 양반이 스스로 농사를 짓거나 혼자 짐을 지고 다른 양반을 찾아간다면 곧바로 체면을 잃을 정도였다. 조선 후기에 양반이 너무 많아져 양반과 상민의 구별이 없어졌다기보다는 호적상으로라도 노비를 보유하는 집이 많아졌으며 많은 사람들이 노동에서 벗어나 양반이 되기를 열망했다고 이해하는 편이 좀 더 합리적일 것이다.

16

조선시대 노비의
수요와 공급

양반은 노비가 있어야 제대로 된 양반이라고 할 수 있으므로 양반의
나라인 조선은 노비의 나라이기도 했다. 특히 15세기부터 17세기까지
는 노비제의 전성기였다. 전체 인구의 30~40퍼센트가 노비였다고 추
측되는데 노비제가 발달한 남부지방은 그 비율이 더 높았을 것이다.
"노비가 십중팔구"라는 말은 과장이지만 "우리나라 사람 가운데 노비
가 절반"이라는 성현成俔의 말은 크게 틀린 것이 아니었다. 17세기 호
적을 보아도 1609년 울산은 47퍼센트가 노비였으며, 1606년의 단성
은 무려 64퍼센트가 노비였다.

　노비는 양반이 가장 많이 소유했는데, 1,000명이 넘는 경우도 드물
지 않았다. 태종이 노비 소유의 상한선을 정하려고 했을 때 남자 종인

노奴만 계산하여 왕실의 종친과 부마의 보유 상한은 150명(1품)이었고, 문무관의 보유 상한은 130명(2품 이상)이었다. 여기에 여자 종인 비婢와 처가에서 상속받은 노비는 빠져 있으므로 500~600명은 보유할 수 있었음에도 반대가 심하여 실행하지 못했다. 이를 보면 왕실과 양반이 소유한 노비 숫자가 얼마나 많았는지를 짐작할 수 있다. 특히 고위 관직을 지낸 양반들이 많은 숫자의 노비를 소유했다. 홍문관 부제학이었던 이맹현은 노비 757명을 자손에게 상속했다(1494). 현재까지 전하는 상속문서 중에서 가장 많은 숫자다. 퇴계 이황도 다섯 자녀에게 모두 367명의 노비를 상속했다(1586). 노비는 이렇게 토지와 마찬가지로 상속되고 매매되는 재산이었다.

왜 노비제가 발달하게 되었을까? 노비시장을 가정하고 노비의 수요와 공급을 생각해 보자. 왜 노비가 필요할까? 노비는 양반의 수족으로 집안일부터 농사에 이르기까지 모든 노동을 대신했다. 경제적으로는 넓은 토지를 소유한 양반의 농장 경영을 위해 노동을 제공하는 것이 중요했다. 특히 조선 전기에는 남부지방을 중심으로 하천 주변이 새롭게 개발되면서 많은 노동력이 필요했다. 노비에게는 노동자와 같이 임금을 지급하지 않아도 되지만 노비를 유지하는 데는 비용이 든다. 의식주를 제공하여 부양해야 하고 일을 제대로 하는지 감독도 해야 한다. 일을 살한나고 임금이 올비씨는 끼도 이니고 고대 로마처럼 주인 마음에 들면 해방시켜주는 일도 없었기 때문에 감독에 신경을 많이 써야 했다. 주인을 가장 힘들게 하는 것은 도망 노비가 아니었을까? 세조를 옹립하는 데 공을 세운 한명회(1415~1487)에 따르면 도망 중인 노비가 100만 명이나 되었다고 한다.

이렇게 노비 소유에는 비용이 들기 때문에 다른 대안보다 유리해야 노비를 수요할 것이다. 노동자를 고용하던가, 농민에게 땅을 빌려주고 지대(소작료)를 받는 것이 이익이 더 크다면 노비에 대한 수요는 줄어들 것이다. 노동자와 소작인은 부양할 필요가 없으며, 특히 소작인은 감시 비용도 적게 든다. 수확이 늘어나면 소작인에게도 이익이 돌아가기 때문에 스스로 일을 열심히 해야 할 인센티브가 있기 때문이다. 이런 이점이 있음에도 15~17세기에 노비제가 번성했다는 것은 노동자를 고용하여 농사를 지을 수 있을 만큼 노동시장이 발달하지 못했고, 소작을 주려고 해도 가족 노동을 이용한 소농 경영이 안정적이지 못했기 때문일 것이다.

노비에 대한 수요가 많다고 하더라도 노비가 공급되지 않으면 노비제가 발달할 수 없다. 형벌로 노비로 만드는 경우 외에도 조선 전기에는 노비의 공급을 증가시키는 요인이 많았다. 조선왕조 개창으로 고려 왕실과 불교사원에 속해 있던 노비들이 관청의 공노비나 공신의 사노비로 분배되었다. 여기에 공물이나 군역으로 인한 부담을 견디지 못해 많은 양인들이 몰락했다. 특히 세조 7년(1461) 호구제도 개혁으로 20여만 호가 130만 호 정도로 급증했는데 이러한 급진적인 호구 개혁이 노비를 양산했다.

이와 같이 노비에 대한 수요와 공급이 증가했기 때문에 노비제가 발달하게 되었던 것인데, 노비에는 성격이 매우 다른 두 종류가 있었다. 주인집이나 근처에서 살면서 가사나 농사에 사역되는 노비와 주

[그림 13] 김홍도(1745~1806?)의 풍속화 「벼 타작도」

벼를 수확하여 타작하는 모습을 그리고 있는데 이들 중에는 분명히 노비가 있었을 것이다. 조선시대에 노비에게 비천한 이름을 지어주는 경우가 많았지만 옷이나 머리 모양으로 일반 양인과 구별하지는 않았다.

인집과 멀리 떨어져 살면서 공물을 납부하는 노비가 있었다. 각기 '솔거率居노비', '외거外居노비'라고 하여 어디에 사는가를 기준으로 나누는 것이 보통이지만, 최근에는 주인에게 무엇을 제공하는가에 따라서 노동을 직접 제공하는 '입역立役노비'와 공물을 납부하는 '납공納貢노비'로 구분하기도 한다.

보통 노비라고 하면 금방 떠오르는 것이 입역노비지만 조선시대에는 상당수의 노비가 납공노비였다. 특히 서울에 살면서 권력을 가진 집안에서 납공노비를 많이 소유하고 있었다. 권력이 없이는 멀리 떨어져 있는 노비를 관리하는 것이 불가능하기 때문이었다. 공노비의 경우에 1년에 노는 포(삼베) 2필, 비는 포 1.5필을 납부했는데 개인이 소유한 납공노비도 큰 차이가 없었다.

재신으로서 매매와 상속의 대상이 됐다는 점에서는 입역노비와 납공노비 모두 노예였고 당연히 가격이 매겨졌다. 노비의 공정가격은 『경국대전』(1485)에 지폐인 저화楮貨 4,000장으로 쌀 20석이나 면포 40필의 가치였다. 당시 말 한 마리 가격과 비슷한 수준이다. 『속대전』(1746)에서도 공정가격은 100냥(쌀 20~30석)이었으므로 큰 변화가 없었다. 그런데 18세기에 노비 가격은 폭락하여 공정가격의 10분의 1에 불과한 10냥 전후가 됐다. 수요 측면에서 17세기 중반 이후부터 노비에게도 군역을 부과했고 도망 노비의 추적에 제한을 가하여 주인의 이익이 크게 줄어들었다. 특히 소작을 줄 농민 경영이 안정되어 양반들이 노비를 직접 부리지 않아도 토지를 이용할 수 있게 됐다는 것이 노비 수요가 감소한 가장 큰 이유였다.

[그림 14] 조 씨 부인이 열 살인
딸 옥이를 25냥에 파는 노비문서

한편 1730년부터 어머니가 양인인 경우에 어머니 쪽 신분을 따르도록 노비법이 완화되어 노비의 공급이 줄어들었지만, 양인들이 자신과 가족을 노비로 파는 '자매自賣노비'가 생겨났다. 본래 양인이 자신을 노비로 파는 것은 법에 금지되어 있었는데, 18세기 후반부터는 세습하지 않는다는 조건으로 합법화됐다. 지주제(소작제)의 발달로 노비 수요, 특히 농사에 투입될 노奴에 대한 수요는 줄어들었지만, 빈곤으로 인해 자신과 처자식을 파는 농민들이 생겨나고 있었다. 18세기 이후 인구 증가로 인구압력이 높아져 생존의 위기에 내몰리는 농민들이 증가했지만, 이들을 고용할 도시의 노동시장은 발달하지 않았기 때문이었다.

이런 조건에서 노비의 수요가 감소함에 따라서 노비 가격은 하락했다. 18세기 이후 노비제도는 쇠퇴했다. 점차 장기고용 노동자라고 할 수 있는 고공雇工, 즉 머슴이 노비를 대체하기 시작했다. 수백 명의 노비를 소유하던 양반들도 대개 10명 정도를 소유하는 것이 일반적이 됐다. 호적에서 차지하는 노비의 비중도 감소해 대구의 경우 1690년 43.1퍼센트였던 노비 수가 1789년에는 13.9퍼센트로 줄어들었다. 그러나 장구한 역사를 가진 제도가 쉽게 폐지될 수는 없었다. 특히 가사노동에 사역되는 여자 종(비) 수요는 계속되었고 남자 종(노)보다 가격도 비쌌다.

128

3부

중세 II

조선 후기부터
개항 전까지

생각도 못했는데 별안간 다른 세계에 나타
나게 되면, 사물들의 원래 목적을 파악하기
가 너무나 힘든 법이다. 다른 세계에는 다른
문화가 있으며, 삶에 대한 가장 기초적인 전
제들 자체가 다르며, 또한 믿을 수 없이 지
루하고 무의미한 건축들이 있다.

—— 더글러스 아담스, 『대체로 무해함』

중세 II: 조선 후기부터 개항 전까지

조선 후기

1608년 — 경기도에서 대동법 실시(광해군 즉위년)

1609년 — 일본과 기유약조 체결

1610년 — 허준의 『동의보감』 편찬

1623년 — 인조반정으로 광해군이 폐위되고 인조 즉위

1627년 — 후금의 침공으로 정묘호란 발발

1636년 — 청나라의 침공으로 병자호란 발발

1637년 — 삼전도에서 청나라에 항복(인조 15년)

1645년 — 소현세자가 청나라에서 과학·천주교 관련 서적을 가지고 옴

1653년 — 하멜, 제주도에 도착

1678년 — 상평통보 발행(숙종 4년)

1708년 — 황해도를 끝으로 대동법을 전국적으로 실시(숙종 34년)

1725년 — 탕평책 실시(영조 1년)

1750년 — 균역법 시행(영조 26년)

1776년 — 규장각 설치

1785년 — 『대전통편』 편찬

1786년 — 천주교 금지령 발포

1791년 — 신해통공 실시(정조 15년)

1796년 — 수원 화성 완공(정조 20년)

1801년 — 공노비 해방(순조 1년)

1811년 — 홍경래의 난

1831년 — 천주교 조선교구 설치

1832년 — 영국의 상선 로드 암허스트호가 최초로 통상을 요구

1860년 — 최제우, 동학 창시

1861년 — 김정호가 대동여지도 간행

1862년 — 진주민란

1863년 — 고종 즉위, 흥선대원군 집권

1864년 — 동학 교조 최제우 처형

1865년 — 경복궁 중건

1866년 — 병인박해(천주교도 처형), 병인양요, 제너럴 셔먼호 사건 발생

1871년 — 신미양요, 척화비 건립

1875년 — 일본의 군함 운요호 사건 발생

17

소농 경영의 성장과
지주제의 발달

18세기 이후 노비제가 쇠퇴한 가장 큰 원인은 소농 경영이 성장했기 때문이다. 17세기부터 부부가 중심이 된 가족 노동력을 이용한 농업 경영이 확산됨에 따라 노비에 대한 수요와 공급이 감소했다. 전처럼 대토지를 소유한 양반 지주가 직접 노비를 부려 경영하지 않더라도 토지를 빌려주고 지대(소작료)를 수취할 수 있게 됐다. 아울러 소농경영의 자립성이 강해져 노비로 전락하는 농민이 줄어들었다.

조선 전기 양반들의 농장은 노비를 구하기 어려운 경우에는 일부 소작을 주기도 했지만, 대부분 노비를 이용하여 경작했다. 노비를 이용하는 방법에는 두 가지가 있었다. 하나는 '가작'家作으로 말 그대로 주인이 집에서 직접 농사를 짓는 것이다. 주로 집 근처의 경지에서 노

[그림 15] 대한제국 시기에 활동한 기산 김준근의 풍속화

부부가 호미로 김을 매고 있다. 조선 후기에는 노비를 이용한 농장 경영은 쇠퇴하고 부부가 중심이 된 소가족의 노동력을 이용한 소농 경영이 성장했다.

비를 직접 지휘 감독하여 수확한 생산물을 모두 주인이 취하는 방법을 말한다. 또 하나는 '작개'作介라는 생소한 이름의 방법이다. 주인집에서 멀리 떨어진 곳에 있는 경지를 경작할 때 이용됐다. 노비에게는 '작개'라고 부르는 토지와 '사경'私耕이라고 부르는 토지를 짝을 지어 지급했다. '작개'의 수확은 모두 주인에게 상납하고 '사경'의 수확은 노비에게 주어 생활 자료로 삼도록 했다.

이러한 '작개제'는 주로 14세기부터 17세기까지 이루어졌다. 어떻게 경영되었는지는 16세기 중반 서울에서 살았던 안安씨 양반가에 전해 오는 1554년의 『치가법제』治家法制가 잘 보여준다. 경기도 파주에 509두락斗落, 즉 1두락(마지기)을 200평으로 계산하면 10만 평이 넘는 대규모 농장을 가지고 있었는데 9명의 노비에게 '작개' 156두락과 '사경' 151두락을 짝을 지어 지급했다. 나머지는 거의 모두 소작을 주었다. 노비에게 지급된 보시는 노비 가족의 노동력으로 경작되었는데 '작개'에는 가치가 높은 논이 주로 할당됐으며 '사경'은 가치가 낮은 밭이 중심이었다.

작개의 수확은 모두 주인에게 돌아갔기 때문에 노비가 작개를 열심히 경작할 유인은 전혀 없었다. 주인은 김매기(제초), 씨뿌리기(파종), 상납액 등에 관한 규정을 만들어 노비의 노동 강도를 높이려고 했다. 『치가법제』에는 노비들이 준수해야 할 11개 조의 규정이 정해져 있었다. 김매기를 제때에 안 하면 곤장 20대, 씨를 제때에 안 뿌리면 30대를 때린다고 했다. 상납이 정해진 기준에 못 미칠 때는 미납액이 많아질수록 때리는 횟수를 늘려 갔다. 일종의 네거티브 인센티브라고 할 수 있다. 20두락 면적의 작개에서 상납이 10석에 못 미치는 경우에 10말 미납에 곤장 5대, 1석 미납에 10대를 때리는 식으로 매를 늘려가서 7석을 미납하면 최다 70대까지 때리도록 정해 두었다. 70대를 다 맞으면 살아남기가 힘들었을 것이다.

작개제는 17세기 이후 쇠퇴했다. 작개라는 말은 17세기 후반 이후의 자료에는 보이지 않는다. 사경이라는 말이 머슴에게 삯으로 주는 곡물을 뜻하는 '새경'이라는 말로 바뀌어 오랫동안 존속됐을 뿐이다. 노비제의 쇠퇴와 병행하여 노비를 이용하는 작개제도 쇠퇴했던 것이다. 농업은 항상 가족 노동을 이용한 소농 경영 방식으로 이루어진 것처럼 생각하기 쉽다. 오랜 역사에서 보면 소농은 그리 오래되지 않은 시기에 성립한 것이다. 소농 경영이 안정적으로 성립하기 위해서는 농기구와 함께 쟁기질에 이용할 소도 충분해야 했다. 15세기 강희맹(1424~1483)이 저술한 『금양잡록』衿陽雜綠에는 "촌락에 백 집이 있으면 가축을 가진 것이 겨우 10여 집이고 소를 가진 집도 한두 마리에 불과하다. 송아지를 밸 수 있는 암소를 제외하면 겨우 몇 마리이다. 백 집의 경지를 소 몇 마리로 경작하니 넉넉할 수가 없다"고 했다. 이렇게

[그림 16] 김홍도의 풍속화 「논갈이」

우리나라의 농업에서는 소가 필수적이었다. 조선 전기에는 소가 부족했지만 조선 후기에 소가 많이 늘어난 것이 소농 경영이 성장하는 한 가지 원인이 되었다.

조선왕조 초기인 15세기에는 소가 열 집에 한 마리 꼴이 채 못 됐다. 20세기 초에는 전국 230만여 농가가 70만여 마리를 보유하여 서너 집에 한 마리 꼴로 소를 소유하게 됐다. 조선 후기에 소가 많아진 것이다.

또한 비료를 주는 방법(시비법)의 발달로 경지를 묵히지 않고 매년 경작할 수 있게 됐으며 모내기법(이앙법)의 보급으로 노동력을 절감하고 이모작을 할 수 있게 됐다. 논에 직접 볍씨를 뿌리는 직파법의 경우에는 적어도 네 차례 이상 김매기를 해야 하지만 모내기를 하면 두 차례로 충분했다. 제초제가 나오기 전의 농업은 잡초와의 전쟁이라고 해도 과언이 아니었다. 모내기를 하면 잡초를 뽑는 김매기 노동이 절약되어 노동생산성이 증가했다. 같은 노동으로 더 많이 생산할 수 있게 된 것이다.

절감된 노동으로는 농사에 정성을 들일 수 있게 되었고 다른 작물의 생산에도 눈을 돌릴 수 있게 되어 농가 경영이 집약화되고 다각화되었다. 특히 면화의 김매기 시기와 벼농사의 김매기 시기가 겹쳐 노동력이 부족한 하층 농가는 면화를 재배하는 것이 어려웠는데 벼농사에서 절약된 노동으로 면화를 재배할 수 있게 됐다. 이와 함께 보리를 추수하는 기간에 벼를 모판에서 기를 수 있게 되어 벼와 보리의 이모작이 가능해졌다. 이로써 같은 면적의 토지에서 더 많은 곡물을 생산할 수 있게 되었다. 토지생산성이 증가한 것이다.

이와 같이 소농 경영은 집약화·다각화를 통해 정착되었다. 조선 후기에 모내기법의 보급으로 노동력이 절감되어 넓은 토지를 경작하는 조방적인 '광작'廣作 경영이 발전했다고 이해하는 경우가 많지만, 광작은 부분적이고 일시적인 현상에 불과했다.

첫째, 인구밀도가 매우 높았기 때문에 광작은 부존자원 조건—노동, 자본, 토지라는 생산요소 중에 노동이 자본이나 토지보다 훨씬 풍부하였다—에 맞지 않았다. 둘째, 넓은 면적의 토지를 농업 노동자를 고용해 경작하는 자본주의적 경영은 소작을 주고 지대(소작료)를 수취하는 병작제에 비해 불리했다. 병작제는 토지를 가진 자와 경작을 하는 자가 함께 농사를 짓고 수확의 절반씩을 나누어 가진다는 병작반수並作半收를 말하며, 통상 지주제라고 한다. 인구 증가로 인해 토지를 빌리려는 경쟁이 치열하여 지대 수입이 높았기 때문에 땅이 많으면 병작을 하는 것이 유리했다. 셋째, 17세기부터 시행된 대동법에 의해 호戶에 부과하던 공물이 토지結에 부과되는 지세로 바뀌어 광작은 지세 부담이 무거워졌다. 넷째, 광작은 경작하는 면적이 넓기 때문에 비료를 주거나 객토를 하여 지력을 보강하는 데 힘이 많이 들었다. 돌보지 못하여 자칫 비옥한 토지가 척박한 땅이 되기 쉬웠다. 더욱이 모내기철에 가뭄이 들면 한해 농사를 완전히 망치기 때문에 수리 시설이 잘되어 있는 경우가 아니면 위험하였다. 조선왕조 국가는 모내기를 게으른 농민이 요행을 바라는 위험한 농사법이라고 금지하였는데, 다 이유가 있었던 것이다.

모내기법의 효과는 상층 농민이 경작 면적을 늘려가는 광작이 발전하는 것이 아니라 오히려 토지가 부족한 하층 농민이 지주로부터 토지를 빌려 소농으로 자립하는 것이었다. 1799년에 안성군수 정문승은

"이앙은 파종에 비해 공력이 덜 들고 비용이 절감됨이 열 배가 될 뿐만 아닙니다. 이것 때문에 가난한 집과 힘이 약한 백성들貧戶殘民이 병작 (소작)을 할 수 있는 것"이라고 주장했다. 모내기를 금지하면 빈농들이 병작을 못하게 되어 식량을 구할 수 없다는 의미이다.

조선 후기에 모내기법의 보급으로 광작에 의한 대경영—경영형 부농—이 발달하여 마치 산업혁명 전야 영국에서 자본주의적 대경영이 발달하였던 것과 동질적인 변화가 진행되었다는 '자본주의 맹아론'은 논리적으로나 실증적으로나 근거를 찾기 어렵다. 집약적인 소농 경영의 성장이 병작제의 발달과 일체를 이루면서 진행되었던 것이 조선 후기 농업 발전의 기본 방향이었다. 이러한 소농 경영의 성장에 의해서 노비를 이용한 농장 경영이 쇠퇴하는 발전적 측면은 강조해야 마땅하지만 소농 경영이 지주제와 짝을 이루어 발전함으로써 대부분의 농민이 수확의 절반에 달하는 지대를 부담해야만 하였다는 한계를 지나쳐서는 안 될 것이다. 임진왜란으로 인해 대토지 소유가 일시 타격을 받았지만 18세기 초 이미 열 집에 자기 땅 가진 집이 한두 집에 불과하다고 할 정도였다(『경종실록』 원년). 다산 정약용은 19세기 초 전라도에서 소작인이 전체 인구의 70퍼센트라고 했다. 한참 뒤지만 1918년 전국 경지 면적의 50퍼센트가 소작지였다. 더욱이 씨앗과 조세는 본래 지주가 부담하는 것이었는데 조선 후기에는 소작인의 부담이 되었다.

대동법과 공납제도의 개혁 : 변화 속의 지속성

17세기 이후 소농 경영의 성장과 함께 노비를 이용한 농장 경영이 쇠퇴하기 시작했다. 이러한 농업 부문의 변화와 병행하여 조선왕조 재정제도도 17세기를 통하여 크게 변했다. 무엇보다 대동법大同法이 시행되었다. 대동법은 광해군이 즉위한 1608년 경기도에서 처음 시행된 후 점차 확대되어 1708년(숙종 34년) 황해도를 끝으로 전국적으로 시행되기에 이르렀다. 전국적으로 실시되기까지 꼬박 100년이 걸렸다. 그만큼 저항이 컸으며 저항을 극복하고 실시되었던 만큼 조선왕조 재정제도의 근본적인 변화였다.

　대동법의 요체는 왕실에 대한 '진상'과 중앙 및 지방의 관청에 대한 '공물'을 현물로 납부하는 대신에 쌀로 납부하도록 한 것이다. 그동안 일정한 규정도 없이 호戶에 부과하던 것을 토지 1결에 쌀 12말을 납부하도록 부과 기준이 바뀌었다. 지역에 따라 일부 산간지역은 쌀 대신 무명이나 삼베로 납부하도록 했고 상평통보 발행 이후에는 동전으로 대신 내도록 한 지역도 생겼지만 기본은 쌀이었다. 전세가 토지 1결에 쌀 4말이었기 때문에 이제 3배나 되는 쌀을 추가로 상납하게 되있지만, 그 안에 중앙과 지방에 납부하던 공물 값과 운반비, 그리고 지방 경비까지

[그림 17] 잠곡 김육(1580~1658)의 초상
심육은 대동법의 시행에 몰두하여 충청감사 재직 중 대동법을 시범 시행하였다. 삭고하기 직전에도 효종에게 글을 올려 호남 지방에 대동법을 시행할 것을 촉구했을 정도였다.

포함되었기 때문에 지방민의 부담은 가벼워졌다. 아울러 토지 면적(결)이라는 객관적인 기준으로 공물 수취가 이루어졌다.

대동세─대동미·포·목·전大同米布木錢, 즉 대동법에 의해 상납하는 쌀, 삼베, 무명, 돈을 합하여 대동세大同稅라고 부르자─의 대략 절반은 서울로 상납하고 절반은 지방 경비로 남겨 두어 사용하도록 했다. 1769년 (영조45)을 예로 들면, 8도 대동세 총액은 쌀로 환산하여 56만 9,000여 석이었는데 중앙 상납은 55퍼센트에 해당하는 31만 2,000여 석이었고 지방에 남겨 두는 지방 유치미는 45퍼센트인 25만 7,000여 석이

었다. 지방 유치미라고 해도 지방관이 자유롭게 사용할 수 있는 것은 아니었으며 호조와 선혜청과 같은 중앙재정기관이 출납을 파악했기 때문에 대동법 시행으로 재정 운영의 중앙집권적 성격이 강화되었다. 또한 각양각색의 공물은 총액을 집계하는 것 자체가 불가능했지만 이제 공물의 가치를 쌀로 파악할 수 있게 됨으로써 국가재정에 대한 수량적 관리 능력이 크게 향상되었다.

18세기 후반을 기준으로 국가재정 규모는 공식적인 수입으로는 쌀로 환산하여 200만 석(중앙 100만 석, 지방 100만 석)이며, 중간 수탈이나 비공식적인 수입을 포함하면 400만 석(중앙 150만 석, 지방 250만 석) 정도로 추산된다. 400만 석은 당시 GDP의 5퍼센트 정도로 추정된다. 2012년 현재 국가재정이 GDP의 31.0퍼센트이고 조세부담률(조세총액/GDP)이 20.4퍼센트인 것에 비하면 조선왕조 국가의 재정 규모가 작았음을 알 수 있다. 국가재정 규모는 현재와 비교할 수 없을 정도로 작았지만 전체 경제에서 차지하는 국가재정 비중도 매우 작았던 것이다.

재정 규모를 쌀로 추정했으므로 쌀 가격을 이용하여 현재의 재정 규모와 비교해 보자. 2014년 현재 쌀 평년가격이 20킬로그램에 4만 4,286원이므로 18세기 후반의 총 재정 규모 쌀 400만 석은 현재 기준으로는 240만 석(1석=140킬로그램) 정도에 해당하여 7,440억 원으로 계산된다. 2013년의 총세입(일반회계+특별회계) 282조 4,000억 원의 0.26퍼센트에 불과하다. 무려 385배나 재정 규모가 커진 셈이다. 쌀의 가치가 크게 변했기 때문에 이렇게 비교하는 것은 문제가 많지만 얼마나 엄청난 변화가 진행됐는지 실감할 수 있다. 아무튼 우리가 이러한 계산을 시도할 수 있게 된 것도 대동법으로 거의 대부분의 공물을 쌀로 대신 납부하게 되었기 때문이다.

대동법의 직접적인 효과는 공물을 대신 납부해 주고 폭리를 취하는 '방납'防納의 근거가 사라지게 된 것이다. 16세기에 방납이 극성했는데 극단적인 경우겠지만 생선 1마리의 방납가가 쌀 10말, 인삼 1근이 무명 16필, 송이버섯 3사발에 무명 40필이라고 할 정도였다. 이와 같이 대동법은 정해진 기준도 없이 관행으로 이루어지던 방납을, 부과 기준과 공물 가격을 정하여 국가의 공식 제도로 만든 것이었다. 즉 방납을 제도화한 것이라고 할 수 있다.

이를 위해서 대동미를 관리할 관청으로 선혜청宣惠廳을 새로 설치하고 공물 납부를 담당할 특수한 상인으로 공물주인貢物主人(공인)이 선정되었다. 짐작하건대 기존에 방납인으로 활동하던 자들을 공인으로 흡수했을 것이다. 조선 전기 현물 공납제에서는 지방마다 정해진 관청에 공물을 직접 상납하거나 방납인을 통해서 대납했지만 선혜청에 대동미를 상납하는 것으로 바뀌었다. 이와 함께 기존에 공물을 수취하던 관청과 공물의 종류에 따라서 공인이 정해지고 이들이 공계貢契를 조직하여 공물 상납을 담당하게 되었는데 선혜청은 그 대가로서 공물 가격인 공가貢價를 지급하였다. 공가는 시장가격의 열 배가 되는 경우도 있었다고 하지만 대략 두 배에서 서너 배 정도였다. 공가를 시장가격보다 이처럼 후하게 책정했던 것은 권력을 빙자하여 헐값으로 공물을 구입하는 폐단을 방지하고 공물을 상납하는 서울의 공인과 시전상인들을 안정적으로 유지할 필요가 있었기 때문이다.

공물의 종류는 대전大殿, 대비전 등의 왕실 각전과 관청에서 사용하는 거의 모든 물건을 망라했다. 쌀과 장이나 젓갈부터 과일과 생선은 물론이고 종이와 무기를 만드는 재료에 이르기까지 실로 다양했다. 1867년에 간행된『육전조례』六典條例에 보면 27처의 중앙 관청에 490종의 공물이 상납되었다. 공물을 공급하는 공인조직(공계)이 모두 몇 개인지는 정확히 알기 어렵지만 갑오개혁(1894)으로 공인이 폐지될 때 미지급된 공가 청산과 관련된 공인조직이 많았는데 관청 이름으로 된 것이 72개, 물건 이름으로 된 것이 102개였다.

대동법은 공물을 상납하는 지방관이나 지방민의 입장에서 보면 공물을 부과하는 기준과 상납하는 공물이 완전히 바뀌었다는 점에서 실로 획기적인 것이었다. 그러나 공물을 상납받는 왕실이나 관청의 입장에서는 거의 바뀐 것이 없었다. 대동법이라는 대대적인 변화 속에서도 공납제도의 형식이 끈질기게 유지되었다. 왕실이나 관청은 지급받은 쌀(또는 동전, 무명, 삼베)로 필요한 물자를 시장에서 직접 구입했던 것이 아니라, 공인이라는 특수한 상인을 통해서 기존의 공물 장부인 공안貢案에 기재되어 있는 공물을 상납받았다. 공물을 대동미로 바꾸었지만 여전히 어느 군현에서 상납하는 대동미는 어떤 공물 몇 개에 해당한다는 꼬리가 붙어 있었고 그것이 공인들에게 분배되었다 달라진 것이 있다면 지방관이나 방납인에게 상납받던 것을 이제 공인에게 받게 된 것뿐이다. 제용감濟用監, 사도시司䆃寺, 봉상시奉常寺 등과 같이 과거에 공물 납부를 담당하던 관청도 대부분 그대로 유지됐다.

같은 시기 일본에서는 도쿠가와 막부나 각 지역의 영주는 농민에게 쌀로 지대(연공年貢)를 상납받았는데 이를 오사카의 쌀 시장에서 처분하여 필요한 재화를 구입했다. 이로 인해 오사카 지역에서는 전국에서 쌀과 각종 상품이 집중되어 전국적인 시장이 발달했다. 대동법 시행 후 조선왕조도 쌀로 대동미를 거두어 공인에게 방출함으로써 상업의 발달을 자극했지만, 대동미를 상인들에게 팔아서 필요한 물건을 구입한 것이 아니라 공납제의 틀을 유지한 위에서 공인에게 시가보다 서너 배 높은 고정된 가격으로 공물을 상납하도록 했다. 조선왕조에게 국가가 상인과 대등한 입장에서 거래를 한다는 것은 생각할 수 없는 일이었다. 대동법 이후에도 국가는 상인에게 필요한 물건을 구입하는 것이 아니라 공물을 상납받는 체제를 그대로 유지하고자 했다. 조선왕조는 시상과 직접 접촉하기를 원하지 않았던 것이다.

19

조선시대는
상품화폐 시대

조선시대는 상품화폐 시대였다. 화폐는 크게 상품화폐와 명목화폐로
구분된다. 상품화폐commodity money는 물품화폐나 실물화폐라고도 하
며, 재료(소재)의 가치에 기초하여 가치가 정해지는 화폐다. 쌀, 무명,
삼베와 같이 일반적인 재화가 화폐로 사용되는 상품화폐와 금화나 은
화, 동전과 같이 금속으로 된 상품화폐가 있다. 이러한 상품화폐의 반
대편에 있는 화폐가 명목화폐fiat money이다. 한국은행에서 발행하는 세
종대왕이 그려진 만 원짜리 지폐처럼 새뇨 시세는 아무 쓸모가 없고
국가의 법과 권위, 그리고 국민의 믿음에 의해 통용되는 화폐다. 이러
한 상품화폐와 명목화폐의 양 극단 사이에 신용화폐fiduciary money, credit
money가 위치한다. 소재 자체는 명목화폐와 마찬가지로 쓸모가 없지만

액면에 기재된 가치만큼의 상품화폐나 자산과 교환해 준다고 보증한 화폐를 말한다. 금본위제에서 금과 교환해 주기로 약속한 태환권이 대표적인 예다.

사실 화폐가 상품화폐에서 시작했는지는 사료로 입증하기 어려운 문제다. 일반적으로 화폐는 교환을 매개하고 가치를 저장하며 지불수단과 회계 단위로서 기능하는 모든 것을 말한다. 이 중에서 가장 기본적인 기능은 교환의 매개수단으로 이용되는 것이라고 할 수 있다. 물물교환을 위해서는 '욕망의 이중적 일치'가 이루어져야 하기 때문이다. 내가 가진 사과를 다른 사람이 가지고 있는 오렌지와 교환하기 위해서는 내가 오렌지를 원해야 할 뿐 아니라 오렌지를 가진 상대방이 내가 가진 사과를 원해야 한다. 이러한 욕망의 일치가 동시에 이루어지는 상대방을 찾는 것은 어렵다. 그런데 만약 누구나 갖기를 원하는 어떤 재화가 있다면 내가 가진 사과를 가지고 이것과 바꾼 다음에 오렌지와 교환할 수 있다. 누구나 갖기를 바라는 이 어떤 재화가 바로 화폐가 된다. 쌀이나 옷감 등은 누구나 일상에서 사용하는 상품이기 때문에 화폐가 되었다는 뜻이다.

우리가 일상에서 돈이라고 생각하는 것은 화폐의 기능에 특화되어 다른 용도로는 사용하지 않고 오직 화폐로만 사용하는 어떤 것을 가리킨다. 그러나 돈 외에도 이러한 기능을 수행하는 재화라면 모두 어느 정도는 화폐라고 할 수 있다. 사실 화폐가 반드시 손에 잡히는 재화일 필요도 없다. 현대의 전자화폐는 재화가 아닌 정보가 화폐 기능을 하고 있다. 또한 여러 기능을 한꺼번에 모두 수행하는 화폐도 있지만 어느 한 가지 기능만 하는 화폐도 있을 수 있다. 예를 들면 회계 단위로만 사용될 뿐 실제로는 존재하지 않는 화폐도 있는데, 조선시대의 냥兩이나 전錢이 그렇다. 조선시대 동전은 현재 사용하는 돈처럼 액면가치가 표시되어 있지 않고 오로지 몇 개인지를 세어서 가치를 평가했다. 동전 1개를 1푼分, 10개를 1전, 100개를 1냥, 1,000개를 1관貫이라고 했는데, 전, 냥, 관이라는 돈이 따로 있었던 것이 아니었다.

경제학 교과서에서는 대개 물물교환의 불편을 줄이는 과정에서 상품화폐가 자연발생적으로 생겨났다고 설명하고 있지만 논리적인 추론이지 역사적인 사료로 입증됐다고 보기는 어렵다. 화폐가 고대국가의 재정적 필요로부터 발생했다는 주장도 들어 볼 필요가 있다. 국가가 생긴 후에 다양한 현물이나 노동력을 국가기관이나 왕실과 사원 등에서 집중 운영하였다. 각양각색의 재화나 성질이 제각각인 노동력을 통합하여 가치를 평가할 필요가 생겨나게 되었으며 그로부터 회계 단위로 기능하는 화폐가 출현하게 되었다는 설명이다. 가령 술이나 옷감을 밀의 양으로 평가하여 집계할 수 있으며 그 밀 한 항아리를 1냥이라고 했다면 그것이 곧 화폐인 것이다. 이때 1냥은 손에 잡히는 화폐가 아니라 추상적으로 국가 회계장부에서만 사용되는 회계 단위로 기능하는 화폐다.

또한 재정 운영 과정에서 국가가 노동력을 동원한 다음 그 대가로 국가창고에 가서 밀과 술 얼마를 받아가라는 쿠폰을 지급했다면 지불수단으로 기능하는 화폐가 된다. 이 쿠폰은 조세 납부에 사용될 수도 있을 것이다. 또한 다른 재화를 구입하는데 사용됐다면 교환을 매개하는 기능까지 하게 된다. 이때 쿠폰은 반드시 일상에서 사용하는 곡식이나 옷감 또는 금과 은처럼 가치가 있을 필요가 없으며 점토판이나 나무판에 표시하여 사용할 수도 있다. 종이가 있다면 지폐로 사용되지 못할 이유도 없다. 이러한 설명에 따르면 화폐는 지불수단에서 시작하여 처음부터 명목화폐로 발생했다는 이야기가 된다.

[그림 18] 상평통보
1678년부터 발행되어 조선왕조 끝까지 사용된 우리나라 대표적인 동전이다. 뒷면에는 제작한 관청을 나타내는 기호를 표시했다.

중국이나 우리나라에서 통용된 동전도 국가의 재정적인 목적에서 발행되기 시작한 것이지 물물교환의 불편을 줄이기 위해서 민간에서 사용하기 시작한 것이 아니었다. 앞의 지불수단으로 사용한 쿠폰과 비슷한 성질을 가지고 있다. 국가가 동전을 발행하여 민간의 재화를 구입하거나 노동력을 사용한 대가로 지급한 다음에 조세를 동전으로 납부하도록 강제할 수 있다. 동전이 처음에는 국가재정 운영에 국한되어 통용되다가 조세 납부를 위해 동전을 구하려는 민간으로 점차 사용 범위가 확대되어 갈 것이다. 이 과정에서 민간에서도 동전의 화폐 기능이 편리하게 인식된다면 재정적 목적이 아니라도 동전에 대한 수요가 커질 것이다. 동전은 녹여서 농기구나 그릇 또는 무기를 만드는 재료로도 사용할 수 있는 소재 가치를 가지고 있기 때문에 어디까

[그림 19] 동전을 제작하는 모습
나뭇잎과 같다고 하여 엽전(葉錢)이라고도 했다.

지나 상품화폐였지만 어느 정도는 지불수단으로 사용된 명목화폐와 같은 성질을 지니고 있다는 뜻이다.

조선왕조는 1401년(태종 1년)에 명목화폐에 해당하는 저화楮貨라는 지폐를 발행했고 세종 대에 동전을 발행하기도 했으나 통용에는 결국 실패했다. 16/8년(숙종 4년) 신 면통보 ▨▨▨를 발행하기까지 화폐로 통용된 것은 일상에서 꼭 필요한 필수품이면서 조세로 거두었던 쌀과 포목(삼베와 무명)과 같은 상품화폐였다. 화폐의 통용에는 신뢰가 결정적인 조건이라는 점에서 저화의 사용을 강제했다가 보상도 없이 유통을 포기하는 일관성 없는 화폐 정책은 큰 문제였다. 또한 사람들도 저화를 "굶주려도 먹을 수 없고 추워도 입을 수 없는 한 조각의 검은 자루에 불과한 것"(『태종실록』 3년)이라고 했듯이 명목화폐를 받아들일 마음이 없었다. 동전을 주조할 구리의 생산도 부족했다. 무엇보다 신숙주(1417~1475)가 "서울 외에는 상점이 없으므로 비록 화폐가 있다고 해도 쓸모가 없는 것"이라고 말했던 것처럼, 시장경제의 발달이 미약한 것이 저화나 동전이 유통되지 않은 근본적인 원인이었다.

포목은 잘라서 쓰면 가치가 떨어지기 때문에 고액 거래에 사용됐다. 쌀은 소량으로 분할이 가능하기 때문에 소액 거래에 사용됐다. 이러한 포목이나 쌀은 국가의 입장에서 작황에 영향을 주는 기후 조건과 민간의 수요·공급에 의해 화폐가치와 통화량이 결정되므로 재정 운영에 제약이 많다. 또한 부게가 무겁기 때문에 운반에 비용이 많이 들고 부패하기 쉬우며 거래할 때마다 가치를 측정해야 하므로 거래비용도 높다. 거래비용을 줄이기 위해 『경국대전』에 저화와 포화布貨를 국가의 공식 화폐로 삼고 품질과 규격을 정해 놓았다. 포화 1필은 폭 8촌(37.4cm), 길이 35척(16.35m), 품질은 5승이었다. 베틀로 길쌈을 할 때 세로로 길게 걸친 날줄經絲 사이에 씨줄緯絲을 넣은 북을 가로로 왔다 갔다 이동하는데 그 정도의 폭에 5승, 1승이 80가닥이니 400가닥이 들어가는 셈이다. 16세기에 이르면 이러한 품질규정을 전혀 지키지 않아 직물로는 도저히 쓸 수 없는 추포麤布가 화폐로 사용됐다. 추포란 발이 굵고 바탕이 거친 베라는 뜻이다. 조선 전기에는 저화가 쓸모가 없다고 배척되었는데 옷감으로는 도저히 사용할 수 없는 추포가 화폐로 사용되었다는 사실에서 화폐에 대한 태도가 크게 변했음을 알 수 있다.

또한 임진왜란(1592~1598)으로 명의 군대가 원군으로 왔을 때 군자금으로 은이 대량 유입되었다. 중국은 은을 조세로 거두었음에도 국가에서 은화를 주조하지는 않았으며 민간에서 은의 순도와 무게를 평가하여 사용하였다. 15세기에 동전 주조가 중단되고 국제수지 흑자와 금과 은의 가격비의 차이로 인해 유럽과 일본에서 은이 대량으로 중국에 유입되어 화폐로 광범하게 사용되었다. 가까운 지역 내에서는 동전이 사용되고 중국 내 원거리 거래와 국제무역에는 은이 주로 사용되었다.

일본에서는 중국의 동전을 수입하여 화폐로 사용했는데, 14세기 중엽에 이르면 중국 동전이 전국에 유통되었다. 15세기에 중국의 동전 유입이 중단되어 쌀이 화폐로 사용되는 체제로 회귀하고 금과 은이 화폐로 사용되었다. 17세기 전반기부터는 자체적으로 동전을 주조하기 시작했다. 이리하여 도쿠가와 시대에는 사무라이는 금, 상인은 은, 일반인은 동전을 사용했는데 삼화三貨제도라고 한다. 이와 함께 각지의 영주가 발행한 지폐인 번찰藩札이 지방에서 통용되었다.

상평통보를 발행했을 때 동전의 가치를 '쌀 1말＝은 1전＝상평통보 4전'으로 규정하였듯이 은의 통용을 긴게치고 있었다. 그렇지만 중국과 일본을 매개하던 중계무역이 18세기 초부터 감소함에 따라 일본에서 유입되던 은이 급감하여 18세기 중반에는 두절됐다. 결국 동전만 남게 되어 고액 거래에도 동전을 사용할 수밖에 없게 되었다. 은이 부족해지자 중국과의 무역에는 홍삼이 은을 대체했다.

　동전은 상품화폐 중에서 쌀이나 포목보다 한 단계 발전한 금속주화이지만 금화나 은화에 비해 가치가 너무 낮다. 이 때문에 농민들의 일상과 관련된 지역 내 소액 거래나 조세 납부에는 적합하지만 지역 간 원거리 무역이나 국제무역에는 사용되기 어려웠다. 상평통보 1개의 무게는 본래 2돈 5푼이었는데 조금씩 가벼워져 순조 초에는 1돈 2푼이 됐다(1돈=10푼=3.75그램). 동전 1개의 무게를 1돈으로 계산하더라도 동전 1만 개인 1백 냥은 37.5킬로그램이 된다. 1백 냥은 대략 쌀 20석의 가치에 해당하는데 한 사람이 운반할 수 있는 최대량이었다. 개항 이후 인부 한 명이 최대 120냥까지 운반할 수 있었다는 기록도 있다. 사정이 이와 같았으므로 조금만 큰 규모의 거래에도 동전을 운반하기 위해 짐꾼이나 소와 말이 필요했다. 이러한 불편을 덜기 위하여 환換이나 어음이 서로 신용할 수 있는 상인 사이에서 제한적으로 사용되었다.

　한편 상평통보가 전례 없이 전국적으로 통용되는 데 성공했던 것은 추포와 은을 화폐로 사용한 경험이 있었고 시장의 발달이 진전되어 있었기 때문이었다. 18세기부터는 채소나 소금과 같은 물건을 사는 데도 곡물이 아닌 동전을 달라고 할 정도였다는 기록이 보이고 현물 거래에 계산 단위로 동전이 사용되었다. 국가 입장에서도 동전은 쌀이나 포목에 비해 가볍고 오래 저장할 수 있으며 품질에 신경 쓸 필요가 없었다. 흉년이 들어 쌀이나 포목을 조세로 거두기 어려운 상황에서도 원료만 있으면 주조하여 구매력을 만들 수 있었고 곡식을 구입해 진휼하기에도 편리했다.

　그렇지만 공식적인 재정에서 차지하는 동전의 비중은 18세기 동안 대략 3분의 1 수준에 머물렀다. 19세기에 동전의 비중이 다소 높아졌지만 갑오개혁 직전에도 절반 정도였다. 조선왕조는 모든 조세를 동전으로 거두어 단일한 회계 단위로 재정을 운영하려고 하지 않았다. 국가재정을 완전히 시장에 의존해야 할 뿐 아니라 동전가치의 안정적인 유지에도 자신이 없었기 때문이다. 1810년대 함경남도 갑산의 구리 광산이 개발되기까지는 동전은 공급 부족으로 돈이 흉년이 들었다는 전황錢荒, 즉 디플레이션을 피하기 어려웠다.

　더욱이 영조(재위 1724~1776)는 동전을 폐지하려고까지 했다. 사람들이 이익을 좇아 풍속을 해치고 동전이 모두 부자들의 수중에 들어가 고리대에 사용된다고 인식하고 있었기 때문이다. 결국 동전을 폐지하지는 못했지만 장기간 동전이 주조되지 않아서 전황을 심각하게 만들었다. 동전의 공급 부족으로 동전의 가치가 높아지자 오히려 국가가 앞장서 동전을 축적했다. 1782년 서울의 중앙관청이 가지고 있는 동전이 136만 냥, 지방관청이 보유한 동전이 470만 냥이었다. 그대로 믿기는 어렵지만 당시 동전 총량이 700~800만 냥 정도였다고 추정되므로 장부상으로는 동전의 8할을 국가에서 보유하고 있었던 셈이다. 조선왕조는 곡물을 내낭으로 써 ○에에 합끄○구 유영하였듯이 동전도 대량으로 비축했다.

20

조선 후기 시장경제의
발전과 한계

조선 전기에는 시장경제의 비중이 매우 낮았다. 건국 초기 조선왕조는 농촌에 장이 서는 것을 금지했다. 고려시대에 있었던 농촌 장시場市도 사라졌다. 농민들이 농사에 힘쓰지 않고 장에 모여 유흥을 즐기거나 상업 활동을 위해 돌아다니는 것은 국가의 근본인 농업 생산에 해롭다고 생각했기 때문이다.

서울에도 궁궐 앞 대로에 시전市廛이 조성되어 있었지만, 일상 소비 생활에서 시장의 비중은 적었다. 사헌부 대사성과 전라도 관찰사를 지낸 유희춘(1513~1577)의 『미암일기』眉巖日記에 따르면 16세기 후반 10년간 서울에서 생활하면서 시전을 이용한 횟수는 70여 회에 불과했다. 국가가 지급하는 녹봉과 관료에게 배정한 공노비와 호위병, 자신의

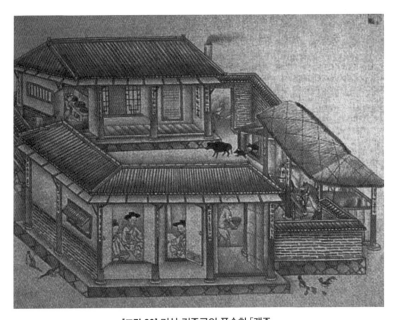

[그림 20] 기산 김준근의 풍속화 「객주」
객주는 타지에서 온 상인들의 물건을 위탁하여 판매하고 숙박과 창고 및 금융 서비스를 제공했다.

노비가 바치는 공물, 그리고 선물이 있었기 때문에 시전을 이용할 필요가 거의 없었던 것이다.

특히 주목되는 것은 선물이었다. 유희춘은 66개월간 학연이나 혈연관계가 있거나 자신의 추천으로 지방관이 된 관료들로부터 무려 2,796회, 한 달에 42회 꼴로 선물을 받았다. 쌀과 같은 곡물에서 시작하여 면포, 부채, 종이·붓·먹과 같은 문방구, 꿩·생선·전복·소금·감·유자·감자·생강·마늘·인삼·꿀과 같은 농수산물과 과일 및 약재는 물론이고 장작과 숯과 같은 땔감까지도 선물로 들어왔다.

[그림 21] 농촌 장날 풍경

우리나라 농촌 장시의 끈질긴 생명력은 세계적으로도 보기 드문 것이나, 1960년의 이느 농촌 상날의 풍경인데, 수선시대의 장시도 이와 큰 차이는 없었을 것이다.

자료: 국가기록원 '사진 대한민국'

　　임진왜란 이후 분위기가 바뀌어 시장의 비중이 높아졌다. 전쟁의 충격으로 농촌을 떠난 인구가 많아졌으며, 17세기부터 대동법의 시행으로 국가에 집중된 미곡이 대량으로 공인을 통해 방출됨으로써 상업의 발달을 자극했다. 더욱이 1678년에 상평통보가 발행되어 전국적으로 통용되어 거래가 편리해졌다. 농업생산성이 높아져 시장에서 유통될 수 있는 잉여 생산물의 공급이 늘어났으며, 소농 경영의 성장과 노비제의 쇠퇴로 상품에 대한 수요가 늘어난 것도 시장경제의 발전을 뒷받침했을 것이다.

그 증거로서 첫째 농촌 장시가 크게 증가하였다. 1470년경에 흉년이 들었을 때 전라도 무안 등지에서 농민들이 성문 앞에서 필요한 것을 서로 교환하기 시작했다. 18세기가 되면 장시가 전국에 1,000개를 넘어섰으며 5일마다 장이 서는 5일장 체제가 갖추어졌다. 장날이 서로 연계되어 농민들이 하루 일정으로 다녀올 수 있는 장이 거의 매일 열리게 되었다. 조밀한 장시 망을 무대로 보부상褓負商이 활동했다.

장시는 1770년의 『동국문헌비고』東國文獻備考에 의하면 1,062개였는데 1911년의 『조선총독부통계연보』에도 1,084개로 장기간 그대로 유지됐다. 그렇지만 장시 사이에 계층 분화가 생겨나서 19세기 초에는 15개의 대大 장시가 성립했다. 대장은 대개 감영과 포구가 있는 곳에서 열렸다. 특히 포구는 농산물과 수산물이 교역되고 원거리의 물산이 모여 거래되는 중심지 역할을 했다. 최종적으로 물산이 집중되는 곳은 물론 서울이었다.

포구에서는 배를 가지고 영업하는 선상船商과 선상이 가져온 물건을 맡아 팔아주는 객주가 출현했다. 객주는 '객상의 주인'客商之主人, 곧 객지에서 온 상인의 일을 맡아서 처리해 주는 사람이라는 뜻이다. 위탁판매의 대가로 판매액의 5퍼센트나 10퍼센트를 구문口文으로 받았다. 그밖에도 숙박, 창고, 금융 등의 여러 가지 서비스를 제공했다. 포구 중에는 서울에 인접한 경강ㅡ한성부가 관할하는 광진에서 양화진에 이르는 한강의 강줄기ㅡ주변에 위치한 용산, 마포, 뚝섬, 두모포 등이 가장 번성했다. 이곳을 거점으로 활동하는 선상과 객주를 경강상인이라고 한다. 경강에는 19세기 초에 "각지에서 생선이나 미곡을 실

고 모여드는 상선이 해마다 1만 척을 헤아렸다"고 할 정도였다(『비변사
등록』備邊司謄錄 순조 17년). 경강상인은 서울 주민들의 일상 소비에 필수적
인 쌀, 생선, 소금, 땔나무 등을 주로 취급했는데, 쌀의 비중이 가장 높
았다. 거래하는 물량이 많아져 쌀값을 좌우하기에 이르렀으며 급기야
1833년에는 시전과 결탁하여 쌀을 매점매석하여 서울의 쌀값이 폭등
하자 주민들이 시전에 불을 지르는 조선왕조 초유의 '쌀 폭동'까지 일
어났다.

  농촌 장시는 기간을 두고 주기적으로 열린다는 의미에서 정기시定期市
이다. 이와 대조적인 것이 언제나 열리는 상설시常設市로 가장 대표적인
것이 서울의 시전이었다. 시전은 20만 서울 인구의 일상에 필요한 재
화를 공급했지만, 그 외에도 왕실과 국가가 필요한 물자를 공급하고
궁궐 수리와 과서상 설치와 같은 각종 국역을 부담하였다. 국역을 부
담한 반대급부로 시전에는 서울 도성에서 십 리까지 시전이 취급하는
물종의 판매를 금지하는 금난전권禁亂廛權이 부여됐다. 금난전권이 실
질적인 의미를 갖게 된 것은 17세기 후반부터였는데 시전이 아닌 상
인들의 난전亂廛─허가를 받지 않은 영업─이 시전의 영업을 위협했기
때문이었다.

  이와 같이 조선 후기에는 장시도 증가하고 경강상인과 같은 포구
상업이 발전했으며, 서울의 시장구조에도 변화가 시작됐다는 점에서
시장경제의 발전에 뚜렷한 진전이 있었다. 그렇지만 장시는 상설시가
아닌 정기시였고 객주는 위탁판매에 머물러 도매업으로 발전하지 못
했으며 창고업, 숙박업, 금융업이 분화되지 못한 채로 남아 있었다. 상

설시장의 발달과 서비스의 전문화를 뒷받침할 만큼 거래량이 충분하지 못했기 때문이다.

근본적으로는 상인의 정치 참여가 봉쇄되어 권력의 침해로부터 재산권을 지키기 어려웠다는 점 외에도 다음과 같은 한계가 있었다. 첫째, 도시화 비율이 매우 낮았고 도시화가 정체됐다. 도시에 자급자족이 어려운 비非 농업인구가 많이 거주해야 그 수요에 기초하여 시장경제가 발전할 수 있는데 그렇지 못했다. 서울의 인구는 17세기 중반에 20만 명 정도에 도달한 후에 그다지 증가하지 않았다. 개항 직전에 전국에서 1만 명이 넘는 지역의 인구를 모두 합해도 40만 명 내외로 총인구의 2.5퍼센트 정도에 불과했다(5,000명 이상 지역을 합쳐도 3.4퍼센트). 일본에서는 도쿠가와 막부 성립 이후 조카마치城下町라고 부르는 영주의 성곽 주변 지역에 상인과 사무라이를 집단적으로 거주하게 함으로써 도시가 발달했다. 17세기 중엽에 각지의 조카마치와 에도(도쿄), 오사카, 교토를 합하면 250만 명을 넘어서 총인구의 15퍼센트 이상을 차지했다.

둘째, 국제무역의 규모가 작았다. GDP에 대한 무역액(수출+수입)의 비율인 무역의존도가 매우 낮아 개항 직전에 1.5퍼센트에 불과했다. 16세기까지 일본에 면직물과 인삼을 수출하여 얻은 은으로 중국의 비단이나 명주실(백사白絲)을 수입하는 무역구조가 형성되어 있었다. 17세기부터는 일본에서 면직물을 자체 생산하게 됨에 따라서 면직물 수출이 중단됐으며 대신 중국산 비단과 백사를 수입하여 일본에 수출하는 중계무역이 발달했다. 1670년 백사 100근의 수입가는 은 60냥이었는데 왜관에서의 수출가는 160냥일 정도로 중국과 일본의 가격 차이가 컸기 때문에 중간에서 많은 이익을 볼 수 있었다.

그렇지만 1687년에 중국과 일본에 국교가 수립되어 18세기 초부터는 중국 상인이 직접 나가사키에 가서 교역을 할 수 있게 되자 중계무역이 감소할 수밖에 없었다. 더욱이 은 유출을 우려한 도쿠가와 막부가 비단 생산을 장려하고 인삼도 재배하기 시작했다. 우리나라에서는 대일 수출 두절로 은이 부족해졌기 때문에 18세기 말부터는 개성 상인들이 홍삼을 제조하여 중국과의 무역에 사용했다. 19세기에 홍삼 수출이 증가하여 임상옥과 같은 거상이 출연하기도 했지만, 사치품에 해당하는 약제 제조에 기초한 무역의 확대에는 한계가 있었다. 산업적 파급효과도 제한적일 수밖에 없었다.

아담 스미스는 『국부론』에서 국부의 증진, 곧 경제성장의 원인은 분업의 진전에 의한 생산성 증대이며 분업의 정도는 시장의 크기에 의해 규정된다고 했다. 시장이 커지면 분업이 진전된다는 의미다. 분업에 의한 전문화는 시장 교환을 촉진하는 요인이 되는 동시에 시장이 발전해야 분업이 진전될 수 있다는 의미에서 양자는 피드백 관계에 있다. 조선시대 시장의 발전 정도는 직접 측정하기 곤란하므로 분업이 얼마나 진전됐는지를 살피는 것이 중요하다. 가장 기초적인 분업이 도시와 농촌, 비농업과 농업 간의 분업이라고 할 수 있으므로 도시화 비율은 시장의 발달을 나타내는 지표가 된다. 조선시대 도시화 비율이 낮았다는 것은 시장경제의 발달이 낮은 수준에 머물렀다는 뜻이다.

다른 지표로는 시장 통합의 정도를 살피는 것이다. 시장경제가 발달하면 지역 간에 거래가 활발해짐으로써 같은 종류의 재화와 서비스라면 지역 간 가격의 차이가 줄어들 것이라고 예상할 수 있다. 만약 종류와 품질이 같은데 지역에 따라서 가격 차가 크다면 싼 지역의 물건을 사서 비싼 곳에 팔아서 이익을 볼 수 있다. 이러한 이익을 노리는 상인이 활동한다면 가격이 싼 지역에는 공급이 줄어들고 가격이 비싼 지역에는 공급이 늘어나서 점차 지역 간 가격 차이가 작아지게 될 것이다. 이러한 점에 착안하여 지역 간 가격 차이가 줄어들면 분산되어 있던 시장이 하나로 통합되었다는 증거로 삼을 수 있다. 여러 지역의 쌀 가격의 변동을 관찰한 연구에 따르면 18세기에는 지역 간 격차가 줄어들었는데 19세기에는 격차가 커졌다가 개항 이후에 다시 격차가 줄어들었다. 시장 통합이 18세기에 진전되었다가 19세기에 후퇴하였으며 개항 이후에 다시 진전되었음을 보여주는 것이다.

21

조선왕조는 세계 최대의 곡물 저장 국가

현대 국가는 세입과 세출을 일치시키는 재정 균형을 목표로 하지만 조선왕조는 수입을 가능하면 많이 남겨 비축하는 것을 이상적이라고 생각했다. 건국 초기부터 쌀을 비롯한 각종 곡물을 저장해 전쟁과 기근에 대비했는데, 평상시에도 봄마다 민간에 대여한 후에 가을에 이자를 더하여 환수했다. 다름 아닌 환곡(還穀)제도다. 환자(還上)라고도 했다. 대략 30퍼센트는 창고에 남겨 두고 70퍼센트를 민간에 대여했으며 10퍼센트의 이자(환모還耗)를 수취했다. 본래 이자 수입이 환곡의 목적은 아니었으나, 곡물을 오래 저장하면 변질되고 쥐가 먹거나 하여 축이 나기 때문이었다.

조선시대에 들어와서 태종 후반기부터 국가가 저장한 곡물의 규모

[그림 22] 공재 윤두서(1668~1715)의
나물 캐는 여인을 그린 「채애도」(採艾圖)

목가적인 풍경으로 보이지만 봄에 식량이 떨어져 산에서 먹을거리를 찾는 모습
이다. 대표적인 구황식물이 쑥이었다. 가을에 추수한 양식은 모두 떨어지고 아
직 보리가 여물기 전인 봄에 가장 굶주림이 심하였다.

가 증가하기 시작했다. 조선 전기에는 세종 대부터 세조 전반기까지가 비축 곡물의 규모가 가장 컸다. 세종 5년(1423)에는 매년 민간에 대부하고 환수할 수 있는 의창義倉의 곡물이 100만 석이 넘었으며, 세종 27년(1445)에는 270만여 석이 분배되었다. 세조 후반기부터 16세기에는 환곡이 감소해 임진왜란으로 바닥에 이르렀지만 17세기 후반인 숙종 대부터 다시 늘어나기 시작했다. 18세기 초에는 500만 석, 18세기 후반에는 최고 수준인 1,000만 석에 이르렀다. 19세기에 들어와 환곡은 감소했다. 19세기 중반까지도 800만 석 수준을 유지했지만 관리가 부실하여 장부에만 기록된 환곡이 증가했다. 1862년에 절반 정도가 허구인 실정이었다. 이 무렵이 되면 환곡의 정상적인 운영은 중단되어 조세와 다를 바가 없게 되었다.

환곡 1,000만 석은 쌀로 환산하면 600만 석 정도가 된다. 중앙과 지방을 합한 1년 국가세입이 400만 석 정도였다고 추정되므로, 조선왕조는 국가재정보다 더 큰 규모의 곡물을 저장하고 있었던 셈이다. 같은 시기 1790년대 중국의 경우 상평창常平倉, 의창義倉, 사창社倉에 저장한 곡물이 쌀로 환산하여 2,300만 석이었다. 곡물의 총량은 중국이 더 컸지만 중국의 인구가 3억인 것에 비하여 당시 우리나라는 1,600만에 불과했기 때문에 1인당으로 계산하면 중국의 다섯 배였다. 국가가 저장한 곡물 규모로는 당대 세계 최고 수준이었음이 틀림없다.

조선왕조가 이렇게 막대한 양의 곡물을 저장한 가장 큰 이유는 무엇보다 기근에 대비하기 위해서였다. 기근famine은 엄밀하게는 '식량 소비의 갑작스러운 붕괴에 의해 광범위한 사망을 야기하는 기아

연도	환곡 총량		분급량(비율) (쌀로 환산)
	각종 곡물	쌀로 환산	
18세기 초	500		
1760	930		
1769	1,010		
1776	1,050		
1788	990		
1797	938	554	396 (71.5%)
1807	1,000	581	402 (69.2%)
1828	800		
1862	800	507	410 (80.9%)

[표 5] 조선 후기의 환곡량

자료: 이헌창, 「조선 후기 사회와 일본 근세 사회의 상품 유통의 비교 연구」(1999)

starvation의 특별히 치명적인 징후'로 정의된다. 만성적인 식량 부족으로 영양 상태가 악화되는 것만으로는 기근이라고 하지 않는다. 비교적 단기간에 다수의 사람들이 사망에 이르는 심각한 사태를 가리킨다. 1994년 이후 5년 정도의 단기간에 최저 수십만에서 최고 200~300만의 아사자가 발생한 북한을 생각하면 실감이 날 것이다.

『조선왕조실록』에서 "길가에 굶어 죽은 자가 서로 잇달았다"거나 "굶어 죽은 시체가 길에 깔다 ᄂᆞᆫ 기사를 ᄎᆞᆺ기 어렵지 않나. 임진ᄯᅢ란 때는 특히 심하여 "흉년이 들어 백성들이 모두 굶어 죽었다"고 할 정도였다. 현종 12년(1671)에는 기근과 전염병으로 인한 사망자가 전국에 거의 100만 명이나 된다고 했다. 숙종 21년과 22년(1695~1696)의 기근도 심각하여 호구戶口가 격감했다. 1693년에 154만 7,000여 호, 704만 5,000여 구였는데, 기근이 발생한 후인 1696년에는 120만여 호, 520만여 구로 크게 줄어들었다. 3년 사이에 34만 7,000여 호, 183만 6,000여 구가 감소했다. 영조 7년과 8년(1731~1732)의 기근도 심각했다. 18세기에 들어와 환곡이 급증한 이유는 무엇보다 이러한 기근의 피해를 막기 위하여 국가가 곡물을 비축했기 때문이었다.

기근은 대략 17세기 중·후반에 정점에 이른 후 장기적으로 감소하는 추세를 보이지만 정조 대인 1780~1800년에 다시 기근의 빈도가 높아졌다. 19세기에 들어와서도 순조 9년과 10년(1809~1810), 순조 32년과 33년(1832~1833), 고종 13년(1876)에 대규모 기근이 발생했다. 1832~1833년의 기근의 경우, 국왕이 백성 열에 두셋은 죽었다고 했을 정도였다.

농업은 다른 산업과 달리 자연에 의존하는 정도가 크다. 가뭄이나 홍수, 냉해와 같은 이상기후나 병충해에 노출되어 있기 때문에 생산량의 변동이 크고 예측하기도 어렵다. 특히 곡물은 생존에 꼭 필요한 필수재로서 가격이 변해도 수요의 변화가 작다. 경제학적으로 표현하면 수요의 가격탄력성이 매우 작다. 즉 수요곡선의 기울기가 가파르다. 이로 인해 공급이 조금만 변해도 가격이 폭등하거나 폭락하는 특성을 지니고 있다. 이러한 곡물의 가격 변동을 완화시키는 방법은 곡물을 가격이 높은 곳으로 이동시켜 공급을 증가시키는 것이다.

곡물시장이 발달해 있다면, 어느 지역의 흉작으로 가격이 상승할 때 이익을 얻기 위하여 가격이 낮은 지역의 곡물이 가격이 높은 지역으로 이동할 것이라고 예상할 수 있다. 그렇지만 조선왕조는 시장에 의존하지 않고 환곡제도를 통해 국가가 저장한 곡물을 '시간적'으로 나 '공간적'으로 이동시키는 방법을 택했다. 국가가 과거에 저장해 두었던 곡물을 기근이 발생한 시기에 방출하는 동시에, 곡물이 풍부한 지역에서 곡물이 부족한 지역으로 이동시켰던 것이다. 곡물시장의 발달이 미약했기 때문이기도 했지만, 시장이 발달했다고 하더라도 시장에만 맡겨 둘 경우 기근이 해결될지가 불확실하다는 문제도 있었다. 기근 지역의 곡물 가격이 상승하여 곡물이 유입된다고 해도 곡물을 구입할 경제적 능력이 없다면 아무 소용이 없다. 또한 곡물 가격이 지속적으로 상승할 경우에는 추가적인 가격 상승을 기대해 곡물이 시장에서 퇴장할 가능성마저 있다.

이러한 이유로 조선왕조는 각지에 창고를 만들어 곡물을 저장하였다가 기근이 발생한 지역으로 이송함으로써 기근을 완화시키고자 했다. 국가에 의한 지역 간 곡물 이동은 영조 대(1724~1776)에 가장 활발했다. 1만 석 이상만 집계하여도 모두 64만 석이 기근 구제를 위해 도 경계를 넘어 이동한 것을 확인할 수 있다. 경상도에서 함경도와 전라도로 이동하는 양이 가장 많았지만, 거꾸로 함경도에서 경상도로 이송되기도 하였다.

이러한 국가에 의한 기근 구제로 인해 목숨을 건진 사람들이 많았고 사회 불안을 방지할 수 있었음은 말할 필요도 없다. 조선왕조가 500년이나 지속된 것은 백성들이 생존 위기에서 최종적으로 의지할 수 있는 곳이 국가라고 생각했기 때문이라고 해도 과언이 아니다. 그러나 국가에 대한 의존은 민간 저축이나 지역 차원의 구제제도가 발달할 유인을 약화시켰다. 조선 후기 고명한 학자이자 대사헌과 우의정을 역임했던 이단하李端夏는 숙종 10년(1678)의 상소에서 과거에는 부호들이 사채로 빌려주는 곡물이 마을마다 있었는데, 수십 년 이래로 지방관이 부호의 곡물을 강제로 빼앗아 굶주린 사람에게 나눠 주고 부호들이 돌려받으려고 하면 처벌했기 때문에, 부호들이 곡물을 늘리려고 하지 않아서 민간의 축적이 모두 탕진되고 오로지 국가의 곡식에만 의지하게 되었다고 개탄했다.

더욱이 조선왕조는 아사자를 구하기 위해서 기근 때만 곡물을 나누어 준 것이 아니었다. 평상시에도 환곡으로 매년 농민들에게 생산요소인 종자와 식량을 지급함으로써 국가가 농업 생산에서 결정적인 역할을 담당하고 있었나. 매년 국가가 생산요소를 공급했기 때문에 농민늘이 가을에 추수한 곡식을 모두 소비하고 봄에 국가가 주는 환곡에 의지하려는 경향까지 나타났다. 극단적인 예이겠지만 세종 30년(1448)에 나라에서 스스로 종자를 준비한 자를 조사했더니 양주군의 경우 노 씨와 오 씨 두 사람 60석에 불과했다.

조선왕조는 어떻게 500년이나
지속될 수 있었을까?

조선왕조는 500년 넘게 장수했는데 세계적으로 이렇게 오래 지속된 왕조는 보기 드물다. 왕조의 수명이 길다고 하는 중국에서도 당, 명, 청이 300년에도 미치지 못했다. 왕조가 한 번도 단절된 적이 없다고 자랑하는 일본도 고대국가 쇠퇴 이후에는 천황이 실권을 상실했다. 임진왜란 후에는 전쟁을 일으킨 도요토미 가문이 몰락하고 도쿠가와 막부가 새로 성립했으며, 중국에서도 명이 멸망하고 청으로 교체됐다. 그렇지만 전쟁의 수 부내었던 수 디너피이 조선왕조는 300년이나 더 계속됐다. 조선왕조는 어떻게 이처럼 오래 존속할 수 있었을까?

중앙집권적 통치체제, 왕권과 신권의 균형 등 다양한 답이 있을 수 있지만 경제학적으로는 국가 구성원이 국가로부터 얻는 이익이 있었기 때문이라는 단순한 아이디어가 출발점이 된다. 국가가 주는 것도 없고 수탈하기만 한다면 구성원들은 협력(복종)하기를 그치고 저항할 것이기 때문이다. 조선왕조는 19세기 들어와 정치적 변란이 급증했을 뿐 전체적으로 매우 안정적인 상태를 유지했는데, 그 이유가 있을 것이다.

국가 구성원이라고 하지만, 조선왕조는 정치권력이 일부 구성원에게 독점된 군주제 국가였다. 정치적, 경제적, 문화적, 군사적 자원에 대한 접근이 허용된 지배층(엘리트)과 접근이 제한된 일반 대중으로 나뉘어 있었다. 조선왕조의 엘리트는 말할 것도 없이 양반이며 대중은 양인과 노비들이었다. 사농공상士農工商이라고 할 때 '사'를 엘리트, 나머지 '농공상'을 대중으로 구분할 수 있다. 이렇게 자원에 대한 접근이 엘리트에게만 허용된 국가를 '자연국가'natural state라고 한다.

인류사에서 국가는 자연국가로서 탄생하였다. 국가는 군사 경쟁이 주체인 무력을 소유한 엘리트들이 각종 자원에 대한 접근을 독점하는 대신에 지배층으로 연합함으로써 성립했다. 초기에는 통치자(국왕)의 인격적 카리스마에 의존하여 매우 불안정하고 단명했지만, 그중 일부 국가는 내구성을 갖춘 성숙한 단계로까지 발전했다. 왕권 승계나 관료 충원에 관한 제도 및 법률을 갖추고 국가 외부에도 다양한 조직과 사회제도가 발달함으로써 환경 변화에 따른 충격을 견딜 수 있는 강한 복원력을 가지게 되었다. 조선왕조는 성숙한 단계에 도달한 자연국가였다.

자연국가의 가장 원초적인 기능은 자원에 대한 접근을 제한함으로써 생기는 수익─경제학에서 말하는 렌트─을 엘리트에게 보장하는 것이다. 렌트rent는 본래 토지 소유자가 토지를 빌려주고 얻는 지대(임대료)를 뜻했지만, 현대 경제학에서는 그 외에도 자유로운 진입과 경쟁을 제한함으로써 발생하는 수익으로 의미가 확장됐다. 렌트는 다른 기업이나 사람들이 쉽게 모방하기 어려운 신기술이나 탁월한 재능으로부터 발생하기도 하지만, 국가가 인위적으로 특혜를 부여하여 경쟁을 제한하는 진입 장벽을 만듦으로써 발생하기도 한다. 여기서 문제로 삼는 것은 후자다.

렌트를 엘리트에게 보장함으로써 파생하는 사회적 편익은 군사적 경쟁을 방지함으로써 사회질서와 평화를 수립하는 것이다. 엘리트에게

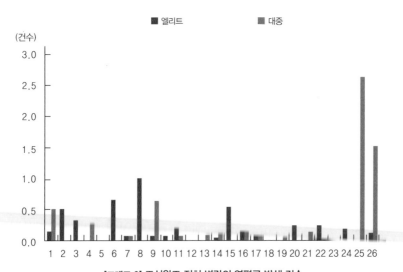

[그래프 6] 조선왕조 정치 변란의 연평균 발생 건수

1은 태종, 26은 고종. 조선왕조는 전체적으로 정치 변란이 드물었지만 건국 초와 단종(6), 예종 (8), 광해군(15) 시기에 많았으며, 특히 왕조 말기인 순조(25), 고종(26) 시기에 급증했다.

자료: 박종성, 『왕조의 정치 변동: 조선조의 국가 존속과 농민의 정치적 저항』(1995)

는 렌트의 확보가 중요하겠지만 대중에게는 사회질서가 국가를 지지하는 첫 번째 이유일 것이다. 생명과 재산의 안전을 보장할 수 없는 무질서는 누구에게나 견디기 힘들지만 대중은 더욱 취약하기 때문이다.

조선왕조의 엘리트인 양반은 관직에 나아가 국정에 참여할 수 있는 권리를 독점함으로써 렌트를 향유했다. 더욱이 중국과 달리 서얼과 상공인을 배제함으로써 엘리트의 증가와 분열을 억제해 동질적인 정체성을 장기간 유지했다. 양반은 서양 중세 영주와는 달리 독자적인 무력이나 영지가 없었기 때문에, 국가가 제공하는 과거제도와 관직이 엘리트의 자격을 유지하는 근거로서 매우 중요했다. 관료의 지위가 수입의 원천이기도 했지만, 증식된 재산을 권력으로부터 침해받지 않기 위해서도 양반 지위가 긴요했다. 특히 양반의 중요한 재산인 노비가 공물을 납부하는 납공노비와 같이 멀리 떨어져 있는 경우에는 지방 행정기구의 도움을 받아서 관리할 수밖에 없었다. 이 때문에 권력을 가진 양반이 아니면 노비를 다수 소유하는 것은 아예 불가능하였다. 또한 양반들은 자신들 사이에 형성된 네트워크를 통해 국가재정으로부터 획득한 여러 가지 물자를 선물로 주고받음으로써 생활 자료를 확보하는 동시에 엘리트로서의 지위를 확인하고 상호 유대를 강화했다.

양반들이 특권적인 신분이었던 것은 틀림없지만 서양 귀족과 같이 관직이나 신분을 가산家産으로 세습할 수는 없었다. 관직에 진출하지 않고서는 엘리트 지위를 장기간 유지할 수가 없었다. 이로 인해 과거와 관직을 둘러싼 경쟁은 매우 치열했다. 시간이 지나면서 소수 양반

집단이 과거 합격이나 관직을 독점하는 경향이 나타났지만, 결코 과거제가 폐지되거나 관직이 세습되는 재산으로 변하지는 않았다. 이러한 조선왕조 관료제의 개방적 성격은 양반들이 조선왕조로부터 이탈하지 않게 하는 데 기여했을 것이다. 또한 양반들은 독자적인 군사력도 없이 지방에서 농민들과 함께 거주했기 때문에 민란과 같은 대중의 집단행동에도 매우 취약했다. 국가에 의지하는 것 외에는 다른 방법이 없었으며 대중의 평판에 주의하지 않을 수 없었다.

그렇다면 대중의 입장에서 조선왕조로부터 얻는 이익은 무엇이었을까? 앞에서 언급했듯이 조선시대에 대중의 반란은 매우 드물었다. 본래 반란과 같은 집단행동 자체가 무임승차free rider 문제로 인하여 일어나기 어렵다. 일반적으로 무임승차 문제는 비용을 지불한 사람들만 소비하도록 제한할 수 없기 때문에 발생한다. 대표적인 것이 국방과 치안과 같은 공공재다. 어떤 사람이 불안하여 자신의 재산과 생명을 지키기 위하여 자기 돈으로 군인과 경찰을 고용한다고 할 때 그 근처에 살지만 돈 한 푼 내지 않은 사람도 안전의 혜택을 공짜로 누리게 될 것이기 때문이다. 이와 마찬가지로 반란에 참여한다는 것은 목숨을 내놓는 비용을 치르는 것이지만, 반란의 성공으로 얻는 이익은 반란에 참여하지 않은 방관자들에게도 돌아간다는 점에서 집단행동의 무임승차 문제가 발생하는 것이다. 집단행동에서 무임승차 문제를 극복하는 데는 『정감록』이나 동학, 공산주의와 같은 종교와 이데올로기가 결정적인 역할을 수행한다.

그렇지만 조선왕조가 오로지 강제력으로 대중을 복종시켰다고 하면 지나칠 것이다. 조선왕조는 국방과 치안과 같은 공공재를 공급하여 사회질서를 수립하고 분쟁을 조정하는 제3자로서의 역할을 수행했다. 농업의 재생산에도 깊숙이 개입했다. 앞에서 살펴보았듯이 흉작으로 기근이 발생하면 국가가 저장한 곡물을 방출함으로써 농민들의 생존 위기가 정치적 위기로 비화하는 것을 방지했다. 평상시에도 봄에 종자와 식량을 공급했다. 조선왕조는 대중이 국가에 의지하도록 만드는 데 성공했던 것이다.

문제는 양반들에게 렌트를 보장하는 것과 대중에 대한 공공재 공급 간의 균형이 쉽지 않다는 것이다. 양반들에게 분배되는 렌트가 증가하게 되면, 국가가 활용할 수 있는 자원에 제약을 가하게 되고 국가재정은 취약하게 될 것이다. 결국 국방이나 치안 그리고 환곡제도와 같은 공공재 공급에 어려움이 생기게 된다. 조선왕조가 장기간 지속되었다는 사실은 이러한 달성하기 쉽지 않은 렌트 분배와 공공재 공급 간의 균형을 장기간 유지하는 데 성공했음을 증명하는 것이다.

그러나 엘리트에 의한 자원의 독점은 장기적으로는 경제성장을 지해할 수밖에 없다. 또한 생산성의 획기적 증가가 이루어지지 않는 조건에서 지속되는 사회적 안정은 인구 증가를 촉진하여 인구압력을 가중시켰다. 인구압력으로 인하여 생존을 위한 소비가 증가하고 국가가 수취할 수 있는 잉여가 감소하게 됨으로써 렌트 분배와 공공재 공급 간의 균형은 점점 더 곤란해지게 됐다. '민란의 시대'라고 할 만큼 19세기에 민란이 폭발적으로 일어났던 것은 이런 배경에서 이해할 수 있다. 특히 민란의 대표격인 1862년의 진주민란이 환곡 운영의 폐단

에서 발발했다는 사실은 19세기에 들어와 조선왕조의 장기 지속을 가
능하게 했던 조건에 심각한 문제가 발생했음을 보여주는 결정적인 증
거였다.

23

조선 후기와
'대분기'의 세계사

조선 후기는 세계사에서 거대한 변화가 진행된 시기였다. 1500년의 세계는 큰 차이가 없었지만 조선왕조가 끝나가는 19세기가 되면 산업화에 성공한 서구와 그렇지 못한 비서구 지역의 생활수준은 격차가 크게 벌어졌다. 1000년에는 0.9 대 1로 서구지역의 1인당 GDP가 비서구 지역보다 조금 낮았다. 1500년에는 1.4 대 1 정도로 역전됐으며, 1820년에는 2.1 대 1로, 1913년에는 4.5 대 1로 시간이 갈수록 격차가 커졌다.

이렇게 지구 전체를 놓고 볼 때 생활수준의 차이가 급격히 벌어지는 현상을 세계 역사학계에서는 'Great Divergence'라고 부르고 있다. 보통 '대분기'大分岐로 번역하는데, 수렴의 반대라는 뜻을 살려 '대발산'

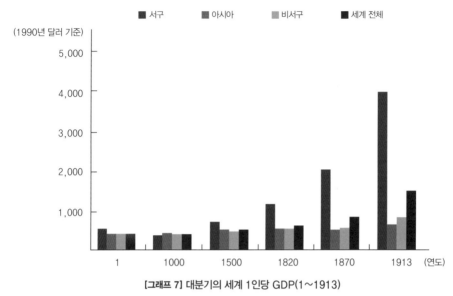

으로 번역하기도 한다. 워낙 큰 주제이기 때문에 대분기가 시작한 시점과 원인을 두고 다양한 의견이 대립하고 있지만 산업혁명이 결정적인 계기였다는 점에는 모두 동의하고 있다.

1760년부터 1830년까지 영국에서 진행된 산업혁명의 핵심은 공업 부문에서 일어난 기술 변화였다. 전통적인 수공업에서는 수차와 풍차와 같이 물과 바람의 힘을 이용하기도 했지만 대개는 사람이나 동물의 근력을 이용했다. 열이 필요한 경우에는 나무를 연료로 사용했다. 이와 달리 산업혁명 이후에는 물건을 제조하는 데 사람의 노동을 대신하여 증기기관과 같은 원동기로 작동하는 기계를 사용하게 됐다.

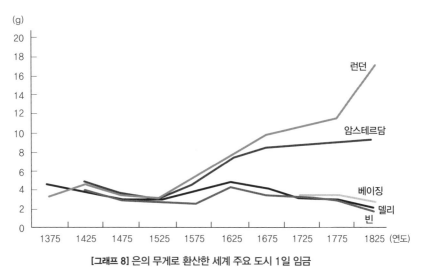

[그래프 8] 은의 무게로 환산한 세계 주요 도시 1일 임금

베이징이나 델리의 임금이 정체하고 있는 것과 대조적으로 런던의 임금은 16세기 후반부터 빠르게
상승하였다.

자료: Robert C. Allen, *The British Industrial Revolution in Global Perspective* (2009)

아울러 기계의 동작이나 생산에 필요한 에너지를 석탄과 같은 화석연
료에서 구하였다.

　이러한 산업혁명이 대분기의 계기가 된 것은 무엇보다 제조업 분
야의 생산성을 비약적으로 높였기 때문이다. 앞에서 살펴본 바와 같
이 산업혁명 전에는 1파운드의 실을 생산하는 데 500시간 걸렸으나
1770년대 발명된 뮬 방적기로는 20시간으로 줄어 들었다. 이후에도
계속된 새로운 기계의 발명과 개량으로 1914년에는 20분도 채 걸리
지 않게 되었다. 전통 기술로는 노동자의 임금을 아무리 낮추고 노동
시간을 늘린다고 해도 경쟁이 불가능했다. 이제 모든 나라는 새로운

기술을 학습하여 산업화에 합류하는 국가와 1차 생산품을 수출하고 외국에서 생산된 공산품을 수입하는 종속적인 위치로 전락하여 전통 수공업이 해체되는 국가로 나뉘게 되었다.

산업혁명이 영국에서 시작된 원인은 무엇일까? 왜 영국보다 강성했던 스페인, 프랑스, 네덜란드가 아니라 영국이었을까? 왜 중국이나 우리나라와 일본에서는 산업혁명이 일어나지 않았을까? 그리고 미국과 서유럽은 영국의 산업혁명이 급속히 전파되어 공업화가 진행되었는데 기타 지역에는 공업화가 지체된 이유는 무엇일까? 이러한 질문이 꼬리를 물고 제기된다. 이에 대한 답은 크게 보면 두 편으로 나뉘어 있다.

하나는 산업화 이전에 서유럽에서 형성된 문화적 제도적 특성, 즉 계몽주의, 과학, 정치체제, 재산권 제도, 시장경제의 발전으로부터 서구의 발흥과 산업혁명을 설명하려는 입장이다. 다른 하나는 산업혁명 전까지 동서양의 차이는 미미했고 전통 경제가 부딪힌 애로도 동일했는데 지리적인 조건이나 우연적인 상황의 차이가 대분기라는 큰 차이를 낳았다는 입장이다.

『The Great Divergence』(2000)라는 저서로 세계 역사학계에 대분기라는 말을 유행시킨 케니스 포머란츠Kenneth Pomeranz는 두 번째 입장을 대표한다. 영국과 중국 상념시식을 비교한 결과 18세기까지는 두 지역 간의 생활수준에 차이가 없었고, 대분기의 원인으로 지목됐던 시장경제와 재산권 제도의 발달에도 별 차이가 없었다. 두 지역 모두 인구 증가와 시장의 확대로 인하여 분업이 진전됨으로써 생산성이 올라가는 스미스적 성장이 진행됐다. 노동시장이나 토지시장도 발달했다. 18세기에 이르러 인구 증가와 경제성장의 결과로 산림자원이 고갈되어 스미스적 성장이 한계에 봉착했던 것도 마찬가지였다. 차이점이 있다면 영국은 중국과 달리 석탄을 편리하게 이용할 수 있었고 미국이라는 거대한 식민지를 보유하고 있었다는 점이었다. 이로 인하여 영국은 중국과 달리 성장의 한계를 극복할 수 있었다는 것이다.

[그림 23] 역사학계에 '대분기'(Great Divergence)라는 말을 유행시킨 포머란츠의 저서

　과연 중국이 공업지역 근처에 석탄 산지가 있었으면 증기기관을 발명할 수 있었을까? 그리고 왜 중국에서는 중상주의 국가가 등장하여 식민지 정복을 위해 해외로 진출하지 않았을까?

　로버트 알렌Robert C. Allen은 문화, 제도, 석탄, 식민지와 같은 조건들은 산업혁명의 필요조건일 뿐이며 충분조건이 될 수는 없다고 주장하였다. 기업가가 자본 집약적이며 에너지 집약적인 신기술을 채택하게 만드는 경제적 유인이 없었다면, 필요조건만으로는 산업혁명은 촉발되지 못하였을 것이다. 높은 임금과 석탄산업의 발달이 산업혁명을 촉발시킨 충분조건이었다. 임금이 높았기 때문에 비싼 노동을 대신하여 자본(기계와 설비)을 사용하게 되었으며, 산림자원의 고갈로 비싸진 목탄(숯)을 대체하여 값싼 석탄을 에너지원으로 활용하게 되었다. 또한 기계와 설비와 같은 고정자본에 투자할 자본이 산업혁명 이전의 중상주의 시대에 축적되어 있었기 때문에 산업혁명이 시작될 수 있었다.

산업혁명 전야에 영국에서는 식민지 무역이 증가하여 런던을 중심으로 도시화가 급속히 진전되었다. 이로 인해 임금이 세계 최고 수준으로 상승했고, 인구가 증가하여 난방용 나무가 부족해지자 석탄 수요가 늘어나 석탄산업이 발달했다. 이러한 상황에서 동인도회사에 의해 수직기로 생산한 인도산 면직물이 대량 수입되자 높은 임금으로는 도저히 경쟁할 수 없었다. 이 때문에 노동을 기계로 대신하고 석탄을 대량으로 사용하는 기술을 채택하게 되었다는 주장이다.

그렇다면 조선 후기에는 이러한 산업혁명의 조건이 갖춰지고 있었을까? 봉건사회는 필연적으로 자본주의사회로 이행하고 자본주의는 모두 산업자본주의로 발전한다는 역사관에 따르면 동전의 통용, 농촌 장시와 객주와 사상私商의 성장, 토지소유권의 발달 등은 모두 자본주의 맹아萌芽, 곧 자본주의의 싹으로 해석된다. 특히 농업 부문에서 임금노동자를 이용한 부동 경영이 생겨났다거나 광산에 노동자들이 모여드는 현상, 그리고 종이를 만드는 조지서造紙所와 도자기를 생산하는 사옹원司饔院 분원分院과 같은 관청에 자금을 대는 물주가 등장하는 현상도 모두 자본주의사회로 이행하고 있는 증거였다. 자본주의의 싹이 자라나 발전한다면 산업화는 자연히 이루어지게 될 것이다.

이제는 이러한 '조선 후기에 자본주의의 싹이 트고 있었는가?'와 같이 질문하는 것이 아니라 '조선 후기 경제가 부딪히고 있었던 문제는 무엇이었는가?', '산업화에 뒤늦었지만 선진 기술을 학습하여 산업화를 시작할 수 있는 역량이 갖추어지고 있었는가?', '조선 후기가 도달한 역사적 성과는 장차 산업화 과정에서 어떻게 활용되었는가?'라고 질문해야 할 것이다.

역사는 필연적인 법칙에 따라서 진행하는 것이 아니라 불확실성으로 가득한 문제 해결 과정이다. 시장경제가 발전하면 자본주의가 발전하고 기계와 증기기관을 이용한 산업혁명으로 이어지리라는 보장은 어디에도 없다. 투자자의 입장에서 조선 후기에 노동자를 고용하는 자본주의적 생산방법이 지주제나 고리대 또는 상업 활동이나 과서 납제와 같은 대안들과 비교하여 유리했다고 보기도 어렵다. 더욱이 증기기관으로 작동되는 기계로 노동자를 대체할만한 경제적 유인이나 기술적 역량은 전혀 없었다. 조선 후기 우리나라의 임금 수준을 다른 나라와 바로 비교하기는 어렵지만, 18세기 이후 인구 증가로 인구압력이 높아지고 있었으며 19세기에 실질임금이 하락하고 있었다. 영국을 비롯한 유럽 선진국에 비하여 매우 낮은 수준이었던 중국의 임금과 큰 차이가 없었을 것이다. 앞으로는 조선 후기의 농업과 시장경제의 발달은 자생적인 자본주의 발전의 조건이 아니라 후발국의 공업화에 필요한 학습 역량의 축적이라는 관점에서 재평가되어야 할 것이다.

24

19세기의 위기

조선왕조의 19세기는 위기의 시대였다. 16세기 말에 일어난 전쟁으로 심각한 타격을 입었지만 17세기 말까지 황폐한 경지가 복구되고 인구도 급속히 증가하였다. 18세기에는 사회적으로나 경제적으로 자못 안정을 누릴 수 있었다. 그러나 19세기에 들어와 조선왕조는 심각한 위기를 맞이하였다. 여러 가지 원인을 찾을 수 있겠지만, 농업생산성의 하락으로 인해 증가하는 인구를 부양하는 것이 어렵게 되었던 것이 근본적인 원인이었다. 더욱이 19세기는 '대분기'의 시대로, 서구지역의 경제력과 생활수준이 급속히 상승함에 따라 '19세기의 위기'는 조선왕조의 상대적 지위를 더욱 저하시켰다.

19세기가 위기였음은 이 시기가 '민란의 시대'였다는 사실로부터 감지할 수 있다. 1811년의 홍경래의 난과 1862년의 진주민란(임술민란), 그리고 1894년의 동학농민봉기가 대표적인 민란이었다. 그 외에도 크고 작은 많은 민란이 전국에 걸쳐 끊이지 않고 일어났다. 단적으로 말하면 경제 침체와 재정 곤란으로 인해 조선왕조를 장기간 지속시켰던 조건을 유지하는 것이 곤란해졌기 때문이었다. 양반 지배층에 특권을 부여하는 한편, 환곡제도를 비롯한 공공재 공급을 통해 대중들의 생존을 지지했던 체제가 점차 작동이 곤란한 상태로 빠져들었던 것이다.

가장 근본적인 원인은 인구 증가였다. 조선왕조의 인구는 임진왜란으로 격감한 후 빠른 속도로 증가했지만, 경지 면적은 전쟁 이전 수준보다 그다지 증가하지 못했다. 자연히 늘어나는 인구를 부양하는 것이 섬섬 곤란해졌다. 3년마다 시행한 호구조사에 의하면 17~18세기까시 급속하게 증가하던 인구는 19세기에는 정체하거나 감소했지만, 실제 인구 추세가 이와 같았다고 단언하기는 어렵다. 여러 정황에 비추어 19세기에도 인구가 증가하여 인구압력이 가중되고 있었을 가능성이 크다. 적어도 인구압력이 매우 높은 수준이었음은 틀림없다.

예를 들면 난방을 위해서나 화전 개간으로 나무가 남벌되어 주거지 가까운 곳에서는 나무를 구하기가 어렵게 되었다. 경지가 부족해서 저수지(제언) 안에 농사를 짓는 일이 잦아졌으며, 수리 시설의 황폐로 인해서 홍수 피해도 이전 시기보다 심해졌다. 가용 자원에 비해 인구가 많아진 것이 주된 원인이었지만 산림과 수리 시설에 대한 관리 부실과 재산권 제도가 미비한 것도 중요한 요인이었다.

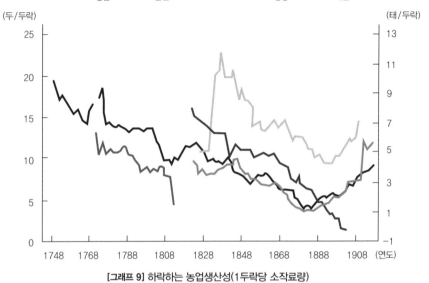

[그래프 9] 하락하는 농업생산성(1두락당 소작료량)

왼쪽은 영암, 남원, 대구, 영광의 두락당 두 단위 벼 지대량이고, 오른쪽은 태(馱) 단위 벼 지대량이다. 11년간 이동 평균임.

자료: 이영훈 편, 『수량경제사로 다시 본 조선 후기』(2004)

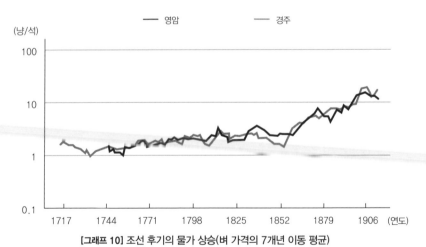

[그래프 10] 조선 후기의 물가 상승(벼 가격의 7개년 이동 평균)

18세기 중반 이후 19세기 전반까지 완만하게 상승하던 물가는 1850년대부터 급속히 상승하기 시작했다. 세로축은 로그값임.

자료: 이영훈 편, 『수량경제사로 다시 본 조선 후기』(2004)

토지생산성의 지속적 하락은 19세기의 위기를 가장 직접적으로 보여준다. 곡창지대인 경상도와 전라도 여러 지역의 자료에서 단위 면적당 소작료가 일관되게 감소하고 있기 때문이다. 지대율에 특별한 변화가 없음에도 지대량이 감소하는 것은 생산량이 감소하고 있다고밖에 달리 해석하기 어렵다. 토지의 실질가격이 하락하는 추세였던 것도 토지생산성이 하락했음을 추측케 한다.

농업생산성의 하락은 농민의 생활수준을 낮추고 농민 위에 성립해 있는 국가재정을 악화시켰다. 재정지출이 장기적으로 증가하는 경향이 있음은 동서고금을 막론한 법칙과도 같기 때문에 재정수입의 곤란은 재정수지를 악화시켰다. 나아가 재정 잉여를 고갈시킴으로써 방대한 곡물을 저장하여 농민들에게 종자와 식량을 분배해 주던 환곡제도의 운영도 어렵게 만늘었다. 1840년대 이후에는 환곡 규모도 대폭 감소했으며 농민의 생존을 보장하는 제도에서 재정수입을 위한 제도로 성격이 바뀌었다.

농민의 경제 상황이 악화되었기 때문에 농촌 장시를 비롯한 시장경제도 위축되었다. 우선 장시 숫자가 감소했다. 삼남 지방의 장시는 1830년에 614기基였는데 1872년에는 511기로 줄어들었다. 전라도의 경우는 1770년부터 1830년까지 215기에서 188기로 감소했다. 서울을 중심으로 한 시장 통합의 수준도 18세기보다 19세기에 들어와 낮아졌다. 쌀 가격의 변동을 관찰하면 19세기에 들어와서 지역 간 격차가 커졌으며 서울과 지방의 가격이 같은 방향으로 움직이는 동조 현상도 약해졌다.

1850년대부터 물가가 급속하게 상승하기 시작했다. 이전의 완만한 상승 추세에서 확연히 달라진 모습을 보이는 것도 경제 상황의 악화를 반영하는 것이다. 인구압력이 높아지는 상황에서 곡물 가격을 유지하는 역할을 해 왔던 환곡제도가 제 기능을 하지 못하게 된 것, 토지생산성 하락 때문에 곡물 공급에 애로가 생겼던 것이 주된 원인이었을 것이다. 물가의 지속적인 상승은 식량을 구입하여 생활했던 농촌과 도시의 하층민의 생활에 타격을 주었다. 전통 사회에서 임금은 경직적이어서 장기간 변하지 않았기 때문에 물가 상승은 농촌이나 도시의 실질임금을 하락시켰다. 한 자료에 의하면 1880~1882년의 실질임금을 100이라고 할 때, 1853년은 150, 1905년은 50으로 급감했다.

물가 상승은 국가재정 운영에도 심각한 충격을 가했다. 조선왕조의 재정 운영은 대동법 시행 이후 쌀, 포목, 동전을 중심으로 운영되었는데 동전이 3분의 1을 차지하고 있었다. 이러한 재정제도가 원활하게 운영되기 위해서는 동전, 쌀, 포목 간의 교환 비율이 안정적으로 유지되어야만 하는데 물가 상승은 동전의 가치를 하락시켰다. 또한 재정 운영에 적용되는 교환 비율과 시장가격 간의 괴리를 크게 만들어 복잡한 재정 운영을 더욱 혼란스럽게 만들었다. 국가재정에 의존했던 시전상인이나 공인貢人 들의 경영도 악화시켰다. 국가에서 지급하는 물건 값은 장기간 고정되어 있었기 때문에 물가가 상승하면 수지 타산을 맞추기 어려웠다.

조선 후기 경제의 발전 방향을 둘러싸고 자본주의의 싹이 성장했다는 주장과 소농 경영이 발달했다는 주장이 맞서 왔지만, 지속적으로 경제가 성장했다는 이미지는 공유했다. 이러한 성장의 이미지는 19세기가 위기였다는 최근의 실증 연구에 의해 고수하기가 어렵게 됐다. 19세기 조선왕조는 지금까지 안정을 지지했던 조건들이 더 이상 유지되기 어려운 상황으로 빠져들었다. 근본적인 변화가 필요했다. 농업생산성의 증가와 상공업 부문의 발달, 그리고 공업화 없이는 19세기 위기로 드러난 '맬서스 함정'으로부터 탈출할 수 있는 방법은 없었다.

시간이 갈수록 대분기의 세계에서 국제적 지위가 아래로 떨어지는 상황에서 정치체제를 비롯한 사회 전반을 안정이 아니라 성장을 지향하는 체제로 바꾸어야만 했다. 이것은 조선왕조뿐만 아니라 주변의 중국과 일본은 물론이고 19세기와 20세기의 어느 후발국도 피할 수 없는 과제였다. 정치, 경제, 사회, 문화의 모든 영역의 '대전환'great transformation이 필요했다. 이미 위기 속에 있었던 조선왕조는 공업화에 성공한 제국수의 열강이 동아시아에 진출함에 따라 새로운 어려움에 처하게 됐다. 영국은 아편전쟁(1840~1842)으로 중국을 개방시켰으며, 뒤이어 미국은 1853년 흑선을 앞세운 무력시위로 일본의 막부를 굴복시켰다. 이제 '은자의 나라'The Hermit Nation의 개방은 시간문제였다.

4부
근현대

개 항 부 터
1970년 대 까지

그런데 그것이 말하지 않는 것이 있다. 커다란 문명이 어떻게, 왜, 어디의 단계를 거치는 데는 대개 수천 년의 세월이 걸리지만, 스트레스에 시달리는 작은 사회 집단의 경우 엄청난 속도로 이 단계들을 거칠 수도 있다는 사실이 바로 그것이다.

───── 더글러스 아담스, 『우주 끝에 있는 레스토랑』•

• 『은하수를 여행하는 히치하이커를 위한 안내서』 2권의 원제목(The Restaurant at the End of the Universe).

근현대: 개항부터 1970년대까지

조선 후기

1876년 — 일본과 조일수호조규(강화도조약) 체결로 개항
1880년 — 일본으로 수신사 파견
1881년 — 조사시찰단과 영선사 파견
1882년 — 조미수호통상조약 체결, 임오군란, 제물포조약 체결,
　　　　　조청상민수륙무역장정 체결
1883년 — 조일통상장정, 조영수호통상조약 체결
1884년 — 갑신정변
1885년 — 직조국 설립, 영국의 거문도 점령
1894년 — 갑오개혁, 동학농민봉기, 청일전쟁 발발
　　　　　신식화폐발행장정 반포
1895년 — 을미사변

대한제국

1896년 — 아관파천, 독립협회 결성
1897년 — 고종은 황제로 즉위, 대한제국 수립, 연호를 광무로 고침
1898년 — 독립협회의 만민공동회 개최
1899년 — 대한제국 국제 반포, 동대문~서대문 전차 개통
1900년 — 경인선 철도 개통
1902년 — 금본위제 실시를 위해 '화폐조례' 발표
1904년 — 러일전쟁 발발, 한일협약 체결
1905년 — 화폐정리(신구 화폐 교환), 제2차 한일협약(을사조약)
1906년 — 통감부 설치
1907년 — 국채보상운동, 고종 강제 퇴위, 순종 황제 즉위, 제3차 합일협약, 군대 해산
1909년 — 안중근의 이토 히로부미 사살

조선총독부

1910년 — 한일병합조약에 의해 국권 상실, 총독부 설치
　　　　　임시토지조사국 설치, 조선토지조사사업 시작(~1918), 조선회사령 공포
1912년 — 조선민사령, 조선토지조사령 공포
1914년 — 지세령, 토지대장규칙 공포

대한민국임시정부

1919년 — 고종황제 사망, 3.1 독립운동, 대한민국임시정부 수립
1923년 — 조선물산장려회 창립
1929년 — 세계대공황 시작
1931년 — 만주사변 발발
1934년 — 조선시가지 공포
1937년 — 중일전쟁 발발
1940년 — 광복군 창설
1941년 — 일본, 진주만 폭격, 태평양전쟁 발발
1943년 — 카이로 선언

**미군정기
대한민국**

1945년 — 일본 패망으로 광복, 38선으로 남북분단, 미군정 실시
1948년 — 대한민국 정부 수립(8월)
1949년 — 농지개혁법 공포
1950년 — 6.25 사변 (한국전쟁) 발발
1962년 — 제1차 경제개발5개년계획 시작
1973년 — 중화학공업화 선언

개항:
근대의 시작과 새로운 국제 질서

16세기부터 서유럽 국가들이 동아시아에 진출하기 시작했지만 군사적인 위협이 된 것은 19세기부터였다. 영국의 산업혁명이 서유럽과 미국으로 확산되고 중화학공업으로 공업화가 심화됨에 따라 월등한 군사력과 경제력을 갖게 되었기 때문이다.

동아시아 국가와 서유럽 국가들이 군사적으로 충돌한 것은 영국과 중국 사이의 아편전쟁(1840~1842)이 최초였다. 영국에 패배한 중국은 1842년 난징조약에 의해 상하이를 비롯한 5개 항구를 개방하고 홍콩을 할양해야만 했다. 더 많은 항구의 개방과 자유로운 내륙 진출을 원했던 영국은 프랑스와 함께 제2차 아편전쟁(1856~1860)을 일으켰다. 압도적인 군사력에 대항할 수 없었던 중국은 1858년 톈진조약, 1860년

베이징조약을 체결하여 10개 항구를 추가로 개방하고 내륙의 하천을 통행하는 권리까지 허용해야만 했다.

자금성이 서양 군대에 점령당하고 황제가 피신했다는 소식은 조선왕조에도 엄청난 충격이었다. 또한 베이징조약을 주선한 대가로 연해주를 할양받은 러시아와 국경을 접하게 되었다. 이후 부동항_{不凍港}을 찾아 남하하는 러시아와 이를 저지하려는 영국·일본 간의 대립은 한반도를 둘러싼 국제 정세를 규정하는 근본 요인이 되었다. 한편 미국은 1853년에 4척의 군함으로 도쿠가와 막부를 위협해 개항을 요구한 이후, 1858년에 일본과 통상조약을 체결하였다.

다음 차례는 조선왕조였다. 프랑스는 1866년 대원군의 천주교 탄압으로 수천 명의 신자들과 함께 자국인 신부 9명이 처형된 것을 문제 삼아 강화도를 점령하고 통상을 요구하였다가 정족산성 전투에서 타격을 입고 후퇴하였다(병인양요). 미국은 1871년 군함을 파견해 제너럴 셔먼General Sherman호가 대동강에서 화공을 당해 침몰한 사건(1866)에 대한 사과와 통상을 요구하였으나 거부당하자 강화도를 공격한 후 철수하였다(신미양요). 대원군은 프랑스와 미국이 물러난 것을 승리로 판단하였다. 전국 각지에 "서양 오랑캐가 침입하는데 싸우지 않으면 화친하자는 것이니 화친을 주장함은 나라를 파는 것이다"洋夷侵犯 非戰則和 主和賣國라고 새긴 척화비를 세우고 쇄국 정책을 강화하였다.

일본은 1868년 메이지유신으로 왕정복고를 단행한 후 새 정부의 출범을 알리고, 1811년의 조선통신사를 마지막으로 단절됐던 조선 정부와의 외교 관계를 회복하고자 했다. 조선 정부는 이전 외교문서

[그림 24] 1876년 2월 강화도 연무당(鍊武堂)에서 진행됐던 회담 장면

전권대신 신헌과 특명전권판리대신 구로다(黑田淸隆) 사이에 12조의 '조일수호조규'(강화도조약)가 체결되었다. 양국 참석자의 복장 차이가 눈에 띈다.

의 격식에 맞지 않게 '황'皇이나 '봉칙'奉勅과 같이 중국 황제만 사용할 수 있는 문자가 사용되었다는 이유로 사신의 접견을 거부했다. 퇴짜를 맞은 셈인 일본의 조야에서는 한국을 정벌하자는 '정한론'이 일어났지만 일본 정부는 때가 이르다고 판단하고 조약 체결을 시도했다. 1875년 일본은 군함 운요호雲揚丸를 보내 관측을 명목으로 무력시위를 자행하고 강화도에 상륙하여 군사적 충돌을 유발하여 조약 체결을 강요했다.

대원군의 실각으로 다소 개방적인 자세로 변화된 조선 정부는 일본과 1876년 2월 최초의 근대적 조약인 '조일수호조규'朝日修好條規, 즉 강화도조약을 체결하였다. 부산을 개항하고 20개월 안에 두 항구를 추가로 개방하도록 했으며 "피차 인민은 각자 임의로 무역할 수 있다"고 규정하였다. 조선왕조 최초로 민간 자유무역이 허용되었다.

개항을 근대의 시작이라고 말하는 것은 무엇보다 현대 한국인이 살아가는 삶의 양식 거의 전부가 이때부터 생겨난 것이기 때문이다. 지금 우리가 입고 있는 옷을 비롯한 일상 용품, 이를 생산하는 기술과 조직(기업)은 물론, 건물, 도로, 운송 수단, 산업구조, 교육제도, 경제체제, 정치체제, 그리고 법률, 언론·출판, 예술·문화에 이르기까지 대부분 개항 이후에 생겨났다. 유구한 역사의 축적이 현대 한국 사회의 밑바탕을 이루고, 서구는 물론 중국이나 일본과도 다른 우리나라만의 독특한 모습으로 만들고 있음은 틀림이 없지만, 개항 이후의 변화를 조선 후기의 자연스러운 발전으로 이해할 수는 없다. 개항을 기점으로 자급자족적이며 폐쇄적인 농업사회로부터 시장경제가 고도로 발달한 산업사회로 변화하는 100년의 대전환이 시작되었다.

개항으로 곧바로 크게 변화된 것은 국제 관계였다. 조선왕조가 체결한 통상조약은 중국과 일본이 서구 열강과 맺은 조약과 마찬가지로 '불평등조약'이었기 때문에 새로운 국제 질서에서 가장 낮은 지위인 식민지로 전락할 위험에 처하게 되었다. 관세가 매우 낮게 책정되어 국내 산업을 보호하기 어려웠으며, 상대국과 협상하지 않으면 관세율을 바꿀 수 없게 되었다.

강화도조약과 그에 부속되어 체결된 통상 장정과 부록에는 아예 관세에 관한 조항이 없었다. 조선 정부가 전통적인 외교 관계를 복구하는 것으로 이해하여 관세를 전혀 거론하지 않았기 때문이다. 또한 개항장에 외국인 거류지를 조성하여 사방 10리까지 자유로운 통행을 허용하였으며 외국인의 범죄를 외국 관원이 재판하도록 함으로써 치외법권 지역을 허용하였다.

이러한 불평등조약일지라도 강화도조약은 제1조에 "조선은 자주국이며 일본국과 평등한 권리를 보유한다"라고 규정하여 주권국가 간 대등한 관계라는 형식을 취했다. 이 때문에 오랫동안 중국과 유지했던 종속

[그림 25] 위안스카이
위안스카이는 임오군란 이후 조선왕조의 내정을 간섭했다. 신해혁명(1911) 이후 총리대신, 임시총통, 대총통이 되었으며, 마지막에는 황제의 자리까지 올랐다.

宗屬 관계, 즉 조공·책봉 관계를 침해했다. 이에 대응해 중국은 의례적인 성격이 강했던 전통적인 종속 관계를 근대 이후 서구 제국주의가 식민지를 지배하는 실질적인 지배 관계로 바꾸려고 했다.

개화 정책에 반발하여 1882년 임오군란이 일어나자 중국은 군대를 파견하였고 군란을 진압한 후에도 철수하지 않았다. 1885년 위안스카이(1859~1916)가 '총리교섭통상대신'總理交涉通商大臣으로 취임한 후에는 조선왕조의 내정을 감독하고 심지어 국왕을 교체하려고까지 시도했다. 또한 서구 국가들과의 조약 체결을 주선하면서 조선이 자신의 속방屬邦임을 국제적으로 인정받고자 했다. 미국과의 통상조약을 주선했던

북양대신 이홍장李鴻章은 제1조에 "조선은 중국의 속방이지만 그 내정 외교는 자주한다"는 좀처럼 이해하기 어려운 조항을 집어넣으려고 했다가 미국의 반대로 실패하였다.

중국의 의도를 더욱 선명하게 보여주는 것은 1882년 임오군란 진압 직후에 반포된 '조청상민수륙무역장정'朝淸商民水陸貿易章程이다. 형식부터 대등한 국가 간의 조약이 아닌 장정의 형식을 취했다. 서두에 "조선은 오랫동안 번봉藩封이었다"라고 명기함으로써 조선이 중국의 황제가 책봉하는 제후국임을 확인했다. 내용도 심각한 불평등조약이었다. 치외법권이 확대되어 중국인이 피고인 경우는 물론이고 한국인이 피고인 경우에도 중국 관헌이 재판하도록 했다. 연안 항구뿐만 아니라 수도인 한성과 양화진을 개방하고 내륙의 통상도 허용하였으며 연안 무역권과 연안 어업권을 부여하고 5퍼센트 관세를 책정하였다.

중국은 조선과 특수 관계에 있으므로 이러한 권리가 다른 나라에는 적용되지 않는다고 주장했지만, 당시 다른 나라들과 조약 체결에 임하는 조선왕조의 교섭력을 심각하게 훼손했을 뿐이다. 일본과 통상 장정을 개정하려는 관세 협상에서도 불리하게 작용해 '조미수호통상조약'朝美修好通商條約(1882)에서 인정되었던 관세자주권이 부정되었다. 관세도 수출세 5퍼센트, 수입세 8퍼센트로 낮게 책정되었다. 영국과도 당초 체결했던 통상조약이 번복되어 불평등조약의 완성판이라고 하는 '조영수호통상조약'朝英修好通商條約(1883)으로 귀결되었다. 관세도 수출세 5퍼센트, 수입세 7.5퍼센트의 낮은 수준에서 정해졌다. 본래 개항장에서 사방 10리였던 외국인의 통행 범위도 '조청상민수륙무역장정'

에서 50리로 확대되었다가, 일본과의 통상 장정 개정(1883)으로 100리까지 확장되었다.

이와 같이 개항으로 조선왕조는 중국과의 종속 관계로부터 벗어나는 동시에 '불평등조약체제'를 극복해야 하는 이중의 과제에 직면했다. 한반도에는 러시아와 영국 간의 대립에 중첩해, 전통적인 종속 관계를 실질적인 지배 관계로 변화시키려는 중국과, 중국에서 한국을 떼어내 자신이 지배하려는 일본의 이해관계가 격렬하게 충돌하고 있었다.

자유무역의 시작과
산업구조의 변화

개항의 가장 큰 충격은 자유무역의 시작이었다. 19세기에 들어와 일
본과의 무역은 거의 단절되었지만 홍삼을 수출하고 비단을 수입하는
중국과의 육로 무역은 자못 활발하였다. 그러나 수량과 품목 및 인원
이 엄격하게 통제됐다. 이러한 제한된 관리 무역은 부산(1876), 원산
(1880), 인천(1883)이 차례로 개항되고 조청상민수륙무역장정(1882)
에 의해 서울마저 외국 상인에게 개방되자 더 이상 지속될 수 없었다.
'조청무역장정'은 수입관세율이 5퍼센트로 밎았는데 다른 나라와의
통상조약에도 기준이 되어 나쁜 영향을 끼쳤다. 영국과의 통상조약
(1883)의 체결 이후에는 내지內地관세―개항장을 벗어난 내륙지역에서
부과하는 관세―가 금지되어 일단 통관된 상품에 대해서는 일체 과세

할 수 없게 되었다.

공장에서 생산한 면제품이 주된 수입품이었다는 것이 개항의 충격을 더욱 크게 만들었다. 처음에는 중국 상인이나 일본 상인을 통해 영국산 면제품이 수입되었지만, 1880년대 말부터 일본에서 오사카와 고베를 중심으로 산업혁명이 시작된 후에는 일본산 면제품의 비중이 높아졌다. 처음에는 품질이 고급인 금건金巾이 중류층 이상에서만 소비되었고, 품질이 거친 시팅sheeting도 우리나라 '토포'土布가 경쟁할 수 있었다. 재래 직기(베틀)로 직조한 토포는 시팅보다 비쌌지만 두텁고 질겨

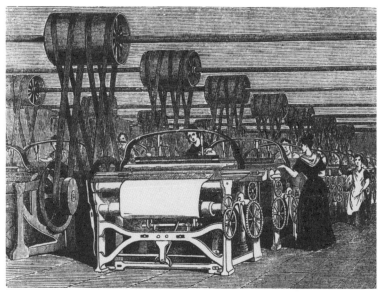

[그림 26] 영국의 산업혁명기 역직기를 이용한 면방직 공장
증기기관의 동력을 피대로 전달하여 역직기를 자동으로 작동시키고 있다.

내구성이 좋아서 일반 서민들이 선호했기 때문이다. 이것도 잠시였고 일본에서 시팅을 개량하여 토포와 흡사한 면포를 생산하면서부터는 더 이상 경쟁하기 어렵게 되었다. 가내수공업 단계를 벗어나지 못했던 재래 면업은 급속히 쇠퇴하였다.

수입 면포에 대항하기 위해서는 자동화된 역직기power loom를 설치한 근대식 공장을 설립하거나 적어도 족답기足踏機와 같은 개량 직기라도 도입해야만 했다. 발의 힘을 이용하는 족답기만 해도 베틀보다 생산성이 서너 배나 높았다. 조선 정부도 면업의 중요성을 인식하여 1885년 직조국織造局을 설립하여 중국으로부터 기술자와 직기를 도입하려고 시도했지만 기대한 성과를 거두지는 못했다. 또한 1900년부터 1910년까지 12개의 직물회사가 설립된 것이 확인되지만 그중 3개 사

[그림 27] 베틀이라고 부르는 재래 직기
개량 직기는 손을 사용하여 북을 좌우로 이동시키거나 발로 밟아 작동시켜서 생산성을 높인 것이었다.

만 1910년 이후까지 영업을 계속했으며 원동기를 사용한 회사는 한 곳뿐이었다. 무엇보다 면공업의 기초가 되는 면사를 생산하는 면방적 회사가 설립되지 못했다. 개항 이후 근대적 면공업의 성립에 어려움 이 많았던 것이다.

면제품을 비롯한 외국산 수입품의 급속한 증가는 그 대가로서 우리나라 상품이 외국에 수출됐기 때문이다. 수출품에는 쌀과 콩이 가장 많아서 1887년 총수출의 52.9퍼센트를 차지했다. 1890년에는 최고 85.7퍼센트까지 급증한 후에 다소 감소했지만 1910년까지 줄곧 60~70퍼센트 대를 유지했다. 일본도 1880년대 말까지는 쌀 수출이 수입보다 많았다. 한국산 쌀을 수입한 것은 자국산 쌀은 수출하고 저렴한 쌀을 수입하여 도시 노동자의 수요 증가에 대응하기 위함이었다. 1885년부터 1894년 사이에 우리나라에서 일본으로 수출된 쌀은 590톤에서 2만 3,000톤으로 증가했으며, 콩은 1,680톤에서 1만 6,000톤으로 증가했다.

개항 당시 우리나라 쌀값은 일본의 3분의 1 수준이었다. 개항 이후 쌀과 콩의 수출이 급속히 증가했던 것은 우리나라의 곡물시장이 국제 곡물시장과 분단되어 국내 가격이 국제 가격, 특히 일본과 격차가 컸기 때문이었다. 쌀과 콩의 가격이 일본의 가격에 비해 낮았기 때문에 일본 수입상의 입장에서 운임 등의 비용을 빼고도 이익을 취할 수 있었다. 이와 같이 개항 이후 무역의 확대는 국내시장이 국제시장과 통합되는 과정이었다. 국내 농산물, 특히 쌀과 콩의 국내 가격은 일본의 가격 수준으로 수렴해 갔으며 이로 인한 곡물 가격의 상승은 식량을 구입해야 했던 임금노동자나 빈농의 생활에 타격을 가했다.

쌀과 콩의 수출과 가격 상승은 면제품 수입과 맞물려 산업구조에 심대한 충격을 가했다. 수입산 면제품의 소비가 늘어나면서 농민은 면화 재배나 토포 생산을 줄여 나가는 한편, 쌀과 콩의 생산에 더 많은 노동과 자원을 투입하게 되었다. 조선 후기부터 대표적인 상품작물이었던 쌀 생산이 늘어나고 일본인의 입맛에 맞는 일본 볍씨가 도입됐다. 전에는 별로 판로가 없었던 콩도 생산을 늘리기 위해서 면화밭을 콩밭으로 바꾸고 논두렁에도 콩을 심을 정도로 변화가 일어났다. 개항 이후 1890년을 전후하여 하락하던 토지생산성이 상승하기 시작했던 것도 이러한 시장조건의 변화를 빼고는 설명하기 어려울 것이다.

개항 후에 중국이나 일본에서도 영국산 공장제 면직물이 수입되면서 재래 면업이 쇠퇴한 것은 마찬가지였다. 차이점은 중국과 일본은 생사生絲와 차를 수출했는데 우리나라는 그렇지 못하여 쌀이나 콩과 같은 곡물을 수출했다는 점이다. 차 수출을 못한 것은 기후 탓이라고 할 수도 있겠지만, 누에고치에서 뽑아내는 실인 생사는 우리나라에서도 생산되고 있었는데도 개항 초기에 아주 소량만 일본으로 수출됐을 뿐이다(1883년 총수출의 1.7퍼센트). 개항 이후 내내 쌀과 콩 수출만으로는 국제수지 적자를 면하지 못하여 대외 결제를 위해 금과 은이 유출되었다. 생사를 수출할 수 있었다면 근대적 화폐제도의 수립에 필요한 금과 은의 유출을 막고 외화를 획득하는 데 도움이 됐을 것이다.

중국이나 일본과 달리 생사 수출로 대응하지 못한 것은 생산량이 적었고 수출할 만한 품질에 미치지 못했기 때문이다. 1880년대 생사의 연간 생산량이 10만 킬로그램에 불과했는데 중국의 수출은 400만 킬로그램, 일본은 100만 킬로그램에 달했다. 비단 생산의 원조인 중국은 제쳐두더라도 우리나라를 거쳐 중국의 비단을 수입했던 일본과 이렇게 격차가 크게 벌어지게 된 것은 무슨 이유일까? 한 가지 이유를 든다면 일본의 도쿠가와 막부는 무역 적자로 은 유출이 심해지자 중국산 비단 수입을 금지하고 자국산 비단 생산을 장려했지만 조선왕조는 그렇지 않았던 것과 관계가 깊다. 일본은 개항 전에 중국산 비단을 자국산 비단으로 대체하는 수입 대체에 성공했고 개항 후에는 1872년부터 조업을 시작한 도미오카富岡 공장과 같이 프랑스로부터 제사製絲 기계를 도입하여 세계 최고 수준의 프랑스와 이탈리아를 뒤쫓았다.

우리니라에서도 냉수라고 하는 견직물이 생산되었지만 궁중이나

[그림 28] 1872년에 조업을 시작한 일본의 도미오카 제사 공장
최대의 수출품인 생사를 수출하기 위해 일본 정부는 서양식 제사 기계를 도입하였다.

관청에서 사용하는 고급 견직물은 중국산 비단이 수입되어 소비되었다. 서울의 시전상인 중에 가장 세력이 컸던 것이 입전立廛(선전)이었는데 중국산 비단을 독점적으로 수입해 판매할 수 있는 특권을 보유하였다. 국내 견직업을 보호하기는커녕 시전상인이 중국산 고급 비단을 수입하는 상황에서 국내에서 고급 견직물이 생산되기는 어려웠다. 명주 생산에 요구되는 품질 이상으로 제사 기술을 발전시킬 인센티브도 생길 수 없었다.

개항 후에 조선 정부도 생사 수출의 중요성에 눈을 떠서 중국의 기술을 도입할 계획으로 1883년 '양잠규칙'養蠶規則을 공포했다. 1884년 독일인 메텐스H. Maertens, 麥登司를 고용하여 '잠상공사'蠶桑公司를 설립하려고 했다. 1886년 봄에는 중국에서 뽕나무 30~40만 그루를 수입하기까지 했지만 계획했던 회사도 설립하지 못하고 생사 수출에도 실패했다. 재정 곤란이 직접적인 이유였지만, 뽕나무부터 수입해야 할 만큼 국내 견직업의 기반이 취약했다는 것이 근본적인 원인이었다.

27

새로운 영리 기회의
출현과 회사 설립

개항은 분명히 심각한 위기였다. 값싼 면제품의 수입으로 재래 면업이 타격을 입었다. 쌀 수출로 쌀값이 올라 서울이나 지방에서 쌀을 사다 먹던 서민들은 생계가 어려워졌다. 국가에 공물을 납부하던 공인들도 물가가 올라 고정된 공가로는 수지를 맞출 수가 없게 되었다. 외국 상인들이 서울에서 활동하기 시작하고 수입품이 유입되자 시전상인의 특권도 위태로워졌다.

그렇지만 개항기를 제국주의의 침략에 의해 경제가 악화되기만 했던 시기라고 이해한다면 너무 일면적이다. 개항은 경제적 선택에 결정적인 영향을 주는 가격—정확히는 상품 간의 교환 비율인 상대 가격—과 제도를 변화시킴으로써 개항 전에는 생각하기 어려웠던 새로운 영리 기회를 제공했기 때문이다. 우선 농민 중에도 재산을 모아 대지주로 성장하는 자들이 나타났다. 대표적인 예로 중농에 불과했던 김성수 가문이 1909년에 1,200석을 추수하는 대지주로 성장했던 것도 개항 이후 시작된 쌀 수출을 빼놓고는 설명할 수 없다.

더 큰 변화는 '객주상회사'를 비롯한 '회사'라는 새로운 경제조직이 출현한 것이다. '회사'는 현재 상법에 "상행위 기타 영리를 목적으로 하여 설립한 사단社團"이며 "법인法人"으로 규정하고 있듯이 영리 활동을 위해 만든 조직이다. 회사가 일반적인 모임과 다른 점은 법률적인 인격을 가지고 있어 구성원이 교체되어도 그와 무관하게 영속성을 갖는다는 점이다. 회사를 설립하는 이유는 자본 규모가 개인이 감당하기 어려울 만큼 크거나 사업이 위험해 자본과 위험을 분담하기 위한 것이다. 대개 영리 기회에 대한 지식과 경영 능력은 있지만 자본이 부족할 때 여러 사람들로부터 자본을 동원하기 위해 회사를 설립하게 된다.

이러한 회사가 장기간 존속하려면 일단 경영을 잘해 파산을 면해야겠지만, 그 다음은 이해관계자 간의 상호 신뢰가 중요하다. 신뢰를 받기 위해서는 회사의 공적인 회계와 경영자의 사적인 가계가 명확히 구분되고 회계장부가 체계적으로 작성되어야만 한다. 나아가 회사 외부의 권력이나 폭력, 내부의 횡령이나 배임과 같은 부정 행위로부터 회사를 보호할 수 있는 제도가 갖추어져야 할 것이다. 이러한 제도가 없다면 회사가 장기간 유지되리라는 전망을 갖기 어렵기 때문에 회사의 설립 자체가 곤란하다. 회사가 설립됐다 하더라도 단기적인 이

윤 추구에 그치거나 회사를 보호하기 위해 정치권력에 의존해야만 할 것이다.

실제로 단기간에 이러한 조건들을 갖추는 것은 어려웠기 때문에 개항기에 설립된 회사들은 거의 모두 단명했다. 설립된 회사들도 장기적인 고정 투자가 필요하지 않은 상업이나 유통 부문에 집중되었다. 더구나 '회사'라는 이름과 어울리지 않는 회사도 다수 설립되었다. 전·현직 관료들이 회사 설립에 참여하는 경우가 많았던 것도 개항기에 설립된 회사의 특징이었다. 사업 기회를 얻고 외부의 침해로부터 보호받기 위해서는 권력에 접근하기 쉬운 관료의 도움을 받을 필요가 있었고, 관료들의 회사에 관한 지식이 민간에 전파되기까지도 시간이 걸렸다.

개항이 본격적으로 시작되는 1883년 무렵부터 회사가 설립되기 시작했다. 같은 해, 우리나라 최초의 신문인 「한성순보」漢城旬報는 '회사설' 會社說을 게재하여 회사를 소개하고 설립을 권장하였다. 처음에는 관영 회사가 많았지만 부산, 원산, 인천의 개항장에서 객주들이 설립한 '객주상회사'를 비롯하여 민간 회사들도 속속 설립되기 시작하였다.

객주상회사는 객주로부터 가입비를 받고 회사에 소속된 객주에게만 영업을 허가했다. 객주들은 위탁판매의 대가로 물건 값의 5~10퍼센트를 '구문'(수수료)으로 받고 그 일부를 회사에 납부하였다. 객주상회사가 개항장에서 객주 영업을 독점한 것은 통리기무아문統理機務衙門이나 내장원內藏院과 같은 관청에 영업세를 상납하는 대가로 특권을 인정받았기 때문이다. 1896년 인천의 객주들이 설립한 상회사인 인천신상

회사(仁川紳商會社)는 왕실 종친인 청안군 이재순을 사장에 임명하고 매년 왕실 재산을 관리하는 내장원에 2,000원을 상납했다. 회사를 보호하고 경쟁자를 물리칠 수 있는 권력이 필요했기 때문일 것이다.

객주상회사 외에도 상업, 운수업을 비롯한 다양한 분야에서 회사가 설립되기 시작했다. 매년 설립된 회사 숫자는 정치체제의 변화를 반영해 계단 모양으로 증가했다. 1883년에 18개 사가 설립된 후에 감소했다가 갑오개혁 기간인 1895년에 12개 사, 1896년에 16개 사로 증가한 후에 10개 사 수준을 유지했다. 대한제국이 확립되는 1899년에는 40개 사가 설립되어 회사 설립이 크게 증가하였다. 러·일전쟁 이후 일본의 '보호국'으로 전락한 다음에 회사 설립이 다시 큰 폭으로 증가했는데, 1905년 44개 사, 1906년 81개 사가 설립된 후에도 이러

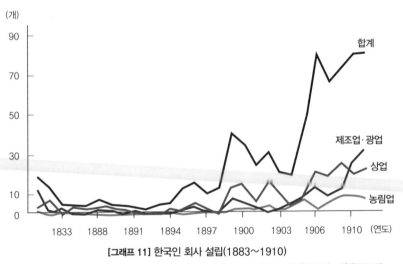

[그래프 11] 한국인 회사 설립(1883~1910)

자료: 전우용(1997), 이헌창(2012)

한 추세가 1910년까지 이어졌다.

회사가 설립된 주요 분야로는 상업과 같은 유통 부문의 비중이 높았다. 1883년부터 1910년까지 설립이 확인되는 717개 회사의 업종을 비중이 큰 순서부터 나열하면, 상업(30.3퍼센트), 제조업·광업(19.8퍼센트), 운수업(11.2퍼센트), 농림업(7.9퍼센트), 금융업(6.6퍼센트), 청부·토건업(5.3퍼센트), 수산업(3.1퍼센트), 기타(15.9퍼센트)의 순서였다. 이러한 업종 분포는 개항기 내내 큰 변화 없이 유지되었다. 이러한 다양한 분야에서 회사 설립이 빠른 속도로 증가했다는 사실은 이 시기에 새로운 변화가 격렬하게 진행되고 있었음을 이야기해 주는 것이다.

반면 이러한 회사 중에는 우리가 가지고 있는 이미지와는 다른 '도고회사'都賈會社, '수세회사'收稅會社도 있었다. 조선 후기에 권력을 배경으로 어떤 물건의 매매를 독점하거나 매점매석으로 이익을 취하는 것을 '도고'都賈라고 불렀는데, 개항 후에도 이와 유사한 회사들이 활동했던 것이다. 선박이 왕래하는 항구나 포구에서 화물이나 선박에 징세하여 그 일부를 관청에 상납하거나 특정 상품의 생산이나 판매를 독점하였다. 국자회사麴子會社가 좋은 예다. 술 제조에 꼭 필요한 누룩을 독점하고 위반자로부터 세를 거뒀다. 이처럼 회사 설립을 허가받는 것을 독점권의 인정으로 생각하는 사고방식은 좀처럼 사라지지 않았다.

물론 이러한 회사만 설립된 것은 아니다. 1886년 설립된 대흥회사大興會社는 외국 기선을 구입하여 연안 해운업을 시도했다. 1896년 함경북도 경성에서 설립된 천일회사天一會社는 러시아 연해주 지역과의 무역에 종사했다. 함경도 특산물인 한우와 연맥燕麥을 블라디보스토크로 수출하고 금건金巾 따위의 면직물을 수입하는 것이 주된 영업이었다. 1896년 이후부터는 은행이 설립되기 시작하였다. 중앙은행은 끝내 설립되지 못했지만, 1896년 조선은행과 한성은행이 설립된 이후 대한은행(1898), 대한천일은행(1899)이 설립됐다. 특히 대한천일은행은 1912년 조선상업은행으로, 1950년 한국상업은행으로 이름을 바꾸어 해방 후까지 이어졌다. 제조업 분야 특히 면방직 분야에서도 회사가 설립되었다. 면제품 수입에 대한 대응이 시작됐다는 점에서 의미가 적지 않다. 1901년 설립된 한성제직회사는 60여 대의 역직기를 도입하고 수입 방적사를 이용하여 하루 70~80자의 직물을 생산했다. 1898년 설립된 부하釜下철도회사와 같이 철도 부설을 목적으로 회사가 설립되기도 했다.

장기간 존속된 회사는 거의 없었지만 분명히 새로운 변화가 일어나고 있었다. 처음에는 국가가 회사를 설립하거나 전·현직 관료들이 회사 설립에 대거 참여하는 방식이었지만 점차 일반 상공인들의 참여가 증가했다. 회사 설립 자체도 중요하지만 이러한 학습 과정을 통해 새로운 경제제도에 적응하기 시작했다는 점이 더욱 의미가 깊다. 또한 대분기의 세계를 목도함으로써 국가와 사회를 개혁해야겠다는 선각자들이 나타났다.

28

재정 능력 함정과
갑오개혁

조선왕조는 500년을 유지한 발군의 내구성을 지닌 국가였지만 개항의 충격에 대응하기에는 국가 역량이 부족한 '약한 국가'였다. 사회질서 유지에 필요한 국방과 치안과 같은 공공재를 공급하며 시장경제에 필요한 제도를 갖추고 공업화를 위한 산업 정책을 수행할 수 있는 역량이 부족했다.

무엇보다 국가 역량의 기본인 '재정 능력'fiscal capacity이 약했다. 재정 능력은 우선 과세 기반을 확충하고 조세를 효율적으로 징수할 수 있는 능력, 그리고 전쟁으로 인해 군사비와 같이 갑작스러운 지출이 필요할 경우 자금을 차입할 수 있는 능력이다.

재정 능력을 증대시키기 위한 첫 번째 방법은 세율의 인상에 그치지 않고 과세 대상을 새롭게 확충하고 면세 범위를 줄이며 조세가 중간에서 새나가지 않도록 효율적으로 징수하는 것이다. 예를 들면 전통적인 지세와 같은 토지 수익에 대한 과세나 군포와 같은 인두세 외에 새로이 주세와 같은 소비세나 개인과 법인에 대한 소득세처럼 조세 부과 대상을 확대해 가는 것이다. 또한 양반의 군역 면제와 같은 면세를 줄이며, '무명잡세'無名雜稅처럼 법에도 없는 조세나 중간 수탈을 없애는 것이다. 두 번째 방법은 통상적인 세입만으로는 급증하는 세출을 충당하기 어려운 경우에 금융기관으로부터 가능하면 낮은 이자율로 차입하는 것이다. 두 방법이 서로 무관한 것은 아니다. 낮은 이자율로 국채를 발행하거나 차입하기 위해서는 국가의 신용이 높아야만 하는데 신용을 얻기 위해서는 조세 수입으로 부채를 상환할 수 있는 능력, 적어도 이자를 안정적으로 갚을 수 있다는 금융시장의 평가가 중요하기 때문이다.

조선왕조가 재정 능력이 미약했던 것은 중국 중심의 국제 질서하에서 장기간 평화가 계속되었기 때문에 재정제도를 개혁할 필요가 없었던 것이 주된 이유였다. 우선 재정 규모가 작았다. 중앙의 국고에 들어오는 각종 세입은 쌀로 환산하면 100만 석 가량이었다. 조세 부담의 크기는 GDP의 3퍼센트 정도로 추정된다. 여기에 재정 곤란으로 시전 상인이나 공인에 대한 채무가 누적되었니. 개항 이후 외교사절 파견과 '개화' 사업 등으로 지출이 급증하자 재정 상황은 더욱 악화되었다. 중국으로부터 차관을 도입하기도 했지만 관세 수입이 담보로 제공되고 해관(세관) 운영권도 빼앗겼기 때문에 재정 운영은 더욱 곤란해졌다.

이러한 상황을 타개하기 위해 1884년 김옥균을 비롯한 급진 개화파가 갑신정변을 일으켰지만 '3일 천하'로 끝났다. 그로부터 10년 후 조선왕조를 근대국가로 바꾸기 위한 갑오개혁이 1894년 7월부터 1896년 2월까지 약 19개월간 진행됐다. 갑오개혁은 갑오경장甲午

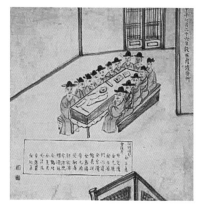

[그림 29] 갑오개혁을 처음 주도했던 군국기무처 회의 장면

更張이라고도 하는데, '경장'이란 본래 현악기의 느슨해진 줄을 다시 당겨 팽팽하게 조율한다는 뜻이다. 국가의 재정 능력을 강화하고 신분제와 특권을 철폐함으로써 시장경제를 발딜시키려는 광범위한 개혁이었다.

갑오개혁 정부는 우선 국가재정 능력을 강화하고자 했다. 단일한 재정기관에 모든 국가재정을 집중함으로써 경비를 절감하고 중간 유출을 막는 정책을 폈다. 당시 중앙재정기관으로 호조가 있었지만 실제 수입은 전세뿐이었다. 대동미는 선혜청에서, 군포는 병조에서 관할했다. 관청마다 저마다 크고 작은 재원을 보유하는 분산적인 재정구조를 폐지하는 대신 탁지아문度支衙門(1895년 4월에 탁지부度支部로 개칭)으로 하여금 재정 운영을 총괄토록 했던 것이다. 국가재정과 구분이 명확하지 않았던 왕실재정은 궁내부를 설치하여 정부재정과 분리했다.

이와 함께 조세 금납화가 단행되어 현물로 받던 조세를 모두 돈으

[그림 30] 온건 개화파 김홍집(1842~1896)
김홍집은 온건 개화파로서 갑오개혁 기간에 총리
대신을 역임했으며 '아관파천'으로 개화파 정부가
붕괴된 후 타살되었다.

로 받도록 했다. 전과 같이 조세를 동전 외에 쌀과 포목을 비롯한 다양한 현물로 수취하는 방식으로는 통합된 회계가 불가능했다. 화폐제도도 개혁하여 은본위제도를 수립하고 새로운 화폐를 발행할 계획을 세웠다. 여러 가지 명목으로 된 조세도 정리하여 토지에 대해서는 지세, 호ᄆ에 대해서는 호세로 통합했다. 무명잡세라는 비공식적인 조세도 모두 폐지했다.

개혁정부는 새로운 조세를 도입하거나 세율을 높이지는 않았다. 조세 저항에 대한 우려도 있었겠지만 재정 집중을 통해 재정수입이 증가할 것으로 기대했기 때문이다. 특히 지방행정 단위를 줄이고 이서층(향리)을 정리하여 재정지출을 감축하는 동시에 거의 관행에 맡겨져 있던 지방재정을 국가재정에 통합할 계획이었나. 당시 ᄋᄋᄋ는 지방재정의 규모를 대략 전체 국가재정의 절반 정도로 추정하고 있었다. 징세 과정의 중간 유출을 방지하기 위해서는 조세행정으로부터 지방관과 이서층을 배제하는 한편, 탁지부 직속의 관세사管稅司, 징세서徵稅署를 전국에 설치하여 지방민으로부터 조세를 직접 수취하고자 했다.

시장경제를 발전시키기 위한 개혁도 다방면으로 추진했다. 시전과 공인제도를 폐지해 정부에서 필요한 재화를 시장에서 구입하도록 했다. 서울 시전 중에서 육의전에만 인정했던 금난전권을 폐지했으며 정부에서 구입하는 물건을 공납제도가 아니라 경쟁입찰이나 수의계약 방식으로 시장에서 구입하도록 바꾼 것이다. 또한 앞에서 언급했듯이 상업 부문에 대한 잡세를 정리하여 국법에 근거한 것만 남기고 모두 폐지했으며 개항 후 회사들에 부여되었던 각종 특권도 모두 회수했다.

본래 조선시대에 상업에 대한 조세는 거의 국가의 관심 밖에 있었다. 1750년 균역법의 시행으로 군포의 절반을 줄인 후에 줄어든 수입을 보충하기 위해 균역청을 설치해 어염선세魚鹽船稅를 거뒀지만 어장, 소금가마, 선박과 같은 생산 설비에 부과한다는 성격이 강하여 판매와 소비에 대한 조세는 정비되지 못했다. 이러한 제도적 공백을 이용해 중앙과 지방의 관청이나 왕실과 토호들이 각종 무명잡세를 거뒀다. 국가재정에 도움을 주지도 못하면서 민간의 상업 활동을 침해하고 시장경제의 발달을 저해했다.

또한 포구나 상업의 중심지에는 객주들의 영업권이 재산으로서 매매되고 있었다. 이들 객주들에게 영업을 허가하고 세금을 거두어 바치는 도객주都客主와 같은 자들도 출현했다. 수상 교통의 요충지에는 통과하는 선박이나 물품에 대해 백일세百一稅 따위의 세금을 걷는 자들도 생겼다. 보부상도 단체를 이루어 혜상공국惠商公局(1883)과 상리국商理局

(1885)의 관할에 들어가 행상을 독점할 권리를 인정받았다. 갑오개혁은 이러한 각종 무명잡세와 특권을 전면 폐지함으로써 자유로운 영업과 경쟁을 통해 상업과 시장경제가 발전하기를 기대했다.

하지만 계획대로 개혁이 진행되지는 못했다. 중앙재정은 탁지부로 통합할 수 있었지만 지방재정은 국가재정으로 흡수하지 못했다. 새로운 징세기관도 설치하지 못했다. 오랜 역사를 가진 지방제도의 급격한 개편에 대한 반발이 컸으며 지방관과 이서층을 조세행정에서 배제하는 계획도 실현되기 어려웠다. 특히 징세와 관련된 정보는 이서층이 가지고 있었고 징세 장부는 다른 사람이 해독하기도 곤란했다. 이러한 난관을 근본적으로 돌파하기 위해서는 토지와 인구를 조사하고 새로운 과세 기준을 마련해야 했지만 빈약한 재정으로는 착수하기도 어려웠다. 당시 조선왕조의 취약한 재정 능력은 재정 능력을 강화하기 위한 투자를 곤란하게 만들고 이로 인해 재정 능력이 강화되지 않는 '재정 능력 함정'fiscal capacity trap에 빠져 있었다.

일본에 대한 지나친 의존, 협소한 지지 기반, 국왕(왕실)과의 대립이 갑오개혁을 좌절시킨 직접적인 요인이었다. 화폐제도와 금융산업의 발전이 지체된 것도 그에 못지않은 실패 요인이었다. 개혁정부는 은본위제를 실시하고 은행을 설립해 조세 수납과 운송을 대행시킬 계획이었지만 성사시키지 못했다. 은본위제를 도입했지만 취약한 재정으로 인해 본위화인 은화를 충분히 발행할 수 없었으며 은화와 교환할 수 있는 태환권(지폐)도 발행하지 못했다. 금융산업이 발달하지 않았기 때문에 국가에서 필요한 자금을 국내에서 동원할 수 없어서 외국

216

(일본)에서 차관을 도입해야만 했다.

궁여지책으로 쌀과 동전의 원활한 순환을 위해 경강상인에게 미상회사米商會社를 설립하도록 해 지방에서 조세로 거둔 돈으로 쌀을 구입해 서울로 운반하도록 했지만 소규모에 그쳤다. 오히려 조세의 금납화로 조세를 돈으로 내도록 한 후에는 지방관리가 세금으로 받은 돈을 상인에게 맡겨 영리 활동에 활용하는 관행이 확산되었다. 이러한 상황에서 갑오개혁이 목표로 하였던 국가재정의 통합과 재정 집중이 달성됐다면 그것이 오히려 놀라운 일이었을 것이다.

29

대한제국은
근대국가였을까?

대한제국은 근대국가였을까? 이 질문은 근대국가modern state의 기준이 없다면 제대로 답할 수 없다. 서구에서는 16세기부터 영주들이 서로 경쟁하던 분권적인 정치체제가 퇴조하고 강력해진 국왕이 전국을 통치하는 절대주의체제로 변했다. 이것을 근거로 중앙집권적 정치체제를 근대국가의 기준으로 삼으면 정치학자 프랜시스 후쿠야마Francis Y. Fukuyama가 주장하듯이 중국은 이미 기원전 3세기 진시황 시절부터 근대국가였다. 좀 더 뒤쪽이게 명·(이 명예혁명(1688)으로 입헌군주제가 수립된 것을 근대국가의 기준으로 삼을 수도 있다. 의회가 권력을 장악함으로써 왕권의 남용을 제한할 수 있게 된 것이 산업혁명과 경제성장의 제도적인 요인이었기 때문이다. 아니면 프랑스혁명(1789)으로 군주제가 폐지되고 공화정이 수립됐던 것을 기준으로 삼아야 할까? 서구 역사에서 나온 '근대'라는 개념을 다른 지역의 역사에 적용하는 것 자체가 잘못은 아닐까? 이처럼 근대국가를 정의하는 일은 쉬운 일이 아니다.

중앙집권적 정치체제가 근대국가의 기준이라면 개항 이후 조선왕조는 근대국가를 수립할 필요가 없었다. 이미 국왕이 군현제에 의해 전국을 직접 통치한 지 오래되었기 때문이다. 조선왕조의 정치체제가 서구 근대국가와 비슷한 점이 많았다는 것이 역설적으로 개혁을 어렵게 만드는 요인은 아니었을까? 문제가 없다고 생각하면 해결이 불가능하기 때문이다. 이 점에서 일본은 달랐다. 일본은 영주가 자신의 영지를 통치하는 분권적인 정치체제였기 때문에 메이지유신(1868) 후에 중앙집권적 정치제도부터 만들어야 했다. 1871년 다이묘大名가 통치하던 번藩을 폐지하고 현縣을 만들어 지사를 파견했던 것이다(폐번치현廢藩置縣). 이와 대조적으로 조선왕조는 근대국가를 수립하는 과정에서 기존의 군현제를 폐지할 필요는 없었다.

그러나 입헌군주제에 의한 왕권의 제한이 기준이라면 조선왕조는 물론이고 대한제국도 근대국가라고 인정하기 어렵다. 1899년 8월 반포된 '대한국국제'大韓國國制는 대한제국이 전제군주국임을 천명하고 있기 때문이다. 대한제국은 군주가 "무한한 군권을 향유"하는 만대불변하는 "전제정치"라고 했다. 군사, 법률, 행정, 외교와 관련된 일체의 국정이 오로지 군주 한 사람에게만 집중되었다. 군주에게만 법률을 제정할 권리가 있었으며 "무한한 군권"을 "침손"하는 일체의 행위는

"신민의 도리"를 잃은 것으로 처벌 대상이었다.

이러한 전제 권력을 뒷받침하기 위해 황제 직속으로 원수부元帥府를 설치해 중앙과 지방의 군부대를 지휘 감독했다. 궁내부에는 경위원警衛院을 설치해 서울皇城 내외와 개항장의 치안을 담당하고 '수상한 범죄자'를 감시 체포하도록 했으며 국사법이나 황제의 명령에 따라 재판에 회부된 죄인은 단심으로 처리했다. 심지어 화폐를 발행하는 전환국도 본래 탁지부 소속이었지만 사실상 황제 직속기관이 되었다.

어떻게 이런 반전이 일어났을까? 실로 많은 일이 있었다. 갑오개혁 기간 동안 국정에서 소외되었던 국왕 고종은 1896년 2월 '아관파천'俄館播遷으로 개혁정부를 일거에 붕괴시키고 1년간 러시아 공사관에 머물렀다. 그사이 친러파 내각이 수립되어 러시아의 영향력이 막강해졌다. 정부 각 기관에 러시아인이 고문으로 초빙되고 군사 교관까지 들어왔다. 특히 탁지부 고문인 알렉세예프는 국가재정을 장악하고 한러은행을 설립해 중앙은행으로 만들 계획까지 세웠다. 부동항을 구하려는 남하 정책의 일환으로 부산 앞의 절영도를 조차하려는 야심까지 드러냈다. 조선왕조를 보호국으로 만들려는 일본의 책동은 무산되었지만 러시아가 일본을 대신하는 모양이 되었다. 경원·종성 광산 채굴권, 인천 월미도 석탄저장소(저탄소貯炭所) 설치권, 압록강 삼림 벌채권과 같은 각종 이권이 러시아로 넘어갔다. 다른 열강도 이에 편승해 철도부설권, 산림채굴권, 광산채굴권을 요구했다. 고종은 여러 나라에 이권을 제공하면 어느 한 나라에 지배당하지는 않을 것이라고 기대했다.

[그림 31] 대한제국 황제 즉위식이 거행됐던 원구단

본래 중국 천자가 하늘에 제사를 올리는 둥근 모양의 제단이다. 서울시 중구 소공동에 위치했는데 국권 상실 후 1913년에 해체되었다.

　국왕이 다른 나라의 공사관에서 기거한다는 것은 한심한 일이 아닐 수 없다. 1896년 7월에 창립된 독립협회를 비롯해 유림들도 환궁을 요구하자 고종은 1897년 2월 지금의 덕수궁인 경운궁으로 돌아왔다. 을미사변의 기억이 남아 있는 경복궁을 피해 외국 공관이 밀집한 '안전한' 지역을 택한 것이다. 연호를 광무光武로 고쳤으며 같은 해 10월에는 새로 건립한 원구단에서 황제로 즉위하였다.

　대한제국의 수립은 조선왕조가 서구 열강은 물론 중국이나 일본과도 대등한 '제국'임을 내외에 선포한 것이다. 개화파의 독립 의지와 실추된 왕권을 회복하려는 고종의 의도가 합치돼 이루어진 일이었다. 무엇보다 청일전쟁에 의해 동아시아 국제 질서가 근본적으로 변화한

[그림 32] 서양식 군복과 검을 착용하고 있는 고종황제
대한제국 수립 후 원수부가 설치되어 황제가 중앙과 지방의 군대를
지휘할 수 있는 체제가 갖춰졌다.

것이 공간을 제공했다. 중국은 1895년 4월 청일전쟁이 종결된 후에도
1899년 9월 수호통상조약을 체결하기까지 우리나라와 대등한 외교
관계를 갖는 것을 기피했다. 그사이 중국은 조선은 '자주의 나라'지만
중국과 '평행의 나라'는 아니라는 입장을 취했다. '조약을 체결하지 않
고 사신을 파견하지 않으며 국서도 교환하지 않는다'는 삼불三不 정책

을 유지했다.

고종의 환궁 후 대한제국이 수립됐지만, 1899년 '대한국국제', 대한제국의 '국제'가 반포되기까지 정치체제의 향배는 상당히 유동적이었다. 독립협회를 중심으로 한 개혁 세력은 중추원을 의회로 개편해 입헌군주제를 수립하고자 했다. 국왕을 둘러싼 보수세력은 이런 정치 참여 요구를 체제 위기로 보고 반대했다.

독립협회는 1898년 3월 만민공동회를 개최하여 러시아와 러시아에 의존하는 정부를 비판했으며 외국의 이권 침탈을 반대하고 의회 설립을 요구했다. 10월 말 개최된 관민공동회에서는 '헌의 6조'獻議六條를 채택하여 외국에 광산, 철도, 산림 등의 이권을 부여하거나 차병借兵·차관과 관련된 조약을 체결할 때는 각부 대신과 중추원 의장의 동의를 얻을 것을 요구했다. 이에 대해 보수세력은 개혁세력이 군주제를 폐지하고 대통령제(공화국)를 수립한다는 익명서를 날조해 독립협회를 해산시켰다. 모든 집회에 대해 민회 금압령을 발포하고 무력으로 진압했다. 이러한 의미에서 대한제국 '국제'는 개혁세력에 대한 보수세력의 승리를 나타내는 기념비라고 할 수 있다.

한편 근대국가 성립의 기준을 달리 세워 볼 수도 있다. 정치체제가 무엇이든 시장경제의 발전과 경제성장을 뒷받침하는 국가 역량이 중요한 것이 아닐까? 그렇다면 대한제국은 국가 역량의 핵심인 '재정 능력'의 증대에 성공했을까?

대한제국이 갑오개혁과 크게 다른 점은 갑오개혁이 탁지부로 국가 재정을 집중하려고 했던 것과 대조적으로 황실재정을 확충해 재정 능력을 강화하려고 했다는 점이다. 왕권 강화를 반영해 궁내부가 크게 팽창했으며, 특히 내장원에 각종 재원이 집중되었다. 본래 내장원은 왕실 재산을 관리하는 궁내부 산하의 일개 기관에 불과했지만 대한제국의 가장 핵심적인 재정기관으로 부상했다. 이러한 대한제국의 선택은 성공적인 대안이었을까? 대한제국은 과연 '재정 능력 함정'에서 벗어날 수 있었을까?

30

황실재정의 팽창

갑오개혁을 중단시키고 등장한 대한제국은 재정 능력 증대 방법에 있어서도 갑오개혁과 크게 달랐다. 대한제국은 결호전—결전結錢과 호포전戶布錢—을 제외한 거의 모든 재원을 황실재정으로 집중했다. 결전은 양전의 결과로 매겨진 결수에 부과하는 지세이며, 호포전은 1871년 대원군이 군포를 호포로 개혁한 것을 돈으로 대신 내도록 한 호세다. 황실재정의 팽창은 시차를 두고 진행되었는데 역둔토 등의 각종 토지, 홍삼 전매사업, 금광을 비롯한 광산, 균역청에서 관할하던 어염선세, 상업 관련 무명잡세, 그리고 특권회사들이 속속 궁내부, 특히 황실재산을 관리하는 내장원으로 집중됐다. 갑오개혁 정부는 상업 관련 조세 대부분을 무명잡세로 간주해 폐지했으며 역토와 둔토와 같은 국유지도 민간에 불하할 계획이었는데, 대한제국은 국가에 연고가 있어 수입을 얻을 수 있다면 명목을 불문하고 황실 재산으로 만들거나 과세하려고 했다.

　이 밖에도 국고에서 지급하는 황실 경비로서 '황실비' 및 '궁내부비'가 있었다. 황실 경비와 황실의 자체 수입을 합한 황실 총수입은 정부 총세입의 절반 이상이었다. 정확히 알기는 어렵지만 1905년의 일본인 재정고문의 조사에 따르면 황실의 1년 수입은 국고에서 지급

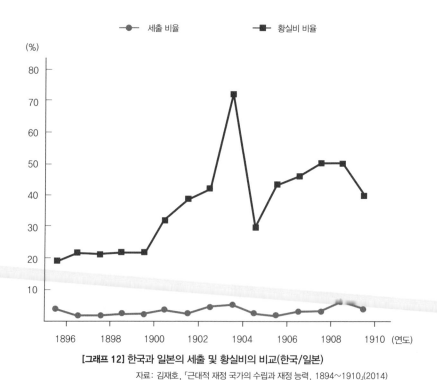

[그래프 12] 한국과 일본의 세출 및 황실비의 비교(한국/일본)

자료: 김재호, 「근대적 재정 국가의 수립과 재정 능력, 1894∼1910」(2014)

하는 165만여 원元과 내장원 수입 326만 원을 합한 491만여 원이었다. 탁지부가 관할하는 1903년도 국고 실수입의 69.6퍼센트, 1904년도 국고수입의 43.9퍼센트에 달하는 규모였다. 국고에서 지급하는 황실 경비보다 내장원 수입이 더 커서 황실 총수입의 66.3퍼센트를 차지했다.

대한제국의 황실재정이 국가재정에 비해 얼마나 큰 규모였는지는 일본과 비교하면 잘 알 수 있다. 황실 자체 수입을 포함한 황실 총수입은 비교하기 어렵기 때문에 국고에서 지급하는 황실 경비만 비교하면 1896~1904년 사이 한국은 총세출에서 차지하는 황실 경비의 비중이 최저 9.0퍼센트(1896)였고 최고 15.5퍼센트(1897)에 달했다. 일본은 최저 1.0퍼센트(1900), 최고 1.8퍼센트(1896)에 불과했다. 대한제국의 정부재정에서 차지하는 황실 경비의 비중이 매우 컸음을 잘 보여준다.

그러나 대한제국의 총세출은 일본의 총세출보다 매우 작았다. 조금씩 따라가고는 있었지만 대한제국은 일본에 비해 1897년 1.9퍼센트, 1901년 3.4퍼센트, 1904년 5.1퍼센트에 불과했다. 작은 재정 규모에 비하여 국고에서 지급하는 황실 경비는 매우 컸기 때문에 대한제국의 황실 경비는 일본 황실 경비의 대략 20~30퍼센트 대였다. 1904년에는 최대 71.8퍼센트에 달했다. 1905년 대한제국의 황실 경비와 자체 수입을 포함한 황실 총수입은 1904년과 1905년의 일본 황실 총수입의 53.8퍼센트와 46.3퍼센트에 달했다. 국가 전체 재정 규모는 일본의 20분의 1에도 미치지 못했지만 황실재정 규모는 일본의 절반이나 됐던 것이다.

대한제국의 황실재정 규모가 상대적으로 이렇게 컸던 이유는 본래 조선왕조 재정에서 왕실 관련 경비가 차지하는 비중이 높았고 제국으로서 격식을 높이는 비용이 추가되었기 때문이다. 나아가 대한제국의 국왕과 궁내부의 기능이 일본에 비해 지나치게 비대했다. 일본은 내각이 국정을 주도했지만, 대한제국은 전제군주제가 수립되어 국왕이 국정 전반을 주관했기 때문이다. 이에 따라 국왕 직속기관이 증가하고 궁내부 조직도 크게 팽창했다. 1904년이 되면 궁내부 산하 기관이 약 30개에 달하게 됐다.

여기서 주의할 것은 궁내부 경비가 산하기관인 내장원 수입만으로 충당된 것이 아니라는 점이다. 궁내부 소속 기관 중에 철도원, 서북 철도원, 광학국, 경위원, 각 개항장 경무서, 예식원의 경비는 정부 총예산에 편성되어 국고에서 지급되었다. 그렇다면 내장원 수입은 도대체 어디에 지출했을까?

내장원의 수입과 지출을 기록한 『회계책』(1896~1907)에 따르면 '내입' 內入이라고 표시하여 국왕이 자유롭게 사용한 지출이 전체 지출의 65.1퍼센트를 차지했는데 그 6할은 사용처를 알 수가 없다. '내입' 외에 사용처를 알 수 있는 것은, 물품 구입이 전체 지출의 16.5퍼센트를 차지했고, 궁내부 사업비로 12.8퍼센트가 지출되었는데 평양 탄광, 경편철도輕便鐵道, 광학국, 수안 금광, 역둔토, 홍삼 선배 등에 사용된 것이니. 10.2퍼센트를 차지한 의례비는 진상, 제사, 장례 등에 지출되었다. 그 밖에 하사금과 구휼금(1.4퍼센트), 학교 및 유학생 지원(0.9퍼센트)에도 쓰였다. 황실 수입이 여기서 그친 것은 아니었다. 본래 탁지부에 소속되어 화폐 발행을 담당했던 전환국까지 국왕 직속기관이 되어 백동화를 발행하고 주조 수입까지 얻을 수 있었다. 백동화 발행은 대한국국제가 발포된 1899년 이후에 급증했다.

대한제국의 황실재정은 국왕(황실)의 재정적 자율성을 보장함으로써 국왕의 전제 권력을 뒷받침하는 역할을 담당했다. 황실재정의 팽창은 그 여파로 탁지부가 관장하는 정부재정에 충격을 주었다. 탁지부의 국고 실수입은 1897년 487만여 원$_元$에서, 1903년 706만여 원, 1904년 1,120만여 원으로 증가해 대한제국의 재정 능력이 상당히 증대한 것처럼 보인다. 그렇지만 1899년 이후 백동화가 대량으로 주조되어 백동화 가치가 하락하여 1904년에 이르면 1899년의 절반 수준에 불과하게 되었으므로 명목 세입의 증가를 실질 세입의 증가로 해석하기는 곤란하다. 지세율을 1901년에 3분의 2, 1903년에 5분의 3을 인상한 것도 인플레로 인한 실질 세입의 감소를 만회하기 위한 조치였다.

이 시기 정부재정은 조세 미납으로 인해 실수입이 세입예산의 7할 정도밖에 되지 않았다. 여기에 황실로부터 강요되는 예산 외 지출이 많았기 때문에 재정 압박이 매우 심했다. 1901년에는 황실 경비의 예산 외 지출이 전체 예산의 무려 63.5퍼센트에 달했다. 주로 능, 전각 수축 비용, 명성황후 민비의 장례비 등 황실의 위상을 높이기 위한 지출이 많았다. 이 모두 황실 관련 경비였지만 황실재정이 아닌 정부재정으로 충당했다. 정해진 예산을 지키지 않은 것도 문제였지만 이러한 황실 관련 경비를 재정을 담당하는 탁지부를 통하지 않고 궁내부

대신이 국왕에게 직접 요청해 집행하는 것이 더 큰 문제였다. 제도적으로 재정 운영에 대한 국왕의 자의적 개입을 막을 방법이 없었다.

탁지부는 세입이 예산대로 들어오지 않는데 지출은 방만하여 관리 봉급도 지급하기 곤란한 지경에 이르렀다. 1902년부터는 내장원에서 차입한 다음에 내장원으로 하여금 지세를 직접 징수해 가도록 했다. 조세 금납화 이후에 확산된 '외획'外劃이 내장원을 상대로 대규모로 이뤄진 것이다. 외획은 탁지부가 지방관에게 조세를 국고에 납부하기 전에 제3자에게 직접 지급하라는 명령을 의미한다. 규모가 가장 컸던 1903년에는 삼남 지방 지세의 3분의 1인 1000만 냥(200만 원)을 내장원에 외획으로 주었다. 내장원은 지방관으로부터 받은 지세로 지방에서 쌀을 구입하여 서울에서 판매했는데 시민에게는 쌀을 공급하고 자신은 쌀값 차이로부터 이익을 취했다.

이러한 사태를 어떻게 이해해야 할까? 본래 탁지부와 지방관이 관할하던 결호전은 대한제국 수립 이후에도 황실에서 관여하지 않았던 것인데 정부의 재정 곤란을 기회로 탁지부 소관의 결호전에까지 손을 뻗쳤던 것이다. 대한제국은 내장원에 각종 재원을 집중하고 전환국까지 지배함으로써 황실재정의 자율성은 확보했지만 국가재정은 근간이 흔들리게 되었다. 내장원경 이용익(1854~1907)은 탁지부대신 공석 중에 탁지부대신 서리까지 심이면서 내장원을 마치 '정부의 은행' 역할을 하는 중앙은행과 징세기관처럼 활용했다. 재정이 곤란한 탁지부는 내장원에서 차입하고 내장원은 징세기관이 되어 조세를 징수하는 대한제국만의 독특한 재정제도가 출현했던 것이다. 그러나 기대했던 것만큼 성과가 만족스럽지는 못했다. 황제의 권력을 배경으로 한 내장원이라고 하더라도 외획으로 받은 지세를 1902년에는 7할 정도, 1903년도에는 4분의 1 정도밖에 징수하지 못했다. 상인에게 조세를 맡기고 이익을 취하는 지방관과 이서층의 기득권과 충돌했기 때문이다. 대한국국제에 표명된 전제 권력으로도 지방재정을 장악하기 어려웠던 것이다.

[그림 33] 내장원경 이용익
한미한 집안 출신으로 왕실의 신임을 받아 출세했는데 금맥을 찾는데 재능이 있었다고 전한다. 내장원경으로서 황실재정을 관리했으며 러·일전쟁 후 구국 운동 중에 블라디보스토크에서 사망했다.

일본은 어떻게 대한제국의
재정을 장악했을까?

1904년 2월 러시아와 전쟁을 시작한 일본은 대한제국에 한일의정서를 강요하여 전쟁에 협력하게 만들었다. 나아가 같은 해 8월에 체결된 제1차 한일협약에 의해 메가타 타네타로目賀田種太郎가 재정고문으로 부임했다. 이름은 '고문'이었지만 사실상 '감독'의 지위에서 대한제국의 재정 운영을 철두철미 감독하고 재정제도 전반을 개편했다. 이를 위해 재정고문 본부 아래 재정고문 지부가 각지에 설치되었다. 헤이그 밀사사건을 계기로 고종황제가 퇴위한 직후, 1907년 7월 제3차 한일협약에 의해 소위 '차관정치'가 실시되자 재정고문이 해임되고 탁지부 차관을 비롯하여 다수의 일본인 관리가 임명되었다. 대한제국의 재정 운영은 통감 지휘 아래 일본의 직접적인 지배하에 들어가게 되었다.

재정고문과 통감에 의한 대한제국 재정제도 개편은 크게 세 방향으로 진행됐다. 첫째, 일본 제일은행을 중앙은행으로 승격시켜 국고를 맡기는 한편 제일은행에서 발행한 새 화폐를 기존의 동전 및 백동화와 교환하여 대한제국 법화(法貨, legal tender)로 만들었다. 둘째, 탁지부 직속의 징세기관을 설치하여 지방관과 이서층을 조세 행정에서 배제하고 조세금의 상업적 이용을 금지했다. 셋째,

[그림 34] 제1차 한일협약에 의해 재정고문으로 부임한 메가타 타네타로
하버드대 법학대학원을 졸업한 첫 번째 일본인. 내장성 관료로서 일본의 조세체제 수립에 기여했으며 1904년부터 1907년까지 재정고문으로서 대한제국의 재정 운영을 장악했다.

황실재정으로 집중됐던 각종 재원을 정부재정에 이관함으로써 황실의 자율적인 재정 기반을 해체했다.

대한제국의 화폐제도는 일본에 의해 개편되었으나 대한제국도 화폐제도 개혁이 필요하다는 것은 인식하고 있었다. 과다한 발행으로 야기된 '백동화 인플레'를 해결하기 위해서, 아울러 일본 화폐의 국내 유통—특히 일본이 금본위제로 전환한 뒤 폐기 처분한 은화와 제일은행권의 유통—을 방지하기 위해서 화폐제도를 개혁해야만 했기 때문이다. 대한제국은 1901년 2월 금본위제를 실시한다는 내용의 '화폐조례'를 제정했으며, 1903년 3월에는 중앙은행을 설립하고 태환지폐를

발행하기 위한 법령으로서 '중앙은행조례'와 '태환금권조례'兌換金券條例를 제정했다.

그러나 법령만 제정, 반포했을 뿐 실행에 옮기지는 못했다. 우선 일본의 방해가 심했다. 일본은 대한제국에 중앙은행이 설립되어 제일은행이 관리하던 해관세를 직접 관리하고 자국 수출품에 대한 결제 수단으로 대한제국 지폐가 사용되는 일을 우려했다. 또한 대한제국은 본위화폐인 은화는 발행하지 않고 보조화폐인 백동화만 대량으로 발행해 화폐가치가 크게 하락했는데 지폐까지 발행한다면 화폐가치가 제대로 유지될 것인지 매우 의심스러웠다는 점도 부인할 수 없다.

재정고문은 부임 직후에 서둘러 백동화를 발행하는 전환국을 폐쇄하고 국고 업무를 제일은행에 위탁했다. 이와 동시에 제일은행은 새로운 화폐를 발행하여 대한제국의 법화―국가가 통용력을 부여한 법정화폐―로 만들었다. 제일은행은 본위화폐인 금화와 함께 보조화폐로서 은화, 백동화, 청동화 등의 금속주화, 그리고 지폐인 제일은행권을 발행했다. 이로써 재정고문은 대한제국의 재정을 장악하고 대한제국의 화폐제도를 일본의 화폐제도에 종속시켰으며 경제적 진출을 방해하는 화폐제도의 혼란과 화폐가치의 불안정을 해소했다.

본래 금본위제는 중앙은행이 본위화인 금화를 준비금으로 보유하고 태환지폐를 발행하여 금화와 언제나도 교환할 수 있도록 이용하는 것이다. 그렇지만 제일은행은 본위화인 금화는 소량 발행하고 일본은행권을 준비금으로 보유할 수 있도록 허용했다. 태환지폐였다고 하지만 제일은행권의 금화와의 교환은 사실상 거의 불가능했다. 재정고문이 개편한 대한제국의 화폐제도는 명목만 금본위제인 일본 화폐제도에 종속되어 있는 식민지적 화폐제도였다.

제일은행은 개항 직후 부산에 지점을 설치하여 우리나라에 첫 번째로 진출한 외국은행이었다. 1902년부터는 불환지폐인 제일은행권까지 발행하여 유통시키고 있었다. 재정고문은 우리나라에 발판을 굳히고 있던 제일은행을 일거에 중앙은행으로 승격시키고 제일은행이 발

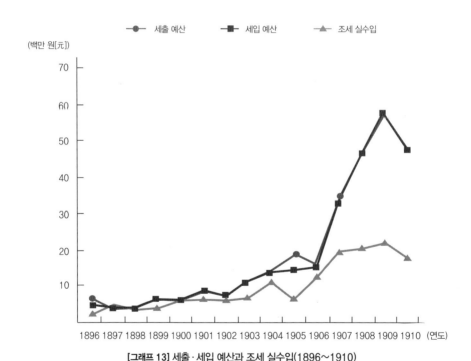

[그래프 13] 세출 · 세입 예산과 조세 실수입(1896~1910)

화폐교환 전후를 연결하기 위하여 1圜을 2元으로 환산, 1910년은 병합으로 인하여 과소 집계됨.

자료: 김재호, 「근대적 재정 국가의 수립과 재정 능력, 1894~1910」(2014)

행한 화폐를 법화로 만들었으며 이와 동시에 대한제국 재정이 집중되는 국고—당시는 금고라고 했다—운영을 담당시켰던 것이다.

　재정고문은 처음에는 제일은행의 지점망을 이용해 조세를 국고로 집중하고자 했지만 1905년도 조세 징수 실적은 그다지 좋지 않았다. 제일은행의 지점이 적었을 뿐 아니라 여전히 지방관과 이서층이 조세행정을 담당해 계획한 대로 조세가 국고로 직접 상납되지 않았기 때문이다. 1906년도부터는 통감부 산하 우체국에 173개소의 지금고支金庫를 설치해 전국적인 국고망을 갖췄다. 또한 각도 관찰사가 겸임하는 세무감 13인을 비롯해 세무관 36인, 세무주사 168인을 선발해 조세행정을 맡김으로써 지방관과 이서층을 조세행정에서 배제했다. 조세행정을 지방행정에서 분리하는 것은 갑오개혁 정부가 시도했으나 실패한 사업이었다. 면面을 말단 징세기관으로 만들어 군郡을 배제한 것은 새로운 점이었다.

　조밀한 국고망을 갖추고 지방관과 이서층을 배제한 결과 재정 능력은 크게 향상됐다. 1905년 조세 실수입은 308만여 원圓에 불과했지만 1906년 647만여 원으로 급증했으며 1907년도에도 1,006만여 원으로 크게 증가했다. 그러나 이후에는 증가 속도가 떨어져 다소 완만하게 증가했다. 국고망을 갖추고 징세제도를 개편하는 것만으로는 조세 수입이 더 이상 증가하지 않았다. 낭소 새생고문은 근본적인 그치로서 토지조사사업을 실시하고자 했지만 통감 이토 히로부미伊藤博文는 완전히 병합도 되기 전에 거액의 재정 부담을 초래하는 사업은 시기상조라고 반대했다. 토지조사사업이 실시되지 못했지만 징세제도를 개편하는 과정에서 토지에 관한 정보가 확보되고 징세대장이 갖춰져 토지 조사사업을 위한 준비가 이루어졌다.

이와 함께 '화폐 정리'가 실시되어 1905년 7월부터 신구 화폐의 교환이 이루어졌다. 화폐교환을 일정 금액 이하로 제한한다는 소문이 돌아 상인들이 동전이나 백동화를 보유하지 않고 토지나 물건으로 급하게 바꾸고자 했다. 이로 인해 많은 상인들이 파산했다. 조세금을 국고로 직접 납부하도록 함에 따라서 과거와 같이 상인이 조세금을 상업자금으로 사용하는 길이 두절됐고 구화 회수에 비해 신화 발행이 크게 미치지 못하여 결제를 위한 화폐가 부족했기 때문이다. 상인들은 토지나 물건을 처분하려고 했지만 시중에 화폐가 부족하여 처분할 수가 없었다. 파산 지경에 처한 상인들은 재정고문에게 자금을 공급해 줄 것과 소세금을 상업자금으로 사용할 수 있도록 해달라고 요청했지만 받아들여지지 않았다. 재정고문은 조세금의 상업적 이용은 철저히 금지했으며 자신의 통제하에 은행을 설립해 상업자금을 방출할 계획이었다.

이 시기에 조세 징수 실적이 증대한 것은 화폐교환, 지금고 설치, 징세기구 개편과 같은 재정 능력을 증대시키기 위한 대규모 인적·물적 '투자'가 단기간에 집중적으로 이뤄졌기 때문이었다. 필요한 재원은 조세 수입만으로는 부족해 거액의 차관으로 충당됐다. 1910년 8월 현재 국채 총액은 4,559만여 원으로 1905~1910년간의 조세 수입과 거의 같은 규모였다. 이러한 차관이 모두 재정 능력 증대를 위해 투입됐던 것은 아니었지만, 갑오개혁이나 대한제국이 감당할 수 없었던 대규모 '투자'를 가능하게 한 것은 사실이었다. 그러나 이러한 재정 능력의 증대는 이미 대한제국을 위한 것이 아니라 일본제국의 식민지 지배를 위한 것이었다.

재정고문과 통감이 장악한 정부재정은 강화됐지만 이와 대조적으로 황실재정은 급속히 약화되었다. 재정고문은 취임 직후에 황실 지배 아래 있던 전환국을 폐지했지만 황실재정의 운영에 직접 개입하지는 않았다. 1907년 제3차 한일협약 이후 방침이 바뀌어 황실이 관할하던 각종 잡세 및 홍삼 전매사업을 탁지부로 이관했다. 1908년에는 황실 소유 토지까지 국유화함으로써 황실의 자율적인 재정 기반을 완전히 해체했다. 황실은 오로지 정부에서 편성하여 지급하는 황실비에만 의존하지 않을 수 없게 되었다. 이제 대한제국의 운명은 시간문제였다.

32

토지조사사업은
과연 토지를 수탈했을까?

조선총독부는 1910년부터 1918년까지 2,040만 원을 투입하여 토지조사사업을 실시했다. 당시 총독부 1년 세출이 5,000만 원 정도였으므로 사업이 얼마나 대규모였는지 짐작할 수 있다. 병합 직후 시작된 사업 중에서 가장 규모가 컸다. 전국의 모든 토지에 대해 소유권을 조사하여 국유國有인지 민유民有인지, 민유이면 누구의 소유인지를 판정했다. 지세를 부과하기 위한 기준으로 과세지가課稅地價를 도입하고 결부제를 폐지했다. 또한 삼각법에 의해 전국의 토지를 측량하여 지적도를 만들고 토지대장을 비롯한 각종 장부를 작성했다. 이때 작성된 지적도와 토지대장은 식민지 시기뿐만 아니라 해방 이후까지 사용되었다.

토지조사사업은 이미 재정고문이 대한제국 재정제도를 개편할 때부터 계획했던 사업이었지만 시기상조라는 이유로 유보되었다가 병합과 함께 본격적인 시행에 들어갔다. 1912년 8월 '토지조사령'이 제정되었고, 그에 앞서 1910년 9월 주무기관인 임시토지조사국이 설치되었다. 총독부가 토지조사사업을 실시한 것은 무엇보다 조세제도의 근간을 이루는 지세제도를 정비하고 지방재정을 국가재정에 통합하기 위해서는 토지조사가 필수적이었기 때문이다. 병합 직전 재정고문이 주도한 '재정정리'에 의해 중앙집권적인 징수체계가 수립됨으로써 조세 수입이 크게 증가했지만 그것만으로는 부족했다.

토지조사사업 완료 전에는 토지에 대한 조세 부과는 여전히 결부제를 통해 이루어졌다. 토지대장에 해당하는 양안에는 토지 각 필지마다 과세 기준이 되는 면적을 몇 결結, 몇 부負, 몇 속束이라는 형식으로 기재했다. 1결은 100부, 1부는 10속에 해당한다. 조선시대 양안에는 토지 면적을 비옥도, 곧 토지생산성에 따라 경지를 6등급으로 구분하고 등급에 따라 1결의 실제 면적에 차등을 두었다. 가장 비옥한 1등급은 약 3,000평을 1결로 책정하고 점차 실제 면적을 점점 크게 책정하여 가장 척박한 6등급은 약 1만 2,000평을 1결로 책정하는 식이었다. 같은 1결이라고 하더라도 비옥도에 따라 실제 면적에 차등을 두어 이론적으로는 어떤 등급의 1결이라도 수확량은 같도록, 따라서 1결에 부과되는 지세도 동일하게끔 고안되었던 것이다.

이와 같이 결부제는 원리적으로는 상당히 합리적인 과세기준이었다. 그러나 전국적인 양전이 1720년 이후 오랫동안 시행되지 않았기

때문에 양안에 기록된 결부가
실제와 다른 경우가 많았다. 양
안 작성 당초부터 등급이나 결
부가 정확하게 책정되었다는
보장이 있는 것도 아니었다. 대
한제국 수립 후 1898년부터 광
무양전이 실시됐지만 완결되
지 못한 채 중단됐기 때문에
실제 조세행정에는 이용되지
못했다.

토지조사사업은 이러한 문
제를 안고 있있던 결부제를 폐
지하고 새로운 과세 기준으로
'과세지가'를 도입했다. 과세지
가는 지주가 소작을 준다고 가
정했을 경우, 지주에게 돌아가

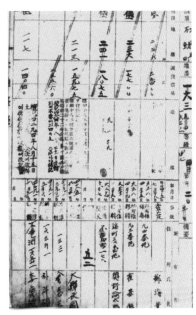

**[그림 35] 토지조사사업외 결괴로
작성된 토지대장**

첫 번째 열에 '사정'(査定)이라고 기재된 것은 토
지조사사업의 결과로 소유자를 정했다는 의미이
다. 양안과 달리 지목, 지적, 과세 지가, 연혁,
소유자의 주소와 성명이 변경될 때마다 차례로
기새하도록 되어 있다.

는 수익을 추정한 다음에 통상적인 이자율로 나누어 도출한 계산상의
토지 가격이다.

$$과세지가(X) = [수확량 \times 곡가 \times (1 - 0.5 - 0.05) - 0.03X] / 환원률$$

지주 입장에서 수확의 절반을 소작인에게 주고, 남은 절반에서 각

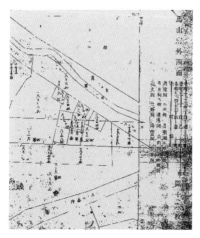

[그림 36] 토지조사사업으로 작성된 지적도
필지별 측량의 결과인 원도를 기초로 작성하고 토지대장의 지번을 기록했다.

종 비용으로 생산액의 5퍼센트를 지출하고, 지세로 과세지가의 3퍼센트를 납부한 후 남은 순 수입액을 자본 환원하여 구한 것이다. 환원률은 당시 이자율을 감안한 9~12퍼센트 수준이었다. 계산식에 보듯이 당초 지세의 세율을 3퍼센트로 부과할 예정이었으나 토지조사가 끝난 후에 1.3퍼센트로 낮췄다.

토지조사사업을 실시한 또 다른 이유는 토지의 소유권을 증명하는 제도를 수립할 필요가 있었기 때문이다. 당시 양안이 있었지만 실상과 차이가 났을 뿐 아니라 양안의 양식으로는 소유자가 바뀌어도 공란이 없기 때문에 소유권 이동을 기재하는 일 자체가 불가능했다. 토지조사사업에 의해 작성된 토지대장은 토지 매 필지마다 한 장씩 기록하여 소유자가 바뀌면 그 내용을 차례대로 기재할 수 있었다. 이러한 장부 양식의 차이는 양전과 토지조사사업의 목적이 달랐음을 알려준다. 양전이 재정수입의 기초가 되는 결부의 확정이 목적이었다면 새로운 토지대장은 과세 기준의 확정뿐만 아니라 소유권의 확인도 중요한 목적이었다. 또한 삼남 지방은 소작인이 지세를 납부하는 것이 관행이었기 때문에 납세의 책임 소재가 명확하지 않았다는 문제도 있었다. 이에 관해서는 1914년에 지세령을 반포해 납세의 책임이 지주에게 있음을 분명히 했다.

토지조사사업 이전에 토지 소유를 증명하는 제도가 없었던 것은 아니다. 조선 후기부터 문기文記 또는 명문明文이라고 하는 토지매매문서를 근거로 토지 거래가 이루어졌다. 그러나 민간에서 작성한 사문서였기 때문에 도난이나 분실의 위험이 있었고 위조된 문서를 가지고 자기 소유라고 주장하는 자가 나타날 경우에 대항하기 곤란했다. 지역 내에서 잘 아는 사이에서는 큰 문제가 없었지만 멀리 떨어진 잘 모르는 사람들 사이의 거래에서는 신뢰하기 어려운 점이 많았다. 현지 사정에 생소한 일본인 입장에서도 토지 소유를 국가가 증명해 주는 제도가 절실히 필요했다.

토지조사사업의 결과로 토지소유권이 누구에게 있는지 명확해졌으며 등기제도를 통해 공시하는 제도도 수립되었다. 소유권이 법적인 보호를 받게 되면서 지주들은 은행에서 토지를 담보로 자금을 빌려 지주경영을 확대하기 쉽게 되었다. 일본인들에게는 토지 매입이 용이해져 이민移民과 농업 투자를 유도했다. 또한 기존 양안으로는 토지의 정확한 형상과 위치를 알 수 없어 토지 경계를 둘러싼 분쟁이 생겨도 판정하기 어려웠으나 삼각측량에 의한 지적도가 작성됨으로써 경계 분쟁을 해결할 수 있는 근거를 갖추게 되었다.

또한 결부제 대신 '과세지가' 제도가 확립되었다. 지세의 세율은 당초 일본과 동일하게 과세지가의 3퍼센트로 정할 방침이었다가 사업 후에 1.3퍼센트로 인하되었는데 과세지 면적이 당초 예상한 276만 정보에서 487만 정보로 크게 늘어났기 때문이다. '은결'隱結이라고 하여 누락되었던 토지가 추가로 파악된 것도 있지만 결수가 실제보다 낮게 책정되어 있었던 탓도 있었다. 지세율 1.3퍼센트는 대략 생산액의 3퍼센트에 해당하는데 기존 지세 부담과 비슷한 수준이었고 1918년 당시 일본 본토 지세의 10~30퍼센트 정도의 부담이었다. 일본보다 지세 부담이 낮았던 것은 전통적인 지세 부담이 사회구조의 차이로 큰 차이가 있었기 때문이다. 메이지유신 이전 일본 농민들이 봉건영주에게 납부했던 지대(연공年貢)는 생산량의 40~60퍼센트에 달했다. 조선시대의 지세는 생산량의 10퍼센트가 이상적이었지만 실제로는 그 절반인 5퍼센트에도 미치지 못했다.

토지조사사업을 통해 총독부가 민간의 토지를 폭력적으로 약탈했다는 것이 일반 상식처럼 되어 있다. 이에 따르면 총독부는 동척(동양척식주식회사)이나 일본인 이민에게 토지를 제공하기 위해 국유지를 확보하고자 했으며 농민에게 불리한 '신고주의' 방법으로 소유자를 결정했다. 자기 땅이라고 신고한 사람을 소유자로 인정했기 때문에 정보에 어둡거나 총독부에 반감을 가진 사람들은 신고를 하지 않았고 그 결과 많은 땅이 국유지가 되거나 소유자가 바뀌었다는 것이다.

사업 과정에서 작성된 일차 사료를 이용한 연구들은 이러한 상식을 재고해 볼 필요가 있음을 알려준다. 사업 신고에서 누락된 토지가 9,355필지로 전체 필지의 0.05퍼센트에 지나지 않았다. 자기 땅에 대한 소유 의식이 매우 높았기 때문에 신고를 하지 않아 누락되는 경우는 거의 없었다. 병합 이전부터 시행된 여러 차례의 지세 징수과정에서 소유자가 파악되었으며 징세대장이 작성되어 신고한 내용과 대조했기 때문에 자기 소유가 아닌 땅을 자기 땅이라고 신고할 수는 없었다. 허위로 신고했다면 곧바로 적발되거나 분쟁이 발생했을 것이다.

토지조사사업으로 인해 토지 소유자가 뒤바뀌었다는 주장은 조선 후기 이래 성장한 민간의 토지소유권을 통째로 부정하는 것이다. 소유권 분쟁이 발생한 땅은 대부분 국유지였는데 총독부가 국유지를 최대한 많이 확보하기 위해 민유지를 국유지로 만들었기 때문이 아니었다. 본래 국유지에 국유인지 민유인지 판별하기 곤란한 땅이 섞여 있었기 때문이다.

국유지는 당시 '역둔토'라고 불렀는데 내장원과 궁방宮房에 속해 있던 역토, 둔토, 궁방전과 같은 토지였다. 이 중에는 국유가 확실한 토지도 있었지만, 양안 상으로는 국유였지만 민간 소유인 토지도 포함되어 있었다. 궁방선을 예로 들면, 궁방에서 개간이나 매입을 했기 때문에 궁의 소유권이 명확한 토지도 있었지만, 그렇지 않은 경우가 더 많았다. 형식적으로는 주인이 없는 토지를 궁방에 떼어준 것이지만 이미 민간에서 개간하여 농사를 짓고 있는 경우가 많았다. 실제 소유자는 민간인이지만 양안에는 궁방의 소유로 기재되었다고 하더라도 지대가 일반 토지의 지세와 동일한 수준이었기 때문에 굳이 양안을 고칠 필요도 없었다. 오히려 왕실 소관인 궁방의 보호를 받아 주변의 침해로부터 재산을 지킬 수 있다는 이점도 있어 자발적으로 자기 땅을 궁방에 넘기는 경우까지 있었다.

이렇게 소유권이 애매한 궁방전, 역토, 둔토 등의 특수한 명목의 토지들이 대한제국 시기에 황실 재산이 되어 내장원에 집중됐다. 1908년 황실 토지가 모두 국유화될 때 국유지는 역둔토라고 불리게 됐다. 국유화된 역둔토를 조사한 탁지부나 임시토지조사국은 소유권이 애매한 토지는 일단 모두 국유로 판정한 다음에 이의가 제기되면 심사한다는 방침이었다. 다양한 연원으로 형성된 역둔토에 대해 사전에 소유를 판정할 기준을 세우기가 어려웠기 때문이다. 이의가 제기되면 심사해 민유가 확실하다고 판단될 경우 소유자에게 되돌려 주었다. 최종적으로 남은 국유지는 동척에 불하한 1만 정보를 포함해 1918년 말 13만 7,304정보로서 전국 경지의 3퍼센트 정도에 불과했다. 억울한 경우가 전혀 없지는 않았겠지만 토지조사사업으로 대규모 토지 수탈이 자행되었다고 하기에는 너무 적은 면적이다. 더욱이 총독부는 1919년부터 1923년까지 지주제로 관리하던 국유지를 소작인들에게 모두 불하했다.

식민지 농업 정책과
지주제의 발달

일본은 식민지 조선을 쌀 부족 문제를 해결하기 위한 식량생산기지로 만들고자 했다. 일본에서는 1880년대 말부터 산업혁명이 시작되어 도시의 공장 노동자에게 공급할 쌀을 수입하고 있었다. 제1차 세계대전으로 쌀에 대한 수요가 늘어나자 쌀값이 폭등했다. 급기야 1918년에는 쌀값 인하를 요구하는 '쌀 소동'이 일본 각지에서 일어나 유혈사태까지 벌어졌다. 이런 상황에서 같은 자포니카japorica 품종인 우리나라 쌀이 대안으로 떠오르게 되었던 것이다. 식민지 조선은 엔화 통화권 안에 있었기 때문에 국제수지 악화를 걱정할 필요도 없었다.

조선 총독부의 농업 정책은 쌀 생산을 늘려서 일본 본토에 쌀을 공급하는 것이 핵심이었다. 자연히 밭농사는 경시되고 논농사가 장려되

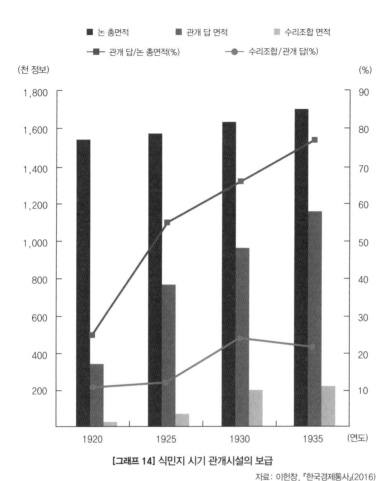

■ 논 총면적　　■ 관개 답 면적　　■ 수리조합 면적
━■━ 관개 답/논 총면적(%)　　━●━ 수리조합/관개 답(%)

(천 정보)　　　　　　　　　　　　　　　　　　　　　　　　(%)

[그래프 14] 식민지 시기 관개시설의 보급

자료: 이헌창, 『한국경제통사』(2016)

었다. 1910년대는 다수확 품종인 일본 볍씨를 '우량 품종'이라고 보급하는 정도였다. 1920년대에는 '산미 증식계획'_{産米增殖計劃}을 수립해 저수지나 수로와 같은 관개시설을 대폭 확충했다. 동양척식회사와 식산은

248

행이 대장성으로부터 차입하거나 채권을 발행해 자금을 조달한 후에 지주와 농민들이 조직한 수리조합에 이자를 받고 제공했다. 조합비 분배를 둘러싸고 분쟁이 벌어지기도 했지만, 수리조합의 관개 면적은 1920년 3만 2,000여 정보에서 1935년 22만 6,000여 정보로 크게 증가했다.

그런데 전체 관개 답—수리안전답—에서 수리조합이 차지하는 비중은 1930년대에도 20퍼센트에 불과했다. 같은 기간 관개 답 면적이 34만여 정보에서 116만여 정보로 크게 증가하고 전체 논에서 관개 답이 차지하는 비율이 22.1퍼센트에서 68.3퍼센트로 크게 높아졌기 때문이다. 관개 답의 증가에 수리조합이 기여한 것은 맞지만 식민지 시기에 이루어진 관개 답의 증가는 대부분 수리조합의 기여가 아니었다. 관개 답 증가의 내부분은 수리조합에 속하지 않은 일반 지주와 농민들의 자발적인 노력에 의한 것이었다.

수리조합도 산미 증식계획 초기에는 일본인 지주가 중심이 된 대규모 수리조합이 많지만 시간이 지날수록 조선인에 의한 소규모 수리조합의 비중이 증가했다. 조선인 지주나 농민들이 농업생산성의 향상에 중요한 자본 투자에 적극적으로 변해갔던 것이다. 19세기에 땔감과 경지를 구하기 위해 산림이 황폐화되고 이로 인해 저수지(제언)에 토사가 싸여 못 쓰게 되거나 저수지 안에 농사를 지어 수리 시설이 폐기되는 일이 많았던 것과 뚜렷하게 대조되는 현상이다.

왜 이러한 변화가 일어나게 되었을까? 직접적으로는 자본 투자로 기대되는 수익이 높아졌기 때문일 것이다. 쌀 이출 증가와 가격 상승으로 농업 투자의 수익률이 높아졌다는 의미이지만, 제도적으로 지주나 농민들이 소유한 재산의 안전성이 높아진 것도 중요한 요인이었을 것이다. 토지조사사업으로 인하여 소유권이 명확해졌기 때문에 토지 거래가 용이해졌고 토지를 담보로 농업 투자 자금을 금융기관으로부터 융통하기도 쉬워졌다. 사유재산에 대한 공사公私 권력의 자의적인 침해도 줄어들었다. 총독부 권력은 식민지 권력이었지만 지방행정 말단까지 깊숙이 침투했기 때문에 관리나 유력자에 의한 자의적 침탈은 억제되었을 것이다.

산미 증식계획은 1930년 이후에 들어와 정체됐다. 세계적인 농업 불황으로 농산물 가격이 폭락해 일본 본토의 농가가 어려움을 겪게 되었기 때문이다. 1934년부터는 많은 자금이 소요되는 수리 시설 건설은 중단되고 자금이 적게 드는 우량 품종 보급 및 비료 투입 증대 정책으로 옮겨갔다. 1930년 흥남의 조선 질소비료 공장의 준공은 비료 투입 증가의 획기적인 계기가 되었다. 관개시설 확충, 품종 개량, 비료 투입 증가로 쌀 생산은 1920년 1,440만 석에서 1930년 2,183만 석으로 증가했으며 1937년에는 최고 2,680만 석에 이르렀다.

이와 같이 생산량이 크게 증가했지만 대부분 일본으로 이출되었기 때문에 식민지 조선의 쌀 소비량은 별로 늘지 않았다. 1916~1920년에는 생산량의 15.7퍼센트가 이출되었는데, 1931~1935년에는 49.3퍼센트나 이출되었다. 참고로 식민지 시기, 일본제국 내부의 무역은 '이출과 이입', 일본제국 외부 지역과의 교역은 '수출과 수입'으로 구별했다.

쌀 이출을 주도한 것은 지주였다. 일반 농민들은 자작농이라도 시장에 판매할 수 있는 쌀은 얼마 되지 않았지만, 지주들은 소작료로 거둔 대부분을 판매할 수 있었기 때문이다. 1930~1933년 지주는 1년에 1호당 62.3석을 취득했지만, 자작농은 5.4석, 소작농은 겨우 2.2석을 손에 쥘 수 있었다. 이러한 의미에서 식민지 시기 지주제는 한마디로 말해 일본으로 쌀을 이출하기 위한 제도였다. 지주제가 해체되어 지주가 소작농으로부터 소작미를 거둘 수 없게 된다면 대부분의 쌀은 농민들의 자급용으로 소비됨으로써 이출이 크게 줄어들 것이었다.

실제로 해방 이후 쌀 수출은 고사하고 국내 소비만으로도 부족했다. 억제되었던 식량 소비가 급증하고 남하하거나 귀환하는 인구가 증가하였고 비료도 부족했다. 무엇보다 소작료가 인하되고 농지개혁으로 지주제가 해체되자 지주의 소작미가 급감한 것이 주된 원인이었다.

식민지 시기 경제를 해방 후와 비교할 때 가장 큰 차이는 지주제가 발달했다는 점이다. 지주로부터 땅을 빌려 농사를 짓는 소작지는 토지조사사업이 끝나는 1918년에 이미 전체 경지의 50.4퍼센트였으나 1942년에는 58.3퍼센트로 증가했다. 같은 기간에 소작 농가는 37.8퍼센트에서 53.8퍼센트로 급증했다. 소작농과 자작과 소작을 겸하는 '자소작농'을 합하면 거의 80퍼센트에 달해 식민지 시기 농민 대부분은 소작을 했다고 해도 과언이 아니다.

소작료는 조선시대에 이미 '병작반수'並作半收라고 하여 지주와 소작인이 수확을 절반씩 나누는 것이 관행이었다. 식민지 시기에도 소작료율은 50퍼센트가 보통이었지만 극단적인 경우에 70~80퍼센트인 경우도 있었다. 소작료 부담 때문에 소작농은 극빈 상태를 벗어나기 어려웠다. 봄에 양식이 떨어져 굶주리는 '춘궁농가'가 자작농은 18.4퍼센트였지만, 소작농은 68.1퍼센트나 되었다. '농업공황'이 가장 극심하였던 1930년의 조사라는 점을 감안해야겠지만, 소작농민의 7할, 그리고 전체 농민의 절반 가까이가 춘궁농가였던 것이다.

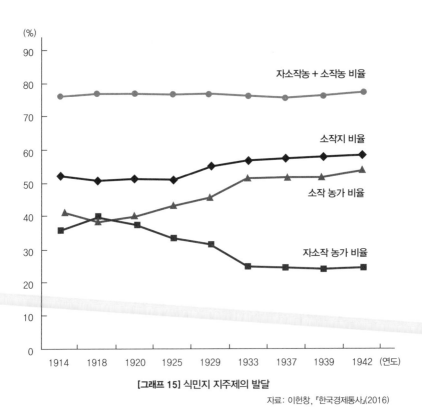

[그래프 15] 식민지 지주제의 발달

자료: 이헌창, 『한국경제통사』(2016)

지주제가 이처럼 극한까지 발달하게 된 원인은 어디에 있을까? 쌀의 상품화와 이출에 적극적이었던 총독부의 농업 정책에도 원인이 있을 것이다. 그리고 소작농이 소작료를 제대로 납부하지 못하면 지주제가 성립할 수 없다는 점에서, 식민지 시기 지주제의 발달은 우선 소농 경영의 성장이라는 조선 후기 농업 발전의 연장선에서 이해할 수 있다.

인구 증가도 지주제 발달의 중요한 원인이었다. 공중위생과 의료시설의 보급으로 조선시대 연평균 0.22퍼센트에 불과했던 인구증가율이 식민지 시기(1911~1940)에 1.29퍼센트로 크게 높아졌다. 인구는 증가했지만 상공업의 발달이 미약해 대부분 농촌에 남을 수밖에 없어 토지 수요가 증가했다. 토지의 공급은 제한되어 있는데 소작하려는 토지에 대한 수요가 많았다. 이로 인해 소작료가 높았기 때문에 지주는 소작료 수입으로 토지를 구입해 소작을 늘리는 것이 다른 투자에 비해 유리했다. 아울러 토지조사사업으로 토지 거래가 편리해지고 토지를 담보로 융자를 얻기가 용이해진 것도 지주제 발달을 촉진했다.

지주제가 극한까지 발달하게 되자 지주와 소작인 간의 갈등이 심해졌다. 1920년대부터 지주, 특히 일본인 지주를 상대로 한 소작쟁의가 증가했다. 1930년대 이후에는 극심한 농업 불황으로 농촌사회의 계급 갈등의 골이 더욱 깊어졌다. 1931년 만주사변, 1937년 중일전쟁으로 일본의 대륙 침략이 본격화됨에 따라 총동원 체제를 위협하는 계급 갈등을 억제할 필요가 생겼다. 1930년대에 들어오면 지주 위주였던 총독부의 농업 정책도 농민에게 관심을 두는 쪽으로 바뀌기 시작했다.

총독부는 1932년부터 '농촌진흥운동'이라는 일종의 자력갱생 운동을 시작하는 한편, 1934년에는 '조선농지령'을 공포했다. 총독부가 소작지 관리자의 변경을 명령할 수 있도록 하고 소작지 임대차 기간을 3년 이상으로 규정했다. 1939년에는 소작료 인상이나 소작 조건을 소작인에게 불리하게 고치는 것을 금지했다. 전시 통제 경제가 본격화됨에 따라서 1940년부터는 최소한의 자가 소비를 제외한 모든 식량을 통제가격으로 강제로 매입하는 '식량공출'食糧供出이 시작되었다. 지주의 소작지 관리에 총독부가 개입하고 전시경제 통제로 소작료 인상이 제한되고 소작미의 자유 판매마저 불가능해짐으로써 식민지 지주제의 발달은 더 이상 어렵게 되었다.

34

식민지 공업화와 경제성장

식민시 시기 우리나라는 1940년에도 도시화율이 16퍼센트에 불과했다. 인구 대부분이 농촌에 살았고 지주제가 발달해 농민의 절반이 봄이면 식량이 떨어지는 극빈 상태에 놓여 있었다. 그러나 식민지 시기를 맬서스 함정에 빠져 있는 전통적인 농업사회였다고 생각하는 것은 잘못이다.

무엇보다 상당히 빠른 속도의 공업화와 경제성장이 진행되었다. 일본에 병합된 식민지였지만 식민지 조선 지역의 GDP를 구해 보면 1911년부터 1940년까지 연평균 3.6퍼센트의 속도로 성장했다는 것을 알 수 있다. 그해 가격으로 계산한 명목(경상) GDP가 아니라 1935년 가격으로 계산한 실질 GDP가 그러한 속도로 증가했다는 의미다. 두

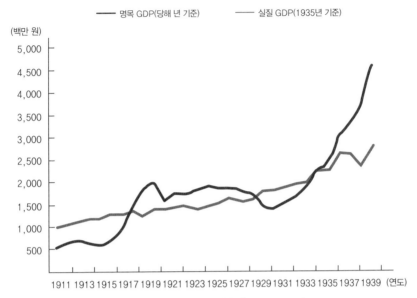

[그래프 16] 식민지 시기의 경제성장(1911~1940)

자료: 김낙년 편, 『한국의 장기 통계: 국민계정 1911~2010』(2012)

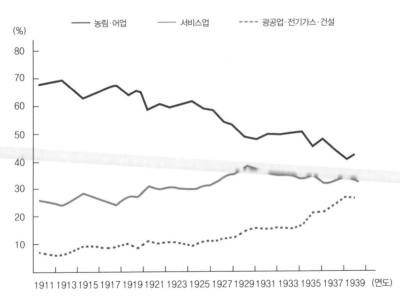

[그래프 17] 식민지 시기 산업구조의 변화(1911~1940)

자료: 김낙년 편, 『한국의 장기 통계: 국민계정 1911~2010』(2012)

차례의 세계대전과 대공황이 있었던 세계적인 저성장 시기였다는 것을 감안하면 식민지 조선 경제는 상대적으로 빠른 속도로 성장하고 있었다. 더욱이 GDP 증가율(3.6퍼센트)에서 인구증가율(1.3퍼센트)을 뺀 1인당 GDP 증가율도 연평균 2.3퍼센트였다. 이것은 인구에 비해 생산이 더 빨리 증가했다는 것을 의미하기 때문에 식민지 시기 경제가 맬서스 함정에서 벗어났음을 보여주는 것이다.

산업별로 보면 광공업 부문이 특히 빠르게 성장했다. 1911~1940년 농림·어업 부문의 연평균 성장률은 1.5퍼센트에 불과했지만 광공업은 9.7퍼센트였다. 특히 1930년대에는 13.5퍼센트에 달했다(1930~1940). 이에 따라 산업구조에도 상당히 큰 변화가 생겼다. 1911년에는 전체 생산에서 농림·어업이 67.8퍼센트를 차지했지만 1940년에는 42.0퍼센트까지 낮아졌다. 반면에 광공업(전기·가스·건설업 포함) 비중은 1911년 6.7퍼센트에서 1940년 26.0퍼센트로 높아졌다. 1930년대 이후가 되면 식민지 조선사회를 단순히 농업사회라고 말하기 어렵게 되었다.

어떻게 이러한 공업화와 경제성장이 일어나게 되었을까? 어느 곳에서나 노동, 자본, 토지와 같은 생산요소의 투입이 증가하거나 기술 진보에 의해 생산성이 높아지면 생산(GDP)이 증가할 것이다. 식민지 시기 동안 토지는 별로 늘어나지 않았다. 인구가 증가해 노동 투입이 증가했는데 아울러 노동자가 생산과정에서 이용할 수 있는 자본(기계와 설비)이 더욱 빠르게 증가했다. 이로써 같은 노동이라도 더 많이 생산할 수 있게 되었다. 기술이 발달해 생산성도 높아졌다. 최근의 추계에 따르면 1911~1940년의 경제성장은 기술 진보에 의한 것이 36퍼센트였고 기계·설비와 같은 자본 투입의 증가로 인한 것이 44퍼센트였다. 식민지 시기의 경제성장은 거의 모두 기술 진보와 자본축적에 의해 일어났다고 해도 과언이 아니다.

그러면 이처럼 자본 투입이 증가하고 기술 진보가 일어나게 된 원인은 무엇일까? 변화를 주도한 것은 총독부와 일본 자본(기업)이었다. 일본은 1905년부터 식민지 지배를 위해 화폐·금융제도와 재정제도를 정비했으며 1910년부터 1918년까지 토지조사사업을 실시했다. 일본의 민법이나 상법과 같은 경제 관련 법령도 식민지 조선에 확대 적용되었다. 또한 총독부 주도로 철도, 도로, 항만, 전기, 통신과 같은 사회간접자본에 대한 투자가 이루어졌다. 이러한 제도적, 물적 기반과 함께 값싸고 풍부한 노동력이 일본 자본을 유인했다. 1925년 12.2퍼센트였던 초등학교 취학률이 1940년 33.8퍼센트로 높아진 것도 양질의 노동력 공급에 기여했을 것이다.

1930년대에 들어와 공업화 속도가 빨라진 것은 일본의 대륙 침략으로 인해 식민지 조선의 위상이 변화된 것과도 관계가 깊다. 1931~1936년에 조선총독을 지낸 우가키 가즈시게宇垣一成는 육군대신을 네 번이나 했던 일본 군부의 실력자였는데, 1930년대 초 일본제국의 경제권을 '일본은 정精공업지대, 조선은 조粗공업지대, 만주는 농업지대'로 재편성하고 조선을 일본 본토의 성질 등급내 주수된 낮은 기술 수준의 공업지대로 만들겠다는 구상을 표명했다.

이러한 구상이 아니더라도 1931년 만주사변, 1937년 중일전쟁, 1941년 태평양전쟁으로 전쟁이 확대되면서 군수물자의 공급을 위한

258

'병참기지'로 만들기 위해 조선을 공업화할 필요성이 대두했다. 일본 본토에서 먼저 시작된 전시 통제를 피하려고 조선으로 진출하는 일본 기업도 나타났다. 1942년 현재 조선의 산업설비에 투하된 자본은 28~30억 원 정도였는데 그중 74퍼센트가 일본 산업자본의 직접투자였다. 대표적인 예는 1927년 흥남에 질소비료공장을 세운 '일본질소'였다. 일본질소는 북한지역의 풍부한 수력자원으로 생산한 값싼 전력을 활용하려고 했다. 물을 전기분해하여 수소를 발생시키고 이를 공기 중의 질소와 결합시키는 신기술을 이용하여 화학비료와 폭약을 생산했다. 이와 같이 일본 본토로부터 자본이 유입됨으로써 빠른 속도로 공업화가 이루어질 수 있었다.

이렇게 일본 자본이 주도한 공업화와 경제성장이 무슨 의미가 있을까? 해방 후 일본과의 경제 관계가 단절되자 공업 생산이 급격히 위축된 것만 보더라도 식민지 시기의 공업화와 경제성장이 갖는 한계는 명백하기 때문이다.

우선 해방 후 일본인이 본국으로 돌아갔지만 식민기 시기 동안 축적된 물적 자본—철도를 비롯한 사회간접자본이나 공상의 기계와 설비—은 가지고 돌아 갈 수 없었다. 공업화와 함께 1930년 초에 20만 명에 불과하던 노동자는 1941년 77만 명으로 크게 증가했다. 그중 근대적 노동자에 해당하는 공장 노동자가 30만 명으로 광산, 토목, 건축 노동자 수를 능가했다. 일본 기업에 고용됐던 조선인은 비숙련 노동자가 대부분이었지만 전쟁으로 빠져나간 일본인을 대신해 숙련 노동자와 기술자로 성장하는 노동자도 나타났다.

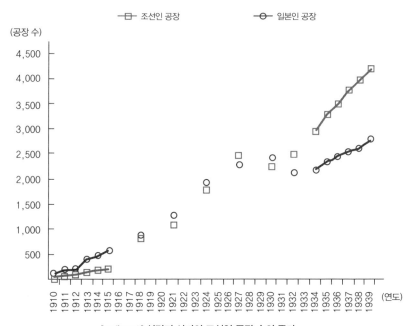

─□─ 조선인 공장　　　─○─ 일본인 공장

[그래프 18] 식민지 시기의 조선인 공장 수의 증가

자료: 이헌창, 『한국경제통사』(2016)

　또한 식민지 시기에 진출한 일본인 기업과 거래 관계를 갖는 조선인 기업이 생겨났으며 이를 통해 '학습'이 이루어졌다. 더욱이 조선인이 소유한 회사와 공장이 빠르게 증가했다. 자본 규모로 보면 일본인 회사가 전체 자본금의 83.3퍼센트를 차지해 경제를 완전히 장악하고 있었지만 조선인 회사 수도 빠르게 증가해 새로운 변화에 석극석으로 대응하고 있었다. 1921년에는 조선인 회사가 124개 사 밖에 없었지만 1931년 781개 사, 1935년 1,243개 사, 1939년 3,137개 사로 빠른 속도로 증가했다. 조선인 소유 공장도 급증해 1930년 전후부터는 일본인 공장 수를 추월했다. 1938년 조선인 공장 수는 3,963개로 일본인 공장 수 2,627개보다 1,300여 개나 더 많았다. 일본인이 주도한 공업화와 경제성장이었지만, 일본인의 것만은 아니었다. 한국인도 자극과 영향을 받았을 뿐만 아니라 적극적으로 대응하고 있었다.

1919년에 설립된 경성방직주식회사가 대표적인 예다. 조선인이 세운 사실상 최초의 근대적인 면방직 공장으로, 전라북도 고창의 대지주 가문 출신인 김성수의 자금으로 설립되었다. 전통적인 상공인이 아니라 일본에 유학한 지식인이 경영을 담당했다는 것, 그리고 회사 설립에 필요한 자금이 전통적인 상인이 아니라 개항 이후 쌀 수출로 성장한 지주로부터 조달됐다는 점을 주목해야 한다. 총독부의 보조금 지원도 받았지만 조선인 면포상 조직을 적극 활용하는 등 기업가 정신을 발휘해 식민지 조선의 면직물 시장을 장악하는 데 성공했다. 1935년에는 면방적 공장도 설립해 면사도 자급할 수 있게 되었으며, 1939년에는 남만주 방적주식회사까지 설립했다. 조선인 자본의 첫 해외 진출이었다.

대한민국 정부 수립과
체제 선택

1945년 해방에서 1950년대까지는 '국가 건설'state-building과 '체제 선택'의 시기였다. 이 기간에 총독부를 대체해 대한민국이 수립됐으며 경제체제의 성격이 결정되었다. 해방과 분단, 경제 위축과 혼란, 인플레이션, 좌우 대립, 한국전쟁, 부패와 부정선거, 원조 경제 등 온통 부정적인 이미지로 가득 차 있지만, 우리나라를 자유민주주의와 시장경제로 향하도록 방향을 결정한 실로 중대한 시기였다. 출발점에서 방향을 어디로 잡느냐에 따라 가는 길이 갈리되기 때문이다. 만약 대한민국의 수립에 실패했거나 시장경제체제가 아닌 사회주의체제가 성립했다면 우리는 지금 휴전선 너머 북한과 비슷한 사회에서 살고 있을 가능성이 매우 크다.

[그림 37] 1948년 8월 15일 개최된 대한민국 정부 수립 국민축하식 장면

대한민국의 건국이 가지는 의미는 총독이 대통령으로 바뀌고 일본인 관리가 한국인 관리로 바뀌었다는 데 그치는 것이 아니다. 한국인이 자신을 대표하는 의회를 통해 정부를 구성하고 과세에 대한 동의권을 행사할 수 있게 된 것은 무엇과도 바꿀 수 없는 큰 의미를 지닌다. 식민지 국가인 총독부도 조세를 거두어 공공재를 공급했지만, 총독은 오로지 일본 국왕에게만 책임을 질뿐이었다. 재정 운영을 비롯한 일체의 통치행위에 대해 식민지 주민인 한국인에게는 어떠한 동의도 구할 필요가 없었다.

3년간의 미군정을 거쳐 대한민국이 수립됨으로써 식민지 경제에서 벗어나 자립적인 국민경제를 형성할 수 있는 기반이 마련되었다. 식민지 시기에 공업화와 경제성장이 진행되었지만 어디까지나 일본 제국주의와 일본 자본이 주도한 것이었다. 발전의 동력이 외부에 있고 조선 지역 내 산업 연관도 제한적이었다. 총독부가 일본 본국에 대항해 조선 지역의 산업을 보호하고 자립적인 지역 경제를 형성하기를 바랄 수는 없는 노릇이다. 식민지 경제의 이러한 한계는 해방으로 일본과의 경제 관계가 단절된 후 경제가 오랫동안 위축된 사실에서 확인할 수 있다. 1940년의 1인당 생산 수준은 20년도 더 지난 1960년대 말에 가서야 회복됐을 정도이다. 단절의 충격이 얼마나 컸는지를 짐작할 수 있다. 해방이 분단과 함께 이루어졌기 때문에 충격은 더욱 컸다.

신생 대한민국 정부는 이러한 '이중의 단절'로 인해 위축된 경제를 회복시키는 동시에 '체제 선택'을 완결해야 하는 과제를 안고 있었다. '체제 선택'은 농지개혁과 귀속재산 처리와 직결되어 있었다.

농지개혁은 지주제의 해체와 함께 분배되는 토지를 개인의 사유로 할 것인가 국유 또는 공유共有로 할 것인가에 따라서 토지제도에 큰 변경을 가하는 문제였다. 귀속재산 처리 또한 막대한 재산의 소유를 결정하는 과정이었다. 귀속재산은 식민지 시기 일본인 재산으로서 해방 이후 미군정에 몰수되었다가 정부 수립 이후 정부에 이관된 재산이었다. 국유나 국영으로 관리할 것인지 아니면 민간에 불하해 민유나 민영으로 만들 것인지를 결정해야만 했다. 농지개혁과 귀속재산 처리는 막대한 재산의 재분배를 통해 성세세세의 싱릭을 ▒싱▒ ▒제세 ▒▒▒의 결정적 계기였다.

농지개혁은 식민지 시기에 극한적으로 발달한 지주제를 해체함으로써 갈등의 농촌사회를 자작농 중심의 안정된 농촌으로 재편성했다.

지주제는 북한보다 남한에 발달해 있었다. 1945년 말, 남한 농경지의 63퍼센트, 논의 70퍼센트가 소작지였다. 농가의 49퍼센트가 순수 소작농이고 35퍼센트가 자소작농이었다. 이러한 토지 소유의 불균등으로 지주제는 식민지 시기부터 체제를 위협하는 사회불안의 온상이었다.

해방 후 어떠한 방식으로든 지주제의 개혁이 필요하다는 인식이 확산됐다. 더욱이 1946년 3월 북한에서 '무상몰수·무상분배' 방식의 토지개혁이 전격적으로 실시되어 남한에서도 농지개혁을 더욱 피할 수 없게 만들었다. 해방 직후 소작료율을 3분의 1로 낮췄던 미군정은 토지개혁에도 상당히 적극적이었다. 정부 수립 이후에 농지개혁을 해야 한다는 반대가 있었지만, 미군정은 정부 수립 직전인 1948년 3월, 논의 16.7퍼센트, 밭의 6.5퍼센트를 차지했던 구 일본인 소유 농지를 소작농에게 유상으로 분배했다. 이후 제헌헌법에 농지개혁 실시가 명시되고 1949년 6월 농지개혁법이 공포되었다. 마침내 1950년 4월 농민들에게 분배 예정 통지서가 발급됨으로써 농지개혁이 실시되었다. 농지 분배는 한국전쟁 직전까지 대부분 이루어졌으며 일부 지체된 곳은 서울 수복 후 재개되어 1951년 3월에 완료되었다.

이로써 유구한 역사를 가진 지주제는 완전히 해체되고 '자작농체제'가 성립했다. 1945년 말 65퍼센트에 달했던 소작지 비율이 1951년 말 8.1퍼센트로 격감했던 것이다. 더욱이 농지개혁법은 제15조에 "분배받은 농지는 분배받은 농가의 대표자 명의로 등록하고 가산家産으로서 상속한다"라고 규정했다. 분배 농지에 대한 농민의 소유권을 국가가 인정했을 뿐 아니라 상속까지 허용함으로써 농민의 영구적인 소유임을 천명한 것이다. 이러한 점에서 농지개혁은 북한의 토지개혁과 크게 다르다. 북한에서는 지주에게 아무 보상이 없이 농지를 몰수해 농민에게 무상으로 분배했기 때문에 농민의 소유권은 인정되지 않았다.

농지개혁이 곧바로 농업생산성을 끌어올리지는 못했지만 부와 소득의 격차를 줄임으로써 사회 통합에 크게 기여했다. 빈곤에 허덕이던 농민들도 평등 의식을 갖고 지위 상승을 추구하면서 자녀 교육에 투자할 수 있는 여력을 갖게 되었다. 이러한 농민들의 의식 변화가 식민지 시기 농촌과 크게 달라진 점이다. 1945년에 51퍼센트였던 초등학교 취학률이 1960년에는 97.5퍼센트까지 높아진 데는 농지개혁의 효과가 컸을 것이다. 대지주의 소멸로 공업화 정책에 반대하는 정치 세력이 사라진 것도 공업화에 유리한 조건이 되었다.

귀속재산 처리는 민간에 불하하는 것으로 귀결되었다. 귀속재산은 미군정 말기부터 불하되기 시작했는데, 1949년 12월 귀속재산처리법이 제정된 이후 1950년대 전반기에 급속히 이루어졌다. 귀속재산 불하는 농지개혁과 연동되어 이루어졌다. 당시 귀속재산을 매입할 수 있는 재력은 지주에게 기대할 수밖에 없었기 때문이다. 지주를 산업자본가로 전환시킨다는 구상이 있었기 때문에, 농지분배의 대가로 지급한 '지가증권'으로 귀속재산을 불하받을 수 있도록 했다.

제헌헌법은 광범한 산업을 국유와 국영으로 운영하도록 규정해 사회주의적, 개입주의적 성격이 강했다. 당시 시대 흐름의 영향도 있었

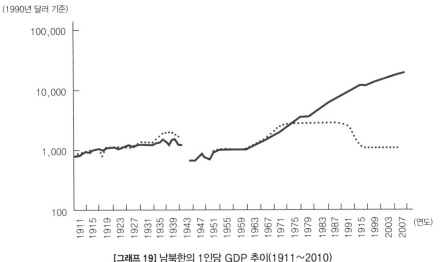

(1990년 달러 기준)

[그래프 19] 남북한의 1인당 GDP 추이(1911~2010)

자료: 김낙년 편, 『한국의 장기 통계: 국민계정 1911~2010』(2012)

지만 방대한 귀속재산을 국가가 관리하고 있었기 때문이다. 이러한 제헌헌법의 성격은 1954년 11월 제2차 헌법 개정으로 시장경제에 적합하도록 바뀌었다. 농지개혁과 귀속재산 불하로 선택된 시장경제체제를 법적으로 추인한 것으로 이해할 수 있다.

미군정이 이관한 귀속재산은 3,000억 원으로 1948년도 정부 세출의 9배에 달하는 거액이었다. 그중에서 71퍼센트가 기업체(사업체)였다. 이들 귀속 기업은 상당수가 유실됐지만, 1950년대 주요 대기업 89개 사 중에서 36개 사(40퍼센트)가 귀속 기업이었다. 특히 면방직의 경우는 16개 사 중에서 12개 사, 금속공업 및 기계공업은 10개 사 중에서 8개 사가 귀속 기업이었을 정도로 산업에서 막중한 비중을 차지했다. 한국전쟁으로 물가가 크게 오르고 피란 과정에서 지가증권을 헐값에 처분하는 바람에 지주들을 산업자본가로 전환한다는 당초 구상은 실현되지 못했다. 그렇지만 귀속재산 불하는 상업 부문에서 활동하던 많은 기업인들이 산업자본가로 변신하는 결정적인 계기가 됐다. 이와 대조적으로 북한은 식민지 시기의 전시통제체제를 유지한 채 일본인 기업을 국유화함으로써 사회주의 경제체제 수립을 위한 기반으로 삼았다. 이러한 체제 선택의 차이가 장기적으로 어떠한 결과를 가져왔는지는 더 말할 필요가 없다.

수출 지향 공업화와
급속한 경제성장

산업혁명 이후 선진국과 후진국의 생활수준은 시간이 갈수록 격차가 크게 벌어졌다. 개항을 계기로 이러한 대분기의 세계에 진입한 우리나라는 공업화에 실패했으며 결국 일본의 식민지로 전락하고 말았디. 그러나 1960년대 이후에는 급속한 공업화와 경제성장에 성공했다. 어떻게 19세기 후반에는 불가능했던 일이 20세기 후반에는 가능했을까?

이 분야의 대표적인 교과서인 『경제성장론』의 서문에서 데이비드 웨일David N. Weil은 한국의 경제성장을 "20세기의 가장 특이하고 신비로운 사건 중의 하나"라고 했다. 그에 따르면 1960년과 2000년 사이 한국의 1인당 GDP는 10배 이상 증가했는데 같은 기간에 미국은 2.7배, 일본은 5.4배 증가했다. 사회적으로도 '지각변동'과 같은 엄청난 변화

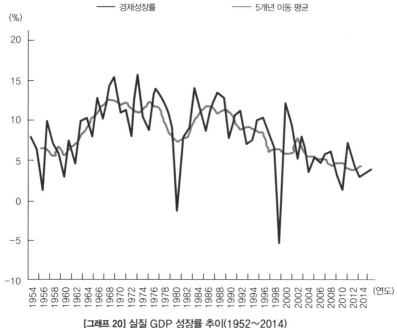

[그래프 20] 실질 GDP 성장률 추이(1952~2014)

자료: 통계청, 「통계로 본 광복 70년」(2015)

를 겪었다. 성인 인구의 평균 학력이 3배 이상 높아졌으며, 1960년 전체 인구 중 72퍼센트가 농촌 인구였는데 2004년에는 81퍼센트가 도시에 거주하게 되었다. 1960년 신생아의 12.7퍼센트가 다섯 살을 넘기지 못하고 죽었는데 지금은 0.5퍼센트에도 미치지 못한다.

이러한 경제성장을 '한강의 기적'이라고 했다. '기적'을 간단히 설명할 수는 없다. 나라 안팎의 수많은 요인이 절묘하게 들어맞았기 때문이다. 우선 후진국에서도 공업화를 시작할 수 있는 유리한 국제 환경이 제공되었다. 제2차 세계대전 이후 선진국의 공업 기술이 고도화되

(2005년 달러 기준)

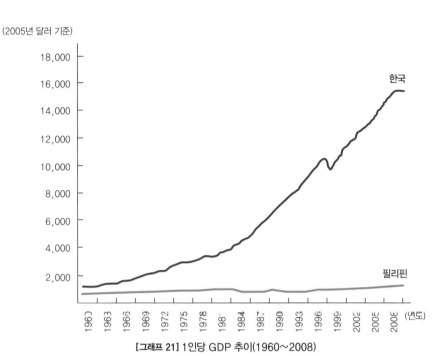

[그래프 21] 1인당 GDP 추이(1960~2008)

자료: World Bank

고 임금이 급속히 상승하게 됨에 따라 노동집약적인 경공업은 채산성
이 맞지 않게 됐다. 공장을 후진국으로 옮기거나 로열티를 받고 기술
을 이전하려는 움직임이 나타났다. 시간이 지남에 따라 경공업 부문
뿐만 아니라 전자, 조선, 철강, 자동차와 같은 중화학공업 부문에서도
같은 현상이 나타났다. 특히 동아시아 지역에서는 일본이 선두에서
한국과 대만 그리고 동남아시아 국가를 이끄는 '기러기가 줄지어 날
아가는 모양'(안형雁型)과 같은 공업화가 진행되었다.

이러한 국제 환경을 잘 이용할 수 있는 공업화 전략이 수출 지향 공업화였다. 후진국의 공업화 전략은 '수입 대체 공업화' 전략과 '수출 지향 공업화' 전략으로 나눌 수 있다. 제2차 세계대전 이후 거의 모든 후진국은 수입 대체 공업화 전략을 택했다. 제국주의 국가의 식민지 지배를 경험한 신생국가들이 제국주의 본국에서 '수입'하던 공산품을 자기 나라에서 만든 국산품으로 '대체'하겠다는 것은 너무나 자연스러운 선택이었다. 이를 위해 높은 관세장벽을 설정해 국산품을 외국 공산품과의 경쟁으로부터 보호하려고 했다. 이러한 보호를 통해 유치산업에 충분한 시간을 준다면 마침내 대외 경쟁력을 갖고 수입에 의존하지 않는 자립 경제가 달성될 것이라고 기대했다. 북한이 택한 사회주의 계획경제도 수입 대체 공업화 전략의 극단형이라고 평가할 수 있다. 수출 지향 공업화 전략의 우월한 점은 북한뿐만 아니라 수입 대체 공업화 전략을 택했던 필리핀과 비교하면 잘 알 수 있다.

수입 대체 공업화 전략의 문제는 두터운 보호로 인해 경쟁력이 있는 산업을 발전시키기 어렵고 이름과 달리 정작 수입 대체가 제대로 되지 않는다는 점이다. 처음부터 국내시장을 대상으로 공업화를 시도했기 때문에 좁은 국내시장이 충족된 이후에는 더 이상 생산을 확대하기가 쉽지 않다. 또한 소비재 부문의 공업화 후에 부품, 기계, 소재 산업과 같은 중화학공업화로 이어지기도 어렵다. 애당초 국내시장의 규모가 작기 때문에 중화학 부문의 수요가 적고 이에 따라서 대량생산의 이점을 얻을 수 없다. 공업화가 심화되기도 어렵지만 중화학 부문의 국산화가 제대로 되지 않기 때문에 '수입 대체'라는 이름과는 달리, 실상은 기계나 소재를 계속 수입에 의존할 수밖에 없는 것이다.

우리나라도 1950년대는 공업화에 필요한 원료, 부품, 기계를 자체 생산할 수가 없었다. 외화도 부족했기 때문에 원조 물자를 이용해 '삼백三白산업'이라고 불렀던 면공업, 제분공업, 제당공업과 같은 수입대체산업이 성장했다. 관세율도 높았고 원조 물자의 국내 가격을 낮추기 위해 원화 가치를 시장 환율보다 높게 책정해 수입을 조장하고 수출에는 불리했다.

5·16 군사정변으로 등장한 박정희 정부는 1960년대 전반에 수출 지향 공업화로 공업화 전략을 전환했다. 수입 대체 공업화의 한계를 극복하고 국제경쟁력이 있는 공업을 발전시키는 결정적인 계기가 되었다. 수출 지향 공업화는 주로 선진국인 외국에서 잘 팔리는 공산품의 생산에 주력하는 것이기 때문에 국제시장에서 가격 경쟁력을 갖춰야 했다. 따라서 당시 우리나라가 가지고 있었던 풍부한 노동력을 주로 이용하는 노동집약적인 경공업 부문부터 공업화가 전개되었다. 공업화가 진행되면서 노동에 대한 수요가 증가했기 때문에 농촌의 과잉 노동력을 도시의 공업 부문으로 흡수해 농가 소득도 함께 상승했다. 수입 대체 공업화 전략을 택했던 저개발국가들이 노동흡수력이 약해 도시 빈민과 농촌 과잉인구 문제를 해결하지 못하고 있는 것과 뚜렷하게 대조되는 점이다.

돌이켜 보면 수출 지향 공업화는 노동이 풍부한 후진국에 적합한 공업화 전략이었지만 처음부터 계획된 것은 아니었다. 1962년에 시작된 제1차 경제개발 5개년 계획은 자립 경제를 위한 기반을 구축하겠다는 계획만 세웠을 뿐 수출에는 큰 관심이 없었다. 도중에 '수출제일주의'로 전환한 것은 외화 부족의 곤란을 수출을 통해 벗어날 수 있었기 때문이다. 1957년을 정점으로 무상 원조가 감소하기 시작했지만 형편없는 국가신용으로는 차관 도입도 거의 불가능했다. 하지만 예상치 않았던 양철판, 합판, 면직물이 괄목할 수출 실적을 올리는 것을 보고 수출에 활로가 있다고 판단해 계획을 전면 수정했던 것이다. 이후 한국 경제는 수출의 급증에 힘입어 연평균 10퍼센트를 넘나드는 성장률이 장기간 계속되는 고속 성장을 했다. 만약 수출할 1차 산품이 많았거나 원조가 계속되었다면 수출 지향 공업화로 방향을 전환하지 않았을 가능성이 컸다는 점에서 역경이 도리어 기회가 되었다.

한편 일본은 전후 고도성장 과정에서 노동집약적인 경공업이 점차 경쟁력을 상실해 가까운 우리나라로 생산 거점을 이전하는 길을 모색하고 있었다. 전경련도 1963년에 일본으로 산업조사단을 파견해 우리나라로 이전할 공업을 찾았다. 이러한 상황에서 1965년 '한일협정'에 의한 국교 정상화는 일본의 자본과 기술을 우리나라로 이전할 수 있는 결정적인 계기가 되었다. 1961년 1,900만 달러에 불과했던 대일 수출이 1965년에는 4,400만 달러로 늘어났으며, 1970년에는 2억 3,600만 달러로 급증했다.

일본이 제공한 '대일 청구권' 자금(무상 원조 3억 달러, 공공차관 2억 달러, 그리고 상업차관 3억 달러)은 급감하는 원조를 대신하는 역할을 했다. 이 자금 일부가 포항제철 건설에 사용된 것은 잘 알려진 사실이다. 당시 대규모 종합 제철소 건설은 실현 불가능한 기획으로 보였기 때문에 필요한 자본을 도입할 방법이 없었다. 이와 같이 우리나라의 급속한 공업화와 수출 증대는 일본 제조업의 이전, 한·일 기업 합작과 기술 제휴, 그리고 일본에서 수입한 부품과 기계로 제조한 공산품을 미국으로 수출하는 한·미·일 삼각무역에 힘입은 바 컸다.

우리나라의 공업화가 일반적인 후진국과 다른 점은 경공업에 머물지 않고 빠른 속도로 중화학공업으로 심화 발전했다는 점이다. 1970년대에 이루어진 급속한 중화학공업화는 국내 수요 증가에 기인하는 점도 있었지만, 강력한 의지를 가진 국가의 산업 정책에 의해 강행된 것이었다. 박정희 대통령은 베트남전쟁(1960~1975), '닉슨 독트린'(1969), 북한의 군사적 도발로 인해 1960년대 말부터 심각해지는 안보 상황과 정권 교체의 위기를 벗어나기 위해, 1972년 '유신체제'를 수립하였

[그림 38] 1970년 4월 1일 포항종합제철소 제1기 착공식
박정희 대통령과 박태준 포항제철 사장(좌)과 김학렬 부총리(우)

으며, 1973년 1월 중화학공업화를 선언했다. 6월에는 철강, 비철금속, 기계, 조선, 전자, 화학 공업을 6대 전략 업종으로 집중 육성해 1981년까지 1인당 소득 1,000달러, 수출 100억 달러를 달성하겠다는 중화학공업화 계획을 발표했다. 유신과 중화학공업화는 분리할 수 없는 '양날의 선택'이었다.

중화학공업화는 급속도로 진행되어 1977년에 목표를 달성하고 산업구조와 생활수준을 크게 변모시켰다. 1970년과 1985년을 비교하면 1인당 GDP는 253달러에서 2,242달러로, 수출은 8억 3,500만 달러에서 302억 8,300만 달러로 크게 증가했다. 제조업에서 차지하는 중공업 비중이 46퍼센트에서 62퍼센트로, 수출에서 차지하는 중공업 비중은 13퍼센트에서 48퍼센트로 급증했다.

또한 정부는 국가가 소유한 은행을 통해 중화학 분야 수출 기업에 집중적으로 자금을 지원했다. 이 과정에서 재벌이라고 불리는 대기업 집단이 성장했다. 중화학공업화 정책은 1970년대 말 외채 누적과 과잉투자로 문제가 드러났지만, 1980년대에 국제 원자재 가격의 하락, 원화 가치의 하락, 국제 금리의 하락이라는 '3저 호황'을 맞아 중화학 공업 부문은 수출의 주역이 됐다. 이러한 공업화의 심화와 경제성장에 힘입어 한국 경제는 중진국으로 진입해 선진국으로 도약할 수 있는 발판을 마련할 수 있었다.

이와 같이 1960~1970년대에 이루어진 급속한 공업화와 경제성장은, 북한의 사회주의 계획경제와 같이 국가가 시장과 기업의 역할을 대신한 것도 아니었으며 시장과 기업에 모든 것을 맡겨 둔 결과도 아니었다. 공업화를 통해 빈곤에서 벗어나고 북한과의 체제 경쟁에서 승리하겠다는 강력한 의지를 가진 국가와 리더십, 그리고 국내시장에 머물지 않고 해외시장을 개척했던 능동적인 기업가가 긴밀히 협력했기 때문에 얻을 수 있었던 성과였다. 경제활동에 대한 국가의 개입이 많았지만, 수출 실적이라는 해외시장의 평가에 따라 자원을 배분했던 것도 산업 정책이 가지기 쉬운 비효율을 줄이는 데 기여했다. 공업화에 필요한 원료, 부품, 기계, 자본을 수입하고, 기술과 지식을 배우는 것을 허용했던 우호적인 국제 환경도 결코 잊어서는 안 될 것이다.

에필로그 : 귀환

> "제 생각에, 제가 잃어버린 건 완전히 다른 인생이에요."
> "누구나 그런 짓을 하죠. 매일 매순간마다요. 우리가 내리는 결정 하나하나,
> 숨 쉬는 호흡 하나하나가 어떤 문들은 열고 다른 많은 문들은 닫아버리죠.
> 대부분은 알아채지도 못해요. 어떤 것들은 알아차리고요.
> 당신은 하나를 알아챈 것 같군요."
> —— 더글러스 아담스, 『대체로 무해함』

우리의 한국사 여행은 1970년대에서 그쳤다. 1980년대 이후는 역사라고 하기에는 너무 가깝기 때문이다. 현재진행형이라고 해야 할까? 그러나 오랜 시간 여행을 마치고 돌아온 곳은 21세기를 막 지난 이곳이기 때문에, 현재의 시점에서 1980년대 이후를 간략히 회고하는 것으로 귀환 소감을 대신하고자 한다.

되돌아 보면 해방 이후 우리나라의 성취는 놀라운 것이다. 아무 희망도 없어 보였던 나라가 성장을 거듭해 2012년에는 '20-50클럽'에 들어갔다. 1인당 국민소득 2만 달러, 인구 5,000만 명을 넘는 나라들의 세계에 일곱 번째로 진입한 것이다. 일본(1987), 미국(1988), 프랑스(1990), 이탈리아(1990), 독일(1991), 영국(1996) 다음이다. 아직 '30-50

클럽'에는 들어가지 못했지만 곧 들어가게 될 것이다. 구매력으로 평가한 1인당 GDP는 2014년에 이미 3만 달러를 넘어섰다. 이 정도의 성취라면 자랑하고 감사할 만한데 왜 우리 사회는 온통 비판적이고 비관적인 목소리로 가득 차 있는 것일까?

가장 근본적인 원인은 1980년대 말까지 계속된 고도성장시대가 끝나고 1990년대부터 성장률이 낮아져 2000년대부터는 본격적인 저성장시대로 접어들었기 때문이다. 1961년부터 1991년까지 30년간은 실질 GDP가 연평균 9.7퍼센트 속도로 빠르게 성장했지만, 2000년대 이후부터는 연평균 4퍼센트 정도로 크게 낮아졌다. 최근에는 3퍼센트 성장도 쉽지 않은 실정이다. 성장률이 낮아지는 30년 동안, 1987년 민주화, 1997년 IMF 외환위기, 2008년 미국발 세계금융위기의 충격이 있었다.

'6.29선언'과 대통령 직선제 개헌으로 상징되는 1987년의 민주화는 권위주의 정치체제를 변화시켜 고도성장의 기초를 흔들었다. 무엇보다 오랫동안 억눌렸던 노동운동이 격렬하게 분출했으며 임금 상승이 노동생산성 증가를 앞지르며 가파르게 상승했다. 그 결과, 수출경쟁력의 약화를 초래해 고도성장 과정에서 형성된 경제시스템의 지속을 어렵게 만들었다.

1997년 12월에는 외환 보유가 부족해 대외결제를 할 수 없는 국가부도 사태를 막기 위해 국제통화기금IMF으로부터 195억 달러의 구제금융을 받았다. IMF 외환위기의 원인은 한마디로 말하기 어렵지만, 그 근원에는 고도성장기에 형성된 경제시스템의 동요가 있었다. 정부는 IMF의 개혁 요구를 경제시스템을 개혁할 기회로 삼아 경제 전반에 걸친 강도 높은 구조 개혁을 추진했다. 기업, 금융, 노동, 공공 부문의 경제 전반에 걸친 것이었지만 가장 중요한 변화는 자본시장의 완전 개방과 노동시장의 유연화였다. 외환 거래의 제한이 없어지고 외국인이 국내 기업을 소유하고 국내 기업도 해외에 자유롭게 진출할 수 있게 되었다. 경기변동에 따른 정리 해고가 허용되고 비정규직을 비롯한 다양한 형태의 고용이 가능해졌다.

예상보다 빨리 IMF 관리체제에서 벗어났지만 성장률은 이전 수준으로 회복되지 못했고 소득분배도 악화되기 시작했다. 이전에는 기업의 무리한 과잉투자가 문제였는데 이제는 기업의 설비투자가 눈에 띄게 줄어들었다. 여기에 실업률이 높아지고 고용이 불안해지는 가운데 노동조합의 보호를 받는 대기업 정규직 근로자와 그렇지 못한 중소기업 및 비정규직 근로자 사이에 임금격차가 커졌다.

최근에는 2008년 미국의 서브프라임 모기지 사태에서 촉발된 세계금융위기가 한국 경제에 타격을 가했다. 미국을 비롯한 주요 국가 중앙은행은 '양적 완화'라는 신용 팽창 정책을 펼쳐 1930년대 대공황과 같은 파국을 막는 데 성공했지만 지금까지도 세계 경제는 불황에서 벗어나지 못하고 있다. 주요국의 중앙은행이 경기를 살리기 위하여 마이너스 금리정책까지 시행하는 사상 초유의 사태를 목도하고 있다.

여기서 이러한 곤경을 타개할 해결책을 제시하는 것은 "무자격자의 부당 의료 행위"와 같은 일이다. 역사의 임무는 과거를 이해하는 것이지 현안에 해결책을 제시하거나 미래를 예측하는 것은 아니다. 다만 장기적인 관점에서 고려해야 할 사항이 무엇인지는 짚어 볼 수 있다.

우선 장기간의 경제성장으로 인해 경제 규모가 커지면 성장률이 낮아지는 것은 자연스러운 일이다. 선진국도 경제가 성장함에 따라서 성장률이 낮아졌다. 2014년 우리나라의 경제성장률은 3.3퍼센트였는데 OECD 국가 평균은 1.7퍼센트에 불과하다. 성장률이 낮다고 고도성장기의 정책을 다시 불러내 높은 성장률을 달성하기를 바라는 것은 시대착오적이다. 문제는 성장률 하락이 급격히 이루어졌기 때문에 정부 부문이나 민간 부문 모두 낮은 성장률에 적응하지 못하고 있고 적절한 성장률 수준에 대한 사회적 합의도 없다는 점이다. 아울러 선진국의 문턱에서 성장률이 낮아지기 시작했기 때문에 이대로 가면 선진국에 안착하지 못하고 중진국으로 주저앉을 우려가 크다는 점이다. 결국 현재 한국 경제는 과거 60~70년대와 같은 고도성장을 시도하는 것은 시대착오적이지만, 장기간 계속되고 있는 성장률의 저하 추세를 시급히 반전시켜야 하는 과제를 안고 있는 것이다.

경제성장률을 높이기 위해서는 어떻게 해야 할까? 이 책 맨 앞으로 돌아가 경제적 변화를 결정하는 요인이 무엇인지 생각해 보자. 더글러스 노스는 세 가지가 있다고 했다 (1) 인간의 앎의 길, (2) 재화·노동, 그리고 (3) 인센티브 구조를 결정하는 제도적 틀의 변화다.

현재 우리 사회는 출산율 저하와 수명 연장으로 인구증가율이 낮아지고 인구구조의 노령화가 급속히 진행되고 있다. 노령화는 생산성을 떨어뜨리고 사회의 부담을 무겁게 만든다. 여성들의 경제활동

참여로 출산과 육아의 기회비용이 높아지고 출산에 대한 결정권이 강화되면 출산율이 낮아지는 것은 자연스러운 현상이다. 하지만 출산율이 1960년에 6.33명이었는데, 2010년에 1.23명으로 너무 빠른 속도로 세계 최저 수준까지 낮아진 것은 심각한 문제가 아닐 수 없다. 1955~1960년에는 인구증가율이 연평균 2.98퍼센트였는데 1990년 이후는 1퍼센트에도 미치지 못하게 됐다. 이에 따라 우리나라 인구는 2015년 5,100만 명에서 2030년에 5,200만 명으로 정점에 이른 다음, 2060년에는 4,400만 명까지 줄어들 것이라고 예상되고 있다. 반면에 외국인이 급속히 증가하고 있다. 우리나라에 체류하는 외국인은 1997년 38만 7,000명에서 2013년 157만 6,000명으로 증가했다. 앞으로도 계속 증가할 것이 틀림없다.

노동과 자본으로 대별되는 생산요소의 양적인 투입 증가로 성장하던 시대는 이미 오래 전에 끝났다. 기술혁신에 의해 생산성을 높이지 않고서는 경제성장이 거의 불가능하게 되었다. 고도성장기에는 외국에서 수입한 기계를 해체해 기술을 배울 수도 있었지만 이러한 후발국이 갖는 이점은 모두 소진되었다. 이제는 선발자로서 자신의 원천기술을 개발하지 않으면 지속적인 성장을 기대할 수 없게 된 것이다. 표준화된 지식을 수입하여 학습하는 것에서 벗어나 미지의 영역에서 새로운 지식을 창출할 수 있도록 교육제도 전반을 개혁해야 할 것이다. 앞으로 어떠한 지식이 유용할 것인지를 정확히 알기는 어렵지만, 지식과 직결된 기술의 장기적인 경향은 크게 변화하지 않을 것이다. (1) 기계를 이용한 인간 능력의 확장, (2) 질병과 노화의 극복, (3) 경제적인 에너지의 개발.

마지막으로 인센티브 구조를 결정하는 제도적 틀의 변화가 중요하다. 가장 근본적으로는 사회의 모든 자원을, 그 가치를 가장 높게 평가하는 곳에 사용되도록 제도를 혁신하는 것이다. 제도의 급격한 변화는 갈등을 격화시킬 위험이 크다. 어떻게 사회를 통합하고, 동시에 효율적으로 만들 것인가? 정치의 중요성이 여기에 있다. 제도를 변화시키는 것은 제도 자체가 강한 관성을 가지고 있다는 점에서 본디 쉬운일이 아니다. 특권과 규제로부터 생기는 이익을 얻으려는 렌트 추구 행위를 줄이도록 제도를 개혁하는 것은 어느 시대나 어려운 일이었다. 참으로 필요한 것은, 어떠한 선택이 가장 효율적인지를 알려주는 경제이론이 아니라, 오랜 역사 속에서 형성되어 쉽게 변하지 않는, 한국 사회가 지니고 있는 제도적 특성에 대한 깊은 이해일 것이다. 더욱이 우리에게는 억압과 빈곤에서 벗어나지 못하는 북한을 개방시키고 통합해야 하는 막중한 과제도 있다.

우리나라가 근대 문명과 조우하기 시작하였을 때, 100년 후 한국 사회가 어떻게 변모할 것인지 미리 알았던 사람은 아무도 없었다. 앞으로 100년 후 한국 사회가 어떻게 변모할 것인지 역시 누구도 예측하기 어렵다. 사회 변화는 항상 당대인의 예상을 넘어섰다. 고대인은 중세를 예견할 수 없었으며 중세인도 근대를 예견하지 못했다. 미래는 예측하는 자의 것이 아니라, 미래를 꿈꾸고 만드는 자의 몫이기 때문이다. 사람은 땅을 딛고 있지만 하늘을 보고 새로움을 창조할 수 있는 존재다. 이 점이 사람과 동물의 본질적인 차이다.

1. 경제학과 한국사?

Acemoglu, Daron, & Robinson, James A., *Why Nations Fail: The Origins of Power, Prosperity, and Poverty*, Random House, 2012. 최완규 옮김, 『국가는 왜 실패하는가』, 시공사, 2012.

Eric D. Beinhocker, *The Origin of Wealth: The Radical Remaking of Economics and What It Means for Business and Society*, Harvard Business Press, 2007. 안현실·정성철 옮김, 『부는 어디에서 오는가』, 랜덤하우스코리아, 2007.

Landes, David, *The Wealth and Poverty of Nations*, W. W. Norton & Comany, 1998. 안진환·최소영 옮김, 『국가의 부와 빈곤』, 한국경제신문, 2009.

North, Douglass C., *Institutions, Institutional Change, and Economic Performance*, Cambridge University Press, 1990. 이병기 옮김, 『제도, 제도 변화, 경제적 성과』, 자유기업원, 1996.

2. 한국사를 보는 눈

김낙년, 『한국의 장기 통계: 국민계정 1911~2010』, 서울대학교출판문화원, 2012.

Cameron, Rondo & Neal, Larry, *A Concise Economic History of the World*, Oxford University Press, 2003. 이헌대 옮김, 『간결한 세계 경제사』, 에코피아, 2008.

Maddison, Angus, *Contours of the World Economy, 1-2030 AD*, Oxford University Press, 2007.

Mokyr, Joel ed., *The Oxford Encyclopedia of Economic History II*, Oxford University Press, 2003.

North, Douglass C., *Understanding the Process of Economic Change*, Princeton University Press, 2005. 조석곤 옮김, 『경제 변화 과정에 관한 새로운 이해』, 해남, 2007.

Weil, David N., *Economic Growth*, 3rd Edition, Pearson Press, 2013. 백웅기·김민성 옮김, 『경제성장론』, 시그마프레스, 2013.

岡崎哲二, 『コア·テキスト經濟史』, 創世社, 2005. 이창민 옮김, 『제도와 조직의 경제사』, 한울아카데미, 2008.

溝口敏行, 梅村又次 편, 『旧日本植民地經濟統計』, 東洋經濟新報社, 1988.

3. 한국사의 흐름: 시대 구분

이헌창, 『한국 경제 통사』, 7판, 해남, 2016.

이현혜, 『한국 고대의 생산과 교역』, 일조각, 1998.

Allen, Robert C., *Global Economic History: A Very Short Introduction*, Oxford University Press, 2011.

Clark, Gregory, *A Farewell to Alms*, Princeton University Press, 2007. 이은주 옮김, 『맬서스, 산업혁명 그리고 이해할 수 없는 신세계』, 한스미디어, 2009.

Maddison, Angus, *Contours of the World Economy, 1-2030 AD*, Oxford University Press, 2007.

4. 선사시대: 농업의 시작

이현혜, 『한국 고대의 생산과 교역』, 일조각, 1998.

한국고고학회, 『한국 농경문화의 형성』, 학연문화사, 2002.

한국역사연구회, 『삼국시대 사람들은 어떻게 살았을까』, 개정판, 청년사, 2005.

Boserup, Easter, *Population and Technology*, Wiley-Blackwell, 1981.

Diamond, Jared, *Guns Germs and Steel: the Fates of Human Societies*, W. W. Norton, 1997.
김진준 옮김, 『총 균 쇠』, 문학사상사, 2005.

North, Douglass C., *Structure and Change in Economic History*, W. W. Norton & Company, 1981.

Wilson, Edward O., *The Social Conquest of Earth*, Liveright, 2012. 이한음 옮김, 『지구의 정복자』, 사이언스북스, 2013.

5. 고대국가의 성립과 성세직 변회

국사편찬위원회, 『한국사 1 − 총설』, 탐구당, 2003.

_____, 『한국사 4 − 초기 국가: 고조선·부여·삼한』, 탐구당, 2003.

노태돈, 『한국 고대사』, 경세원, 2014.

이현혜, 『한국 고대의 생산과 교역』, 일조각, 1998.

한국고대사학회, 『한국 고대사 연구의 새 동향』, 서경문화사, 2007.

한국고고학회, 『계층 사회와 지배자의 출현』, 사회평론, 2007.

한국역사연구회, 『삼국시대 사람들은 어떻게 살았을까』, 개정판, 청년사, 2005.

North, Douglass C., *Structure and Change in Economic History*, W. W. Norton & Company, 1981.

6. 우리나라 고대는 노예제사회였을까?

김종준, 『한국 고대국가의 노예와 농민』, 한림대아시아문화연구소, 1997.

역사학회, 『노비·농노·노예』, 일조각, 1998.

이영훈, 「제임스 팔래의 노예제사회설 검토」, 『한국문화』 52, 2010.

_____, 「한국사에 있어서 노비제의 추이와 성격」, 역사학회 편저, 『노비·농노·노예』, 일조각, 1998.

이영훈·양동휴, 「조선 노비제와 미국 흑인노예제: 비교사적 고찰」, 『경제논집』 37(2), 서울대학교 경제연구소, 1998.

Finley, Moses I., *Ancient Slavery and Modern Ideology*, The Viking Press, 1980. 송문현 옮김, 『고대 노예제도와 모던 이데올로기』, 민음사, 1998.

Mokyr, Joel ed., *The Oxford Encyclopedia of Economic History*, Oxford University Press, 2003.

Palais, James B., *Confucian Statecraft and Korean Institutions: Yu Hyongwon and the Late Choson Dynasty*, University of Washington Press, 1996. 김범 옮김, 『유교적 경세론과 조선의 제도들: 유형원과 조선 후기』 전 2권, 산처럼, 2007.

7. 고대의 대외 교역과 거래비용

김창석, 『한국 고대 대외 교역의 형성과 전개』, 서울대학교출판문화원, 2013.

박남수, 『한국 고대의 동아시아 교역사』, 주류성, 2011.

아틀라스 한국사 편찬위원회, 『아틀라스 한국사』, 사계절, 2004.

이헌창, 「한국 전근대 무역의 유형과 그 변동에 관한 연구」, 『경제사학』 36, 2004.

이현혜, 『한국 고대의 생산과 교역』, 일조각, 1998.

한국역사연구회, 『삼국시대 사람들은 어떻게 살았을까』, 개정판, 청년사, 2005.

Coase, R. H., *The Firm, the Market, and the Law*, The University of Chicago Press, 1988.

8. 우리나라 중세는 서양 중세의 무엇이 틀렸을까?

나종일 편, 『봉건제』, 까치, 1988.

문경호, 『고려시대 조운제도 연구』, 혜안, 2014.

이헌창, 『한국 경제 통사』, 7판, 해남, 2016.

조선시대사학회, 『동양 삼국의 왕권과 관료제』, 국학자료원, 1999.

최재현, 『유럽의 봉건제도』, 역사비평사, 1992.

한국역사연구회, 『고려시대 사람들은 어떻게 살았을까 2』, 개정판, 청년사, 2005.

한정훈, 『고려시대 교통운수사 연구』, 혜안, 2013.

Hicks, John R., *A Theory of Economic History*, Oxford University Press, 1969. 김재훈 옮김, 『경제사 이론』, 새날, 1998.

North, Douglass C. & Thomas, Robert Paul, *The Rise of the Western World: A New Economic History*, Cambridge University Press, 1973. 이상호 옮김, 『서구세계의 성장: 새로운 경제사』, 자유기업센터, 1999.

9. 고려시대: 경제통합

김옥근, 『고려 재정사 연구』, 일조각, 1996.

박종기, 『고려의 부곡인, '경계인'으로 살다』, 푸른역사, 2012.

_____, 『새로 쓴 5백 년 고려사』, 푸른역사, 2008.

박종진, 『고려시기 재정 운영과 조세제도』, 서울대학교출판부, 2000.

이진한 , 『고려시대 무역과 바다』, 경인문화사, 2014.

한국역사연구회, 『고려시대 사람들은 어떻게 살았을까 2』, 개정판, 청년사, 2005.

10. 중세 농업의 발전 방향

김건태, 『조선시대 양반가의 농업 경영』, 역사비평사, 2004.

이영훈, 『조선 후기 사회경제사』, 한길사, 1988.

_____, 「조선 후기 이래 소농사회의 전개와 의의」, 『역사와 현실』 45, 2002.

이태진, 『의술과 인구 그리고 농업 기술』, 태학사, 2002.

_____, 『한국 사회사 연구』, 지식산업사, 1989.

이헌창, 『한국 경제 통사』, 7판, 해남, 2016, 2장.

이호철, 『조선 전기 농업경제사』, 한길사, 1986.

Boserup, Easter, *Population and Technology*, Wiley-Blackwell, 1981.

Turchin, Peter & Nefedov, Sergey A., *Secular Cycles*, Princeton University Press, 2009.

11. 중세의 토지는 누구의 소유였을까?

강진철,『한국 중세 토지 소유 연구』, 일조각, 1989.

김홍식 외,『조선토지조사사업의 연구』, 민음사, 1997.

이우성,『한국 중세사회 연구』, 일조각, 1991.

이헌창,「조선시대 경지소유권의 성장」,『경제사학』58, 2015.

_____,『한국 경제통사』, 7판, 해남, 2016, 2장.

장시원·이영훈·박기주,『한국경제사』, 한국방송통신대학교출판부, 2009.

한국고문서학회,『조선시대 생활사』, 역사비평사, 1996, 5부.

宮嶋博史,『朝鮮土地調査事業史の研究』, 東京大学東洋文化研究所, 1991.

12. 조선 왕조의 건국: 단절과 연속

미야지마 히로시(宮嶋博史),『나의 한국사 공부: 한국사의 새로운 이해를 찾아서』, 너머
　　북스, 2013.

송준호,『조선사회사 연구』, 일조각, 1987.

유승원,『조선 초기 신분제 연구』, 을유문화사, 1987.

이성무,『조선 초기 양반 연구』, 일조각, 1990.

한영우,『조선 전기 사회경제 연구』, 을유문화사, 1983.

_____,『다시 찾는 우리 역사』, 개정2판, 경세원, 2014, 4편.

Duncan, John B., *Origins of the Choson Dynasty*, University of Washington Press, 2000.
　　김범 옮김,『조선왕조의 기원』, 너머북스, 2013.

13. 조선시대의 인구: 장기 변동

권태환·신용하,「조선왕조시대 인구 추정에 관한 일시론」,『동아문화』14, 1977.

김낙년 편,『한국의 장기 통계: 국민계정 2011~2010』, 서울대학교출판문화원, 2012.

박희진,「역사인구학 관점으로 해석하는 조선 후기」,『역사와 현실』93, 2014.

이우연,『한국의 산림 소유 제도와 정책의 역사, 1600~1987』, 일조각, 2010.

이헌창,『한국 경제 통사』, 7판, 해남, 2016, 2장 3.

차명수,『기아와 기적의 기원: 한국경제사, 1700~2010』, 해남, 2014, 2장.

_____,「의궤에 나타난 조선 중·후기의 비숙련 실질임금 추세, 1600~1909」,『경제사학』46, 2009.

_____,「조선 후기의 출산력, 사망력 및 인구 증가: 네 족보에 나타난 1700~1899년간 생몰 기록을 이용한 연구」,『한국인구학』32(1), 2009.

14. 조선 전기의 국가재정: 전세, 공납, 군역, 상납의 네트워크

김옥근,『조선왕조 재정사 연구 1. 지세』, 일조각, 1984.

_____,『조선왕조 재정사 연구 2. 국역』, 일조각, 1987.

_____,『조선왕조 재정사 연구 3. 공물』, 일조각, 1988.

김재호,「조선 후기 군사재정의 수량적 기초: 규모, 구성, 원천」,『조선시대사학보』66, 2013.

박도식,『조선 전기 공납제 연구』, 혜안, 2011.

육군사관학교 한국군사연구실,『한국군제사: 근세 조선 전기편』, 육군본부, 1968.

이성임,「16세기 조선 양반 관료의 사환과 그에 따른 수입」,『역사학보』145, 1995.

이헌창,『한국 경제 통사』, 7판, 해남, 2016, 2장 8.

_____ 편,『조선 후기 재정과 시장: 경제체제론의 접근』, 서울대학교출판문화원, 2010.

Palais,, James B., *Confucian Statecraft and Korean Institutions: Yu Hyongwon and the Late Choson Dynasty*, University of Washington Press, 1996. 김범 옮김,『유교적 경세론과 조선의 제도들: 유형원과 조선 후기』전 2권, 산처럼, 2007.

15. 양반: 조선왕조의 특권 신분

김재호,「조선왕조 장기 지속의 경제적 기원」,『경제학 연구』59(4), 2011.

김성우,「조선 후기 신분제: 해체 국면 혹은 변화과정」,『역사와 현실』48, 2003.

미야지마 히로시(宮嶋博史),「조선 후기 지배계층의 재생산 구조」,『한국사학보』32(2008).

송준호, 『조선사회사 연구』, 일조각, 1987.

한충희, 「조선 초기 관직 구조 연구」, 『대구사학』 75, 2004.

Palais, James B., *Confucian Statecraft and Korean Institutions: Yu Hyongwon and the Late Choson Dynasty*, University of Washington Press, 1996. 김범 옮김, 『유교적 경세론과 조선의 제도들: 유형원과 조선 후기』 전 2권, 산처럼, 2007.

Wagner, Edward W. 이훈상·손숙경 옮김, 『조선왕조 사회의 성취와 귀속』, 일조각, 2007.

宮嶋博史, 『兩班: 李朝社会の特權階層』, 中央公論社, 1995. 노영구 옮김, 『양반』, 너머북스, 2014.

四方博, 「李朝人口に關する身分階級的觀察」, 『李朝經濟の研究』 3, 京城帝國大學法學會論集 10, 1938 ; 『朝鮮社会経済史研究』中, 圖書刊行会, 1976.

16. 조선시대 노비의 수요와 공급

김용만, 『조선시대 사노비 연구』, 집문당, 1997.

김재호, 「자매노비와 인간에 대한 재산권, 1750~1905」, 『경제사학』 38, 2005.

이영훈, 「한국사에 있어서 노비제의 추이와 성격」, 『노비·농노·노예』, 일조각, 1998.

_____, 「제임스 팔래의 노예제사회설 검토」, 『한국문화』 52, 2010.

전형택, 『조선 후기 노비 신분 연구』, 일조각, 1991.

지승종, 『조선 전기 사노비 신분 연구』, 일조각, 1995.

Palais,, James B., *Confucian Statecraft and Korean Institutions: Yu Hyongwon and the Late Choson Dynasty*, University of Washington Press, 1996. 김범 옮김, 『유교적 경세론과 조선의 제도들: 유형원과 조선 후기』 전 2권, 산처럼, 2007.

17. 소농 경영의 성장과 지주제의 발달

김건태, 『조선시대 양반가의 농업 경영』, 역사비평사, 2005.

_____, 「16세기 양반가의 작개제」, 『역사와 현실』 9, 1993.

이영훈, 『한국 시장경제와 민주주의의 역사적 특질』, 한국개발연구원, 2000.

_____, 「조선 후기 이래 소농사회의 전개와 의의」, 『역사와현실』 45, 2002.

이헌창, 『한국 경제 통사』, 7판, 해남, 2016, 2장.

장시원·이영훈·박기주, 『한국경제사』, 한국방송통신대학교출판부, 2009.

18. 대동법과 공납제도의 개혁: 변화 속의 지속성

김옥근, 『조선왕조 재정사 연구 3』, 일조각, 1988.

김재호, 「조선 후기 중앙재정과 동전: '부역실총'(賦役實摠)을 중심으로」, 『경제사학』 44, 2008.

_____, 「조선 후기 중앙재정의 운영: '육전조례'(六典條例)의 분석을 중심으로」, 『경제 사학』 43, 2007.

박기주, 「공인(貢人)에 대한 경제제도적 이해」, 『경제학 연구』 56(4), 2008.

이정철, 『대동법: 조선 최고의 개혁』, 역사비평사, 2010.

이헌창·조영준, 「조선 후기 공가(貢價)의 체계와 추이」, 『한국사 연구』 142, 2008.

이헌창 편, 『조선 후기 재정과 시장』, 서울대학교출판문화원, 2010.

19. 조선시대는 상품화폐의 시대

김재호, 「조선 후기 중앙재정과 동전: '부역실총'(賦役實摠)을 중심으로」, 『경제사학』 44, 2008.

양동휴, 「16~19세기 귀금속의 이동과 동아시아 화폐제도의 변화」, 『경제사학』 54, 2013.

원유한, 『조선 후기 화폐사』, 혜안, 2008.

이정수·김희호, 『조선의 화폐와 화폐량』, 경북대출판부, 2006.

이헌창, 「1678~1865년간 화폐량과 화폐가치의 추이」, 『경제사학』 27, 1999.

정운찬·김홍범, 『화폐와 금융시장』, 율곡출판사, 2007.

Ferguson, Niall, *The Ascent of Money: A Financial History of the World*, Penguin Press, 2008. 김선영 옮김, 『금융의 지배: 세계 금융사 이야기』, 민음사, 2010.

Ryan-Collins, Josh 외, *Where Does Money Come From?*, The New Economics Foundation, 2013.

20. 조선 후기 시장경제의 발전과 한계

고동환,『조선시대 서울도시사』, 태학사, 2007.

_____,『조선 후기 서울 상업 발달사 연구』, 지식산업사, 1998.

김대길,『조선 후기 장시 연구』, 국학자료원, 1997.

박이택,「조선 후기의 경제체제: 중국 일본과의 비교론적 접근」,『새로운 한국경제발
  전사』, 나남출판, 2005.

이성임,「16세기 조선 양반 관료의 사환(仕宦)과 그에 따른 수입」,『역사학보』145,
  1995.

이영훈 편,『수량경제사로 다시 본 조선 후기』, 서울대학교출판문화원, 2004, 6~7장.

이헌창,「개항기·식민지기 국제경제 관계」,『새로운 한국경제발전사』, 나남출판, 2005.

_____,「한국사에서의 수도 집중」,『한국사 연구』134, 2006.

_____,『한국 경제 통사』, 7판, 해남, 2016, 3장 5.

21. 조선왕조는 세계 최대의 곡물 저장 국가

김덕진,『대기근, 조선을 뒤덮다: 우리가 몰랐던 17세기의 또 다른 역사』, 푸른역사,
  2008.

김재호,「한국 전통 사회의 기근과 그 대응, 1392~1910」,『경제사학』30, 2001.

_____,「전통적 경제체제의 전환: 재분배경제에서 시장경제로」, 이대근 외,『새로운
  한국경제발전사』, 나남, 2005.

문용식,『조선 후기 진정(賑政)과 환곡 운영』, 경인문화사, 2001.

박이택,「조선 후기의 곡물 저장과 교역」,『경제사학』46, 2009.

_____,「조선 후기의 경제체제: 중국 일본과의 비교론적 접근」, 이대근 외,『새로운
  한국경제발전사』, 나남, 2005.

이헌창,「조선 후기 사회와 일본 근세 사회의 상품 유통의 비교 연구」,『재정정책논집』
  창간호, 1999.

한국고문서학회,『의식주, 살아 있는 조선의 풍경』, 역사비평사, 2006, 2부.

22. 조선왕조는 어떻게 500년이나 지속될 수 있었을까?

김재호, 「조선왕조 장기 지속의 경제적 기원」, 『경제학 연구』 59(4), 2011.
박종성, 『왕조의 정치 변동: 조선조의 국가 존속과 농민의 정치적 저항』, 인간사랑, 1995.
한국고문서학회, 『조선의 일상, 법정에 서다』, 역사비평사, 2013.
North, Douglass C. & Wallis, John J. & Weingast, Barry R., *Violence and Social Order*, Cambridge University Press, 2009.
Olson, Mancur, *The Logic of Collective Action*, Harvard University Press, 1965.

23. 조선 후기와 '대분기'의 세계사

강진아, 「동아시아로 다시 쓴 세계사: 포머란츠와 캘리포니아학파」, 『역사비평』 82, 2008.
리보중(李伯重), 이화승 옮김, 『중국 경제사 연구의 새로운 모색』, 책세상, 2006.
양동휴, 『유럽의 발흥: 비교경제사 연구』, 서울대학교출판문화원, 2014.
Allen, Robert C., *The British Industrial Revolution in Global Perspective*, Cambridge University Press, 2009.
_____, *Global Economic History: A Very Short Introduction*, Oxford University Press, 2011.
Maddison, Angus, *Contours of the World Economy, 1~2030 AD*, Oxford University Press, 2007.
Pomeranz, Kenneth, *The Great Divergence: China, Europe, and the Making of the Modern World Economy*, Princeton University Press, 2000.

24. 19세기의 위기

이영훈 편, 『수량경제사로 다시 본 조선 후기』, 서울대학교출판문화원, 2004.
이우연, 『한국의 산림 소유제도와 정책의 역사』, 일조각, 2010.
이헌창 편, 『조선 후기 재정과 시장: 경제체제론의 접근』, 서울대학교출판문화원, 2010.
차명수, 『기아와 기적의 기원: 한국경제사 1700~2010』, 해남, 2014.

25. 개항: 근대의 시작과 새로운 국제 질서

교과서포럼,『대안교과서 한국 근현대사』, 기파랑, 2008, 2부.

구선희,『한국 근대 대청(對淸) 정책사 연구』, 혜안, 1999.

박섭,『적응과 협력의 시대: 20세기의 한국 경제』, 해남, 2013, 3장.

이병천,「개항과 불평등조약체제의 확립」,『경제사학』8, 1984.

이태진,「1876년 강화도조약의 명암」,『한국사 시민강좌』36, 일조각, 2005.

이헌창,「1910년 식민지화의 조선 내적 원인」,『조선시대사학보』55, 2010.

_____,『한국 경제 통사』, 7판, 해남, 2016, 6장.

하원호,『한국 근대 경제사 연구』, 신서원, 1997.

26. 자유무역의 시작과 산업구조의 변화

권태억,『한국 근대 면업사 연구』, 일조각, 1989.

김재호,「전통적 경제체제의 전환: 재분배경제에서 시장경제로」,『새로운 한국 경제 발전사』, 나남, 2005.

박섭,『적응과 협력의 시대: 20세기의 한국 경제』, 해남, 2013, 3장.

이헌창,『한국 경제 통사』, 7판, 해남, 2016.

차명수,「국제 쌀시장의 통합과 분단, 1876~1936」,『경제사학』20, 1996.

하원호,『한국 근대 경제사 연구』, 신서원, 1997.

梶村秀樹,『朝鮮における資本主義の形成と展開』龍溪書店, 1977, 1장. 가지무라 히데키,「이조 말기(개항 후) 면업의 유통 및 생산구조」,『한국 근대 경제사 연구』, 사계절, 1983.

須川英德,『李朝商業政策史研究』, 東京大学出版会, 1994.

27. 새로운 영리 기회의 출현과 회사 설립

김재호,「개항기 원격지 무역과 '회사': 대(對) 러시아 무역과 경성(鏡城) 천일회사」,『경제사학』27, 1999.

_____,「상회사의 특권과 지대 추구, 1876~1904」,『경제사학』 32, 2002.

_____,「기업의 발흥과 관료, 1895~1910」,『경제사학』 39, 2005.

이승렬,『제국과 상인』, 역사비평사, 2007.

전우용,『한국 회사의 탄생』, 서울대학교 출판문화원, 2011.

주익종,『대군의 척후: 일제하의 경성방직과 김성수·김연수』, 푸른역사, 2008.

28. 재정 능력 함정과 갑오개혁

김재호,「재정제도의 변화와 부패, 1392~1945」,『경제사학』 36, 2004.

_____,「근대적 재정 국가의 수립과 재정 능력, 1894~1910」,『경제사학』 57, 2014.

왕현종,『한국 근대국가의 형성과 갑오개혁』, 역사비평사, 2003.

유영익,『갑오경장 연구』, 일조각, 1990.

이헌창,「갑오·을미 개혁기의 산업 정책」,『한국사 연구』 90, 1995.

Besley, Timothy & Persson, Torsten, *Pillars of Prosperity: The Political Economics of Development Clusters*, Princeton University Press, 2011.

Fukuyama, Francis, *State-Building: Governance and World Order in the 21st Century*, Cornell University Press, 2004. 안진환 옮김,『강한 국가의 조건』, 황금가지, 2005.

He, Wenkai, *Paths toward the Modern Fiscal State*, Harvard University Press, 2013.

29. 대한제국은 근대국가였을까?

교수신문 편,『고종황제 역사청문회』, 푸른역사, 2005.

김재호,「근대적 재정 국가의 수립과 재정 능력, 1894~1910」,『경제사학』 57, 2014.

서영희,『대한제국 정치사 연구』, 서울대학교출판부, 2003.

신용하,『독립협회 연구』, 일조각, 1981.

한영우 외,『대한제국은 근대국가인가』, 푸른역사, 2006.

Francis Fukuyama, *The Origins of Political Order*, Farrar, Straus and Giroux, 2011. 함규진 옮김,『정치 질서의 기원』, 웅진지식하우스, 2012.

30. 황실재정의 팽창

김윤희, 「대한제국기 황실재정 운영과 그 성격: 탁지부 예산 외 지출과 내장원 재정 운영을 중심으로」, 『한국사 연구』 90, 1995.

김재호, 「대한제국 내장원의 역둔토 관리」, 『경제사학』 19, 1995.

_____, 「대한제국기 황실의 재정 지배: 내장원 '외획'을 중심으로」, 『경제사학』 28, 2000.

_____, 「근대적 재정 국가의 수립과 재정 능력, 1894~1910」, 『경제사학』 57, 2014.

이영훈, 「대한제국기 황실재정의 기초와 성격」, 『경제사학』 51, 2011.

이윤상, 「대한제국기 내장원의 황실 재원 운영」, 『한국문화』 17, 1996.

金載昊, 「近代的財政制度の成立過程における皇室財政: 韓国と日本との比較」, 『朝鮮学報』 175, 2000.

_____, 「皇室財政と'租税国家'の成立: 韓国と日本との比較」, 『社会経済史学』 66(2), 2000.

31. 일본은 어떻게 대한제국의 재정을 장악했을까?

김재순, 「노·일전쟁 직후 일제의 화폐금융 정책과 조선 상인층의 대응」, 『한국사 연구』 69, 1990.

김재호, 「'보호국기'(1904~1910)의 황실재정 정리」, 『경제사학』 16, 1992.

_____, 「근대적 재정 국가의 수립과 재정 능력, 1894~1910」, 『경제사학』 57, 2014.

나애자, 「이용익의 화폐개혁론과 일본제일은행권」, 『한국사 연구』 45, 1984.

오두환, 『한국 근대 화폐사』, 한국연구원, 1991.

이윤상, 「통감부시기 황실재정의 운영」, 『한국문화』 18, 1996.

32. 토지조사사업은 과연 토지를 수탈했을까?

김홍식 외, 『대한제국기의 토지제도』, 민음사, 1990.

_____ 외, 『조선토지조사사업의 연구』, 민음사, 1997.

조석곤,『한국 근대 토지제도의 형성』, 해남, 2003.

한국역사연구회,『대한제국의 토지조사사업』, 민음사, 1995.

宮嶋博史,『朝鮮土地調査事業史の研究』, 東京大学東洋文化研究所, 1991.

33. 식민지 농업 정책과 지주제의 발달

박섭,『한국 근대의 농업 변동』, 일조각, 1997.

우대형,『한국 근대 농업사의 구조』, 한국연구원, 2001.

이영훈 외,『근대 조선 수리조합 연구』, 일조각, 1992.

이헌창,『한국 경제 통사』, 7판, 해남, 2016.

홍성찬,『한국 근대 농촌사회의 변동과 지주층』, 지식산업사, 1993.

34. 식민지 공업화와 경제성장

김낙년 편,『한국의 장기 통계: 국민계정 1911~2010』, 서울대학교출판문화원, 2012.

이헌창,『한국 경제 통사』, 7판, 해남, 2016, 9장.

주익종,『대군의 척후: 일제하의 경성방직과 김성수·김연수』, 푸른역사, 2008.

차명수,『기아와 기적의 기원: 한국경제사 1700~2010』, 해남, 2014.

호리 가즈오, 주익종 옮김,『한국 근대의 공업화: 일본 자본주의와의 관계』, 전통과현대, 2003.

Eckert, Carter J., *Offspring of Empire: The Koch'Ang Kims and the Colonial Origins of Korean Capitalism*, University of Wisconsin Press, 1996. 주익종 옮김,『제국의 후예: 고창 김씨가와 한국 자본주의의 식민지 기원 1876~1945』, 푸른역사, 2008.

35. 대한민국 정부 수립과 체제 선택

김기원,『미군정기의 경제 구조』, 푸른산, 1990.

김낙년 편,『한국의 장기 통계: 국민계정 1911~2010』, 서울대학교출판문화원, 2012.

김용직 외,『대한민국 정부 수립과 국가체제 구축』, 대한민국역사박물관, 2014.

김일영,『건국과 부국』, 생각의나무, 2004.

김재호,「대한민국 정부 수립의 경제적 기초와 근대적 재정제도의 성립」, 김용직 외,
    『대한민국 정부 수립과 국가체제 구축』, 대한민국역사박물관, 2014.

이대근,『귀속재산연구』, 이숲, 2015.

전용덕 외,『한국 경제의 성장과 제도 변화』, 자유기업센터, 1997.

홍성찬,『농지개혁 연구』, 연세대학교출판부, 2001.

36. 수출 지향 공업화와 급속한 경제성장

김용서 외,『박정희 시대의 재조명』, 전통과현대, 2006.

김창남·와타나베 토시오,『현대 한국 경제 발전론』, 유풍출판사, 1997.

김형아,『박정희의 양날의 선택: 유신과 중화학공업』, 신명주 옮김, 일조각, 2005.

박기주 외,『한국 중화학공업화와 사회의 변화』, 대한민국 역사박물관, 2014.

박영구,『한국의 중화학공업화: 과정과 내용』, 해남, 2012.

신장섭·장하준,『주식회사 한국의 구조조정: 무엇이 문제인가』, 장진호 옮김, 창비, 2004.

이영훈,『대한민국역사』, 기파랑, 2013.

통계청,『통계로 본 광복 70년』(통계편), 2015.

Weil, David N., *Economic Growth*, 3rd Edition, Pearson Press, 2013. 백웅기·김민성 옮김,
    『경제성장론』, 시그마프레스, 2013.

더글러스 아담스, 김선형·권진아 옮김,『은하수를 여행하는 히치하이커를 위한 안내서』
    전 5권, 책세상, 2005.

대체로 무해한 한국사

경제학 히치하이커를 위한 한국사 여행안내서

1판 1쇄 펴냄 | 2016년 8월 16일
1판 2쇄 펴냄 | 2020년 4월 10일

지은이 | 김재호
발행인 | 김병준
디자인 | 정계수 · 박애영
발행처 | 생각의힘

등록 | 2011. 10. 27. 제406-2011-000127호
주소 | 서울시 마포구 양화로7안길 10, 2층
전화 | 02-6925-4185(편집), 02-6925-4188(영업)
팩스 | 02-6925-4182
전자우편 | tpbook1@tpbook.co.kr
홈페이지 | www.tpbook.co.kr

ISBN   979-11-85585-26-0 03910

이 도서의 국립중앙도서관 출판예정도서목록(CIP)은
서지정보유통지원시스템 홈페이지(http://seoji.nl.go.kr)와
국가자료종합목록시스템(http://kolis-net.nl.go.kr)에서
이용하실 수 있습니다.(CIP제어번호: CIP2016018213)